제6판

노인복지론

이 해 영

창지사

세계적으로 유례없이 빠르게 진행되고 있는 우리나라의 인구 고령화는 우리 사회의 전반에 걸쳐 많은 변화를 가져오고 있으며, 21세기의 최대의 도전으로 다가오고 있다. 특히 평균수명이 증가하면서 수발을 받아야 하는 치매, 중풍 등의 요보호 노인이 증가하고 있어 이들에 대한 수발 문제가 노인복지의 새로운 과제로 대두되고 있다. 이에 정부는 2008년 독일, 일본에 이어 사회보험방식의 노인장기요양보험제도를 도입하였고, 이는 기존의 노인복지체계에 큰 변화를 가져오게 되었다. 그뿐만 아니라 다양화되고 있는 노인의 욕구에 대응하여 새로운 노인복지제도를 도입하는 등 노인복지 환경이 급속히 변화하고 있다. 따라서 이러한 노인복지의 새로운 변화를 알고 이에 대응한 지식을 제공하기 위해 본서를 개정하게 되었다.

노인의 복지문제는 미래의 삶의 질을 좌우하는 중요한 문제로 점차 사회복지의 중요한 영역이 되고 있다. 오늘날 노인복지는 단순히 경제적 문제와 질병 치료의 문제만이 아니라 길어진 노후의 삶의 질을 어떻게 확보해 나갈 것인가 하는 종합적인 시점에서 접근해야 하며 노후의 경제적·의료적·심리적·사회적 측면에서 다양한 연구와 실천이 요구된다.

이러한 상황에서 본서는 노인복지를 배우고자 하는 학생들에게 노인복지에 필요한 기본적인 지식의 습득을 목적으로 하였다. 즉, 노인복지 분야의 사회복지사로서 변화하고 있는 노인문제에 대한 이해와 노인복지를 실천하는 데 도움이 될 수 있는 필요한 내용을 중심으로 작성하였다.

이 책은 총 6부로 구성되었으며 제1부와 2부에서는 인구 고령화의 문제, 노인복지학의 특성, 노화의 문제를 고찰하였으며, 제3부에서는 노인복지에 대한 기초적 지식을 위해 노인복지의 이념과 원칙, 노인복지법, 행정, 재정 등을 고찰하였고, 제4부에서는 우리나라 노인복지의 주요 정책들을 고찰하였다. 그리고 제5부에서는 현대사회의 노인들에게 점차 중요한 문제가 되고 있는 노인들의 정신건강문제, 치매, 노인학대 등의 문제를 고찰하였으며, 제6부에서는 노인들의 사회참여에 대해 여가, 교육, 자원봉사로 나누어 고찰하였다.

새롭게 달라진 내용과 부족한 부분은 앞으로 계속 개정해 나갈 것이며, 이를 위해 많은 충고와 조언이 있기를 바란다.

그동안 노인복지를 연구하면서도 미처 깨닫지 못한 부모님의 사랑에 감사드리며, 끊임없는 조언과 격려를 해 주신 동료 교수들, 그리고 본서의 개정판이 나오기까지 도와주신 창지사 사장님과 직원들께 진심으로 감사를 드린다.

2023년 2월

이 해 영

차례

PART 02 노화에 대한 이해

PART 03 노인복지의 기초적 이해

PART 04 노인복지의 주요 정책과 서비스

PART 05 노년기의 정신건강

PART 06 노년기의사회참여

PART 01

현대사회와 노인복지

CHAPTER 01

인구 고령화

01 노인인구의 증가

우리나라는 세계에서 유례없는 급속한 고령화를 경험하고 있다. 1980년에는 65세 이상 노인인구가 전체 인구의 3.8%였으나, 2000년에 7%를 넘어 고령화사회(aging society)로 진입하였고, 2018년에는 14%를 넘어 고령사회(aged society)가 되었다. 그리고, 2025년에는 20%를 넘어 초고령사회(super-aged society)로 들어갈 전망이다(통계청, 2022).

2022년 현재 우리나라 노인인구는 901만 8천 명으로 전체인구의 17.5%를 차지하고 있으며, 급격히 고령화되어 2025년에는 20.6%로 초고령사회에 진입하고, 2035년에는 30.1%, 2050년에는 40%를 넘어설 것으로 전망하고 있다. 연령별 추이를 보면 65세 이상 인구 중 75세 이상의 구성비는 크게 증가하고 있어 노인 중에서도 연령이 높은 고령노인들이 많아지고 있음을 알 수 있다(표 1-1).

〈표 1-1〉 인구 추이

(단위: 천 명, %)

	총인구	65세 이상		연령대별 인구 및 구성비					
			구성비	66~69세	구성비	70~74세	구성비	75세 이상	구성비
2010	49,554	5,366	10.8	1,878	3.8	1,540	3.1	1,948	3.9
2020	51,836	8,152	15.7	2,662	5.1	1,990	3.8	3,499	6.8
2022	51,628	9,018	17.5	3,063	5.9	2,168	4.2	3,787	7.3
2025	51,448	10,585	20.6	3,685	7.2	2,533	4.9	4,367	8.5
2030	51,199	13,056	25.5	4,027	7.9	3,532	6.9	5,497	10.7
2035	50,869	15,289	30.1	4,109	8.1	3,879	7.6	7,301	14.4
2040	50,193	17,245	34.4	4,172	8.3	3,980	7.9	9,093	18.1
2050	47,359	19,004	40.1	3,709	7.8	3,619	7.6	11,676	24.7
2060	42,617	18,683	43.8	3,500	8.2	3,099	7.3	12,084	28.4
2070	37,656	17,473	46.4	2,614	6.9	3,288	8.7	11,571	30.7

자료: 통계청. 「장래인구추계 2020-2070」.

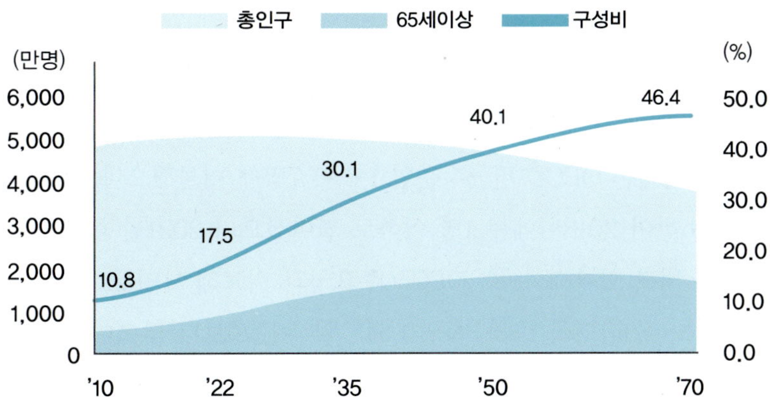

자료: 통계청. 「장래인구추계 2020-2070」.

[그림 1-1] 노인인구(65세이상) 및 구성비

이렇게 인구 고령화를 급속히 촉진시키고 있는 주요한 요인은 평균수명(기대수명)의 증가와 출산율의 급격한 저하라고 할 수 있다.

1970년 기대수명은 남자 58.7세, 여자 65.8세로 평균 62.3세였으나, 2000년에는 기대수명이 남녀 모두 70세를 넘었고, 2010년엔 평균 80세로 연장되었다. 2021년 현재 남자 80.6세, 여자 86.6세가 되어 '인생 100세' 시대가 도래하고 있다(표 1-2). 남자의 기대수명은 OECD 평균(77.7세)보다 2.9년 높고, 여자는 OECD 평균(83.1세)보다 3.5년 높다.

〈표 1-2〉 성별 기대수명(출생 시 기대여명) 추이(1970~2021년)

	1970	1980	1990	2000	2010	2016	2020	2021
남녀 전체	62.3	66.1	71.7	76.0	80.2	82.4	83.5	83.60
남자(A)	58.7	61.9	67.5	72.3	76.8	79.3	80.5	80.60
여자(B)	65.8	70.4	75.9	79.7	83.6	85.4	86.3	86.60
차이(B-A)	7.1	8.5	8.4	7.3	6.8	6.1	5.8	6.0

자료: 통계청(2022). 「생명표 국가승인통계」.

한편 합계출산율(여성이 일생동안 낳는 아동 수)은 크게 저하하고 있는데, 1970년 4.5명이던 출산율이 1983년 인구대체수준인 2.1명에 도달하였고, 지속적으로 저하되어 1990년대에는 OECD 평균수준인 1.6~1.7명에 머물렀으나 2000년에 들어와 급격히 감소하여 2018년에는 1명 이하로 떨어졌으며 2021년 현재 0.80명으로 심각한 상태가 되고 있다(표 1-3). OECD 주요국과 비교해 보면(2019년), 한국은 미국(1.71), 프랑스(1.83), 영국(1.63), 독일(1.54), 일본(1.36)보다 낮으며 세계에서 가장 낮은 출산율을 보이고 있다(표 1-4).

〈표 1-3〉 합계출산율의 추이

	1970	1980	1990	2010	2018	2019	2020	2021
출생아 수(천 명당)	1,007	865	649	470	326	302	272	250
합계출산율(명)	4.53	2.83	1.59	1.23	0.97	0.91	0.83	0.80

자료: 통계청(2022). 「생명표 국가승인통계」.

〈표 1-4〉 OECD 국가의 합계출산율

연도	한국	일본	미국	프랑스	독일	이탈리아	영국
1980	2.83	1.75	1.84	1.99	1.56	1.61	1.89
1990	1.59	1.54	2.08	1.78	1.45	1.33	1.85
2000	1.47	1.36	2.13	1.88	1.38	1.24	1.64
2010	1.23	1.32	2.07	1.97	1.36	1.38	1.83
2019	0.91	1.36	1.71	1.83	1.54	1.27	1.64

자료: 통계청(2021).

이러한 저출산의 원인은 결혼 및 가족에 대한 가치관의 변화, 결혼의 연기 및 기피현상으로 인한 미혼율의 증대, 그리고 기혼부부의 자녀양육부담의 증가와 여성의 경제활동참가의 증가 등에서 찾을 수 있다.

이러한 평균수명의 증가와 출산율의 저하는 인구 고령화의 속도를 다른 나라에 비해 상당히 빠른 속도로 진행시키고 있으며, 인구고령화에 대한 대책을 확실하게 강구하지 않으면 안 되는 시점이다.

02 인구 고령화의 특징

1) 급속한 고령화 속도

먼저 우리나라의 인구 고령화의 특징 중 하나는 그 속도가 어느 나라에서도 볼 수 없을 정도로 빠르게 진행되고 있다는 점이다.

〈표 1-5〉에서 보듯이 프랑스는 노인인구가 7%에서 14%에 이르는 데 115년이 걸렸고, 미국은 72년, 영국은 46년, 독일은 40년이 걸린 데 비해 우리나라는 고령화사회에서 고령사회로 진입하는 데 18년, 그리고 7년 후에는 초고령사회가 예상된다(북한: 7%(2002), 14%(2032), 7%에서 14%에 이르는 소요기간 약 30년).

〈표 1-5〉 인구 고령화 속도 국제 비교

고령인구 비율 / 국가	도달 연도			증가 소요 연수	
	7%	14%	20%	7→14%	14→20%
프랑스	1864	1979	2018	115	39
스웨덴	1887	1972	2018	85	46
미국	1942	2014	2029	72	15
이탈리아	1927	1988	2008	61	20
영국	1929	1975	2025	46	50
독일	1932	1972	2008	40	36
일본	1970	1994	2005	24	11
한국	2000	2018	2025	18	7

자료: 日本国立社会保障, 人口問題研究所(2018).

2) 농촌지역의 고령화

우리나라의 인구 고령화는 지역별 격차가 상당히 크다는 것이 또 하나의 특징이다. 즉, 도시지역에 비해 농촌지역이 훨씬 빠르게 고령화가 진행되고 있다. 2022년 65세 노인인구의 비율은 전국 평균 17.5%이나, 전남(24.5%), 경북(22.8%), 전북(22.4%), 강원(22.1%)순으로 고령화정도가 높으며, 세종(9.9%), 울산(14.2%), 경기(14.3%) 지역은 상대적으로 낮음을 알 수 있다. 그러나, 2030년엔 세종시만 제외하고 모두 초고령사회가 될 전망이다. 급속한 고령화에 대한 대책이 시급하다고 할 수 있다(표 1-6).

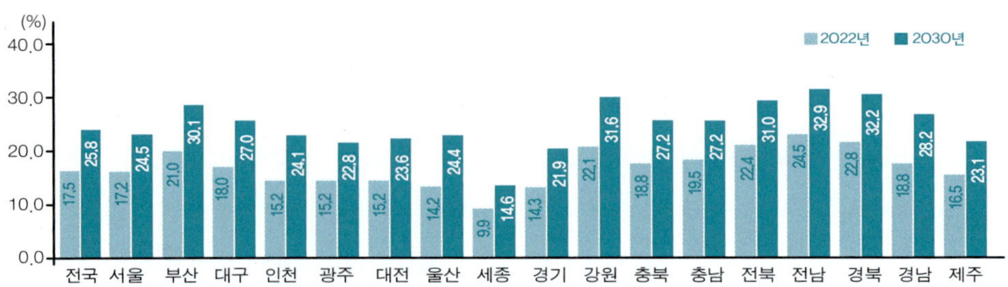

자료: 통계청. 「장래인구추계(시도): 2020~2050)」.

[그림 1-2] 지역별 65세 이상 인구비율

〈표 1-6〉 지역별 65세 이상 인구통계

지역	2022년			2030년		
		비율	순위		비율	순위
전국	9,018	17.5	-	13,056	25.5	-
서울	1,616	17.2	10	2,188	24.5	10
부산	692	21.0	5	925	30.1	5
대구	426	18.0	9	594	27.0	9
인천	451	15.2	13	714	24.1	12
광주	223	15.2	14	319	22.8	15
대전	229	15.5	12	330	23.6	13
울산	158	14.2	16	255	24.4	11
세종	38	9.9	17	72	14.6	17
경기	1,955	14.3	15	3,152	21.9	16
강원	337	22.1	4	484	31.6	3
충북	307	18.8	7	450	27.2	8
충남	426	19.5	6	606	27.2	7
전북	398	22.4	3	523	31.0	4
전남	433	24.5	1	559	32.9	1
경북	600	22.8	2	822	32.2	2
경남	617	18.8	8	899	28.2	6
제주	112	16.5	11	163	23.1	14

자료: 통계청. 「2022년 고령자통계」.

3) 노인가구의 증가

한편 인구 고령화는 가족구성에도 영향을 미치고 있는데, 노인가구와 독거노인 가구가 크게 증가하고 있다.

2022년 현재 65세 이상 노인이 가구주인 노인가구는 519만 5천 가구로 총가구의 24.1%가 되고 있다. 2000년 11.9%, 2010년 16.7%, 2020년 22.4%로 매년 증가하고 있으며, 2050년에는 약 절반(49.8%)이 노인 가구가 될 전망이다. 또한, 노인가구 중 65세 이상 노인이 홀로 사는 1인 가구는 전체 노인가구의 36.1%를 차지하고 있으며, 2050년이 되면 41.1%로 증가할 전망이다(표 1-7).

〈표 1-7〉 고령자 가구[1] 추이 (단위: 천 가구, %)

	총가구	고령자 가구	비중	고령자 가구 유형 및 구성비[2]							
				부부	구성비	부부+자녀	구성비	부(모)+자녀	구성비	1인 가구	구성비
2000	14,507	1,734	11.9	573	33.1	184	10.6	79	4.5	544	31.4
2010	17,495	2,923	16.7	985	33.7	286	9.8	149	5.1	991	33.9
2020	20,731	4,640	22.4	1,610	34.7	443	9.6	259	5.6	1,618	34.9
2022	21,579	5,195	24.1	1,829	35.2	480	9.2	287	5.5	1,875	36.1
2025	22,309	6,147	27.6	2,180	35.5	563	9.2	344	5.6	2,248	36.6
2030	23,180	7,654	33.0	2,746	35.9	669	8.7	435	5.7	2,861	37.4
2035	23,709	9,054	38.2	3,263	36.0	751	8.3	518	5.7	3,458	38.2
2040	23,866	10,290	43.1	3,688	35.8	811	7.9	592	5.8	4,023	39.1
2045	23,572	10,984	46.6	3,885	35.4	815	7.4	632	5.8	4,410	40.1
2050	22,849	11,375	49.8	3,958	34.8	812	7.1	658	5.8	4,671	41.1

주 1) 가구주의 연령이 65세 이상인 가구

자료: 통계청. 「장래가구추계:2020-2050」.

4) 고령노인과 여성노인

연령별로는 고연령의 노인이 크게 증가하고 있는 것이 특징인데, 2022년 65세 이상 노인인구의 연령대별 구성비를 보면, 65~69세 5.9%, 70~74세 4.2%, 75세 이상이 7.3%이다. 앞으로 75세 이상의 고령노인이 더욱 증가할 전망이며, 2050년에는 24.7%로 예상되고 있다(표 1-8).

한편, 65세 이상 노인의 성별 비중을 보면, 2022년 현재 여자가 19.7%, 남자가 15.3%로 여자가 남자보다 4.4% 높다. 성비의 경우도 2022년 현재 여자 노인인구 100명당 남자 노인이 77.5명이나 2050년에는 86.2명으로 증가하여 남녀의 차이는 점차 줄어들 전망이다. 노인문제 중 고령노인에 대한 복지와 여성 노인이 겪을 수 있는 문제에 대해 특히 관심이 필요하다고 할 수 있다(그림 1-4).

〈표 1-8〉 성 및 연령별 노인인구

(단위: 천 명, %, 여자 고령인구 100명당 명)

	65세 이상	성별					연령별					
		남자	고령 비중[1]	여자	고령 비중[1]	성비[2]	65~69세	구성비[3]	70~74세	구성비[3]	75세 이상	구성비[3]
2010	5,366	2,194	8.8	3,172	12.9	69.2	1,878	3.8	1,540	3.1	1,948	3.9
2020	8,152	3,521	13.6	4,631	17.9	76.0	2,662	5.1	1,990	3.8	3,499	6.8
2022	9,018	3,939	15.3	5,080	19.7	77.5	3,063	5.9	2,168	4.2	3,787	7.3
2025	10,585	4,694	18.3	5,891	22.9	79.7	3,685	7.2	2,533	4.9	4,367	8.5
2030	13,056	5,901	23.1	7,156	27.9	82.5	4,027	7.9	3,532	6.9	5,497	10.7
2037	16,177	7,414	29.4	8,763	34.4	84.6	4,272	8.4	3,789	7.5	8,116	16.0
2040	17,245	7,928	31.8	9,317	36.9	85.1	4,172	8.3	3,980	7.9	9,093	18.1
2050	19,004	8,795	37.4	10,209	42.8	86.2	3,709	7.8	3,619	7.6	11,676	24.7
2060	18,683	8,816	41.6	9,867	46.0	89.3	3,500	8.2	3,099	7.3	12,084	28.4
2070	17,473	8,403	44.7	9,070	48.1	92.7	2,614	6.9	3,288	8.7	11,571	30.7

주 1) 성별 고령비중 = 성별 고령인구(65세 이상) ÷ 성별 인구 × 100
2) 성비 = 남자 고령인구(65세 이상) ÷ 여자 고령인구(65세 이상) × 100
3) 연령별 구성비 = 고령 연령대별 인구 ÷ 총 인구 × 100

자료: 통계청. 「장래인구추계: 2020~2070년」.

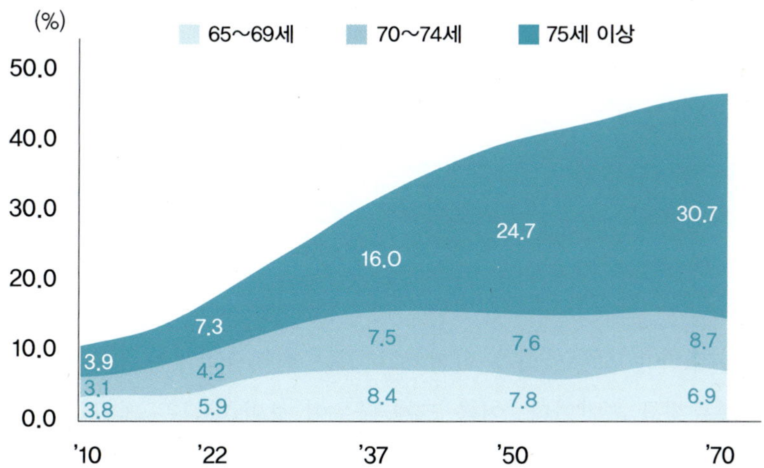

[그림 1-3] 고령인구 구성비 변화

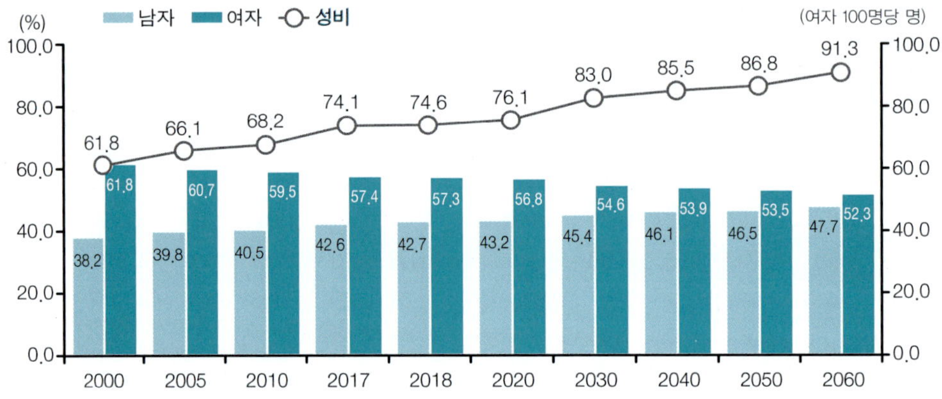

자료: 통계청. 「인구주택총조사」, 「장래인구추계」.

[그림 1-4] 성별 고령인구 구성비 및 성비

이와 같이 우리 사회의 커다란 도전으로 다가오고 있는 인구 고령화 문제는 그 속도의 급속함과 더불어 노인가구의 증가, 지역 간의 격차, 고령노인의 증가와 여성노인이 많은 특징을 갖고 진행되고 있다. 따라서 고령노인의 건강문제, 수발 문제, 여성노인과 농촌노인이 겪는 특수한 문제에 대해 앞으로 관심을 기울일 필요가 있다.

03 고령화가 미치는 영향과 과제

인생 80년이라는 장수사회가 실현되고 있는 현대사회에서 장수사회의 실현은 새로운 사회문제를 유발한다. 이를 크게 나누어 보면 하나는 개인의 삶의 방식에 관한 것이고, 또 하나는 사회에 미치는 제 영향이다.

장수사회에서 노인은 지금까지의 노후생활방식으로는 변화하고 있는 사회에 적응할 수 없으며, 사회도 지금까지의 방식만으로는 다가오는 고령사회에 대응할 수 없다. 따라서 고령화가 가져오는 제 문제를 살펴봄으로써 앞으로의 대처방안을 강구해 나가야 할 것이다.

1) 라이프사이클(life cycle)의 변화

평균수명의 증가로 남성은 정년 후의 기간이, 여성은 3세대 동거기간과 노부모 부양 기간, 그리고 혼자 사는 과부기간이 길어지고 있다. 즉, 노년기가 장기화되고 있는데, 이렇게 장기화된 노년기를 어떻게 보내는가가 현대사회 노인의 중요한 과제라고 할 수 있다.

일반적으로 50세 중반 이후부터 사회의 일선에서 물러나고 있는데, 퇴직 이후의 삶은 30년 이상의 긴 기간이 된다. 전반기의 젊은 노년기에는 몇 가지의 병은 있어도 신체적·정신적으로 건강한 시기이다. 그러나 이 시기에 많은 노인은 본인의 의사와는 관계없이 정년퇴직 등에 의해 직업생활에서 은퇴하게 되고, 직업을 중심으로 하던 생활에서 새로운 형태의 생활로 전환하지 않으면 안 된다. 직업 외에 새롭게 맞게 되는 생활에서 하루하루가 얼마나 즐겁고 의미 있는 생활이 되는가가 노년기의 만족도를 좌우한다고 할 수 있다. 길어진 노년기에 대한 경제적·정신적·사회적으로 건강한 생활을 유지하기 위한 준비가 필요한 시기이다.

2) 사회적 부담의 증가

(1) 노년부양비의 증가

2022년 노년부양비(65세 이상 인구/15~64세 인구)는 24.6명으로 65세 이상 노인 1명을 생산가능인구 4.0명이 부양하고 있다. 저출산·고령화의 영향으로 65세 이상 노인이 많아지면서 노년부양비 증가 속도가 빨라져 2060년에는 82.6명(노인 1명을 생산가능인구 1.2명이 부양)으로 전망된다.

노령화지수(0~14세 인구 100명당 65세 이상 인구)는 2016년 100.1명으로 유년인구보다 많아졌으며, 2022년에는 152명으로 나타났다. 노령화지수는 지속적으로 증가하여 2060년에는 434.6명으로 증가할 전망이다(표 1-9).

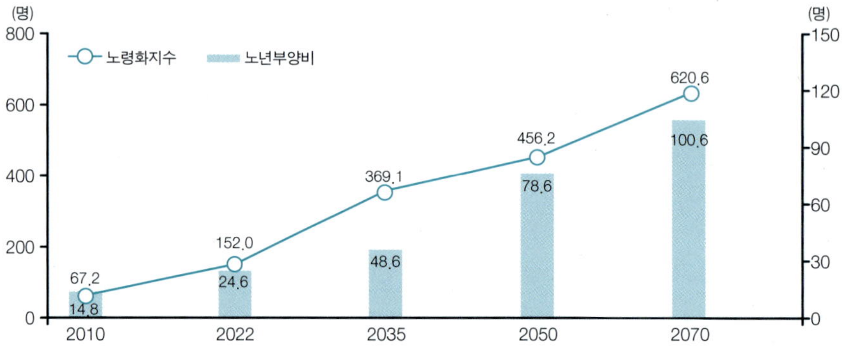

[그림 1-5] 노년부양비 및 노령화지수

〈표 1-9〉 노년부양비 및 노령화지수 (단위: 해당 인구 100명당 명, 명)

연도	노년부양비[1)]	노령화지수[2)]	고령자 1명당 생산가능인구[3)]
2000	10.2	35.0	9.8
2005	12.9	48.6	7.8
2010	15.4	69.6	6.5
2016	18.1	100.1	5.5
2020	21.8	123.7	4.6
2022	24.6	152.0	4.0
2030	38.2	212.1	2.6
2040	58.2	303.2	1.7
2050	72.6	399.0	1.4
2060	82.6	434.6	1.2
2060	82.6	434.6	1.2

주 1) 노년부양비=(65세 이상 인구/15~64세 인구) × 100
2) 노령화지수=(65세 이상 인구/0~14세 인구) × 100
3) 고령자 1명당 생산가능인구=15~64세 인구/65세 이상 인구
4) 2017년 이전은 인구주택총조사 자료, 2018년 이후는 장래인구추계 자료

자료: 통계청.「장래인구추계」.

(2) 사회보장비의 증가

사회보장비 특히 공적연금 보험료의 부담 증가, 연금재정의 문제, 빈곤노인에 대한 공공부조비용 증가, 의료비용의 증가에 따른 국민건강보험의 재정 악화 등 전반적인 사회적 부담이 증가하게 된다. 특히, 고령노인의 증가는 건강보호 및 수발 문제에 대한 대책은 물론 이에 대한 비용조달 문제를 야기한다.

인구고령화는 국민연금 재정에 많은 영향을 미치는데, 2018년 4차 국민연금 장기재정추계에 의하면(2003년부터 5년마다 실시), 2042년 적자전환, 2057년에 기금이 고갈될 것으로 전망하고 있다. 그러나 최근 출산율 저하, 적립금 투자수익률, 경제성장률 저하 등으로 고갈 시기가 더 앞당겨진다는 전망도 나오고 있다. 국회예산정책처의 '사회보장정책분석보고서(2020)'에 의하면 적자전환과 기금고갈이 각각 2년, 3년 앞당겨질 전망을 제시하고 있다(그림 1-6). 국민연금의 지속가능성을 높이기 위해서는 연금개혁을 서두르지 않으면 안 될 것이다.

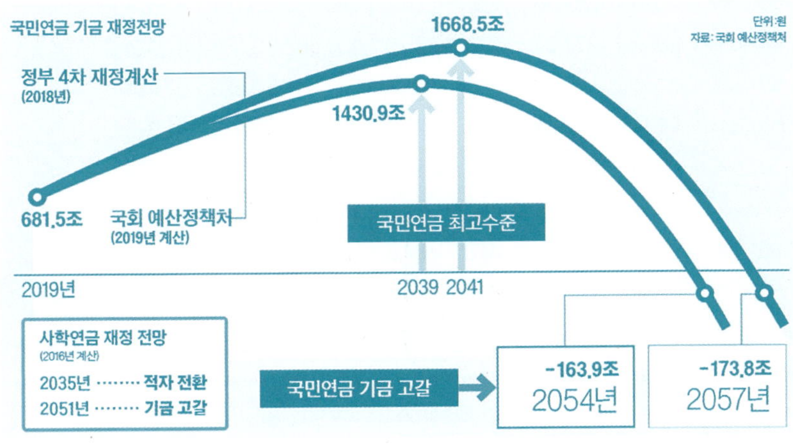

[그림 1-6] 국민연금 기금 재정전망

한편 인구고령화는 당연히 의료비의 증가도 가져오고 있는데, 2020년 건강보험 전체 진료비는 86조 7천억이 되고 있으며, 이 중 65세 이상의 진료비는 전체의 43%인 37조 6천억 원으로 증가하였다. 노인 1인당 진료비는 475만 9천 원, 본인

부담금은 110만 6천 원이며, 전체 인구 대비 각각 2.8배, 2.7배 수준이 되고 있다(표 1-10). 보건복지부에 따르면 2023년 건강보험 수지가 1조 4천억 원 적자를 기록하고, 2024년 2조 6천억 원으로 해마다 적자가 큰 폭으로 증가할 것으로 예상하고 있으며, 적립금도 감소하여 현 상태대로라면 2028년 바닥이 날 것으로 보고 있다(서울신문 2022.10.16.). 급속한 인구고령화와 함께 사회보장제도에 대한 개인 및 국가의 부담이 점점 가중되고 있다.

〈표 1-10〉 인당 진료비 및 본인부담 의료비

	전체					65세 이상				
	진료비[1]	1인당 진료비[2]	본인 부담금 (B)	1인당 본인 부담금[3]	본인 부담금 비중[4]	진료비1) (A)	1인당 진료비[2]	본인 부담금 (B)	1인당 본인 부담금[3]	본인 부담금 비중[4]
2012	478,392	963	121,246	244	25.3	164,494	3,008	38,553	705	23.4
2013	509,262	1,019	128,458	257	25.2	180,852	3,151	42,578	742	23.5
2014	549,639	1,092	137,534	273	25.0	199,687	3,326	47,074	784	23.6
2015	587,869	1,164	148,147	293	25.2	222,361	3,573	53,426	859	24.0
2016	651,844	1,284	164,532	324	25.2	252,692	3,921	61,583	955	24.4
2017	707,525	1,389	177,772	349	25.1	283,247	4,162	69,074	1,015	24.4
2018	779,104	1,526	191,614	375	24.6	318,235	4,487	74,183	1,046	23.3
2019	861,110	1,676	212,228	413	24.6	357,925	4,796	83,351	1,117	23.3
2020	867,139	1,689	214,223	417	24.7	376,135	4,759	87,412	1,106	23.2

주 1) 요양기관에서 건강보험환자 진료에 소요된 비용으로 공단부담금 및 환자 본인부담금을 합한 금액임
2) 1인당 진료비 = 진료비 ÷ 건강보험 적용인구(연도 말 기준)
3) 1인당 본인부담금 = 본인부담금 ÷ 건강보험 적용인구(연도 말 기준)
4) 본인부담금 비중 = 본인부담금(B) ÷ 진료비(A) × 100

자료: 국민건강보험공단,건강보험심사평가원. 「건강보험통계」.

3) 고령화사회의 과제

앞에서 살펴본 바와 같이 평균수명의 증가와 출산율의 감소로 인한 급속한 인구 고령화는 사회경제적인 측면에서 우리 사회의 위기요소로 다가오고 있다. 이러한 사회적 긴장은 미시적(개인적) 차원, 거시적(사회적) 차원에서 복합적으로 발생하고 있으며, 이에 대한 준비가 필요하다. 미시적 차원에서는 노인이 경제적으로 안정되고 건강하며 활력 있는 노후생활을 보낼 수 있도록 소득, 의료, 여가정책 등이 다각적으로 모색되어야 하며, 가족들이 노부모 수발로 부담이 가중되지 않도록 노인장기요양정책 및 가족정책이 종합적으로 추진되어야 할 것이다. 거시적 차원에서는 감소하는 노동력을 보완할 수 있는 여성 및 노인인력의 활성화 방안, 그리고 경제성장 도모와 함께 사회복지 재정지출의 증가에 대한 다각적인 대처방안 등을 모색해야 하는 어려운 과제에 직면하고 있다(표 1-11).

〈표 1-11〉 고령사회의 과제

차원	영역	과제
미시적 차원	개인 및 가족 영역	• 건강한 노후생활 유지 • 은퇴 후 경제적인 안정 유지 • 활기차고 성공적인 노후생활 영위 • 노인부양 및 수발 • 가족관계의 유지 및 세대 간 연대
거시적 차원	사회 영역	• 양극화 문제, 세대 간 갈등 해소 • 감소하는 생산인구 확충
	경제 영역	• 사회복지 재정 지출(의료, 연금, 사회복지서비스) 재원 마련 및 지출 수준 적정화 • 경제성장 유지: 경제성장 둔화, 실업 증가, 저축 감소 등의 문제해결
	정치 영역	• 복지재정 과다 지출에 대한 정당성 확보 등

CHAPTER 02

노년학과 노인복지

노인복지를 학문적으로 이해하기 위해선 먼저 노년학에 대한 이해가 필요하다. 이 장에선 노년학의 연구 분야와 연구동향, 그리고 노년학에서의 노인복지학의 위치와 특징, 노인복지학에서 다루어야 할 노인문제들에 대해 살펴본다.

01 노년학의 이해

노년학은 노화를 연구하는 학문이라고 할 수 있다. 노년학을 의미하는 'gerontology'는 희랍어에서 그 어원을 찾을 수 있는데, 노령을 의미하는 'geron'이라는 말과 무엇에 대한 연구나 서술을 의미하는 'logos'를 합친 'gerontology'라는 말에서 생겨났다. 즉, 노년학은 인간의 노화의 원인과 결과에 관하여 과학적으로 연구하는 학문이라고 정의할 수 있다(Atchley, 1980).

노화는 신체적·심리적·사회적인 여러 측면에서 발생하여 다양한 영향을 미친다. 따라서 노년학의 연구는 매우 광범위하고 종합적인 학문으로서 다양한 분야에서 연구가 이루어지고 있으며, 노년학의 주요 연구 분야는 다음과 같이 분류할 수 있다.

① 노년생물학(biological gerontology): 노화의 신체적·생리적 원인과 결과에 관한 연구 분야
② 노년심리학(pyschological gerontology): 연령증가에 따른 감각, 지각, 정신기능, 감정, 성격의 변화 및 이에 관련된 행동의 변화 등에 관한 연구 분야
③ 노년사회학(social gerontology): 연령증가에 따른 발달적 및 집단행동과 노인인구의 존재로 인하여 일어나는 사회적 현상에 관한 연구 분야
④ 노년의학(geriatrics): 노인의 신체적·정신적 질병의 원인과 치료에 관한 이론적 연구와 임상적 활동 분야
⑤ 노년사회복지학(gerontological social welfare): 노인과 사회환경과의 상호작용에 있어서 개인의 적응 문제와 발전적 욕구의 해결에 필요한 정책적 프로그램과 서비스를 제공하는 데 관련되는 연구 분야

노년학 연구의 초석은 1930년대 미국에서 시작되었으며, 이 시기에는 노년학의 기본개념이 개발되고 노년학이 독립적인 연구 분야로 인식되기 시작하였다.

1938년에 Cowdry가 편집한 『노화의 문제(Problems of Aging)』는 1930년대에 노인문제가 사회문제로 인식되기 시작한 때에 발간된 연구보고서이다. 1941년 미국의 사회과학연구회에서는 노년생활의 사회적 적응 문제의 연구를 위한 다학문 간의 분과위원회를 구성하였고, 이 위원회는 여러 차례 연구보고서를 통해 노년학 연구의 기초이론 정립에 크게 공헌하였다.

1945년 미국노년학회(The Gerontological Society in America)가 창립되어 여러 분야에서의 노년학 연구를 촉진하였고, 1946년에는 「노년학회지(Journal of Gerontology)」가 창간되었다. 이후 많은 분야의 연구가 활발히 이루어지면서 노년학은 1960년대에 들어서 본격적으로 발전하기 시작하였고 많은 경험적 연구가 진행되었다.

국제노년학회는 1944년에 설립되어 현재 4년마다 학회가 열리고 있으며, 「노년학회지(Journal of Gerontology)」를 발간하고 있다.

한국의 노년학 연구는 1978년에는 '한국노년학회', 1986년 '한국노인병학회', 1998년에는 '한국노인복지학회'가 창립되면서 시작되었다. 노인수발 문제의 대두

와 관련하여 1999년 '한국케어복지협회'가 설립되었고 2004년엔 '대한케어복지학회'가 창립되었다. 2007년엔 케어메니지먼트의 중요성이 주장되면서 '한국케어메니지먼트학회'가, 노인장기요양보험제도의 발전과 더불어 2013년 '한국장기요양학회'가 창립되었다. 한편, 1975년엔 '한국노인문제연구소'가 민간에서 설립되어 노인문제와 관련한 많은 연구를 펼쳐왔다. 이렇게 고령사회의 진전 속에 학계는 물론 단체, 노인 관련 기관을 통해 많은 노인문제, 노인복지, 장기요양과 관련된 많은 연구가 나오고 있으며 한국의 노인복지발전에 많은 기여를 하고 있다.

1) 연구 방법

노화에 관한 연구는 일반적으로 노화를 연령증가 또는 연령변화(age change)로 보고 연령증가에 따른 특성의 변화를 관찰하여 변화가 발견되면 그것을 노화와 관련되는 현상 또는 노화의 결과로 간주하는 방식으로 노화에 대한 경험적 연구를 수행하고 있다.

노년학에 관한 연구에는 전통적으로 두 가지 방법이 사용되고 있는데, 횡단적 연구 방법(cross-sectional study)과 종단적 연구 방법(longitudinal study)이다. 횡단적 연구 방법은 한 시점(일반적으로 수일에서 수개월 사이)에서 각각 다른 연령집단을 관찰하는 방법이고, 종단적 연구 방법은 같은 연령집단을 수년에서 수십 년 동안 추적하여 반복적으로 관찰하는 방법이다.

횡단적 연구 방법은 [그림 1-7]과 같이 일정 시점(1980년)에서 연령 차이(age difference: [그림 1-7]에서 40, 50, 60, 70세 연령집단 간의 차이)는 잘 포착할 수 있을지라도 개인 내에 있어서의 노화의 과정인 연령변화를 포착하는 데는 한계가 있다. 그러나 조사연구의 여러 가지 현실적 제약조건 때문에 대부분 횡단적 조사에서 나온 연령 차이를 연령변화로 유추·해석하고 있다. 즉, 횡단적 조사연구 방법은 한 시점에서 40, 50, 60, 70세 집단의 차이를 한 개인이 40, 50, 60, 70세가 되었을 때 나타나는 차이로 유추·해석하는 것이다. 그러므로 횡단적 연구 방법에 의한 결과는 반드시 연령변화, 즉 노화에 의한 결과로 볼 수 없다는 점을 유의해야 한다. 따라서 현재의 노화에 관한 많은 연구에서 문제시되는 점은 바로 횡단적 연구 결과를 마치 그것이 종단적 연구에 의해 나온 연령변화의 결과로 해석하는 것이다.

종단적 연구 방법은 [그림 1-7]과 같이, 같은 사람의 연령이 40, 50, 60, 70세가 되었을 때 어떤 특성에 있어서 차이가 있는지를 관찰한 결과이므로 개인적인 노화 과정인 연령변화를 잘 포착할 수 있으며, 개인 간의 노화현상의 차이도 포착할 수 있는 장점이 있다. 이러한 연구는 노화현상을 연구하는 데 있어서 가장 바람직한 연구 방법이지만, 시간이 오래 걸리고 경제적으로 비용이 많이 들며, 장기간 연구하게 되면 최초의 표본 숫자가 크게 줄어들게 되는 어려움이 있는 것이 현실적인 제약점이다. 이러한 제약 때문에 대부분의 경우 약점이 많지만 쉬운 방법인 횡단적 연구 방법으로 대치하고 있다.

시기 차이 연구 방법은 2개 이상의 출생동시집단이 2개 이상의 다른 시기에 있어서 어떤 행동과 신체적 특징의 변화를 나타내는가에 관심을 갖는다. [그림 1-7]에서 볼 수 있듯이 1960년에 50세가 된 장년층 집단과 그 후 20년 후인 1980년의 50세인 장년층 집단이 비록 신체적 연령은 동일하지만 '자유연애', '부모부양'에 대한 견해가 서로 다를 수 있다고 보며, 이러한 차이를 연구할 때 시기 차이 방법을 이용할 수 있다.

즉, 연령을 고정시켜 놓고 시대적 변화에 따른 개인들의 변화를 보려고 한다. 그러나 이 방법에도 출생동시집단과 측정시기의 두 가지 효과가 혼합되어 있다는 약점이 있다. 즉, 이들 두 집단은 서로 출생시기가 다를 뿐만 아니라 측정시기 또한 다르기 때문에 만약 연구결과의 차이가 있어도 그것이 출생동시집단 간의 차이인지 측정시기 간의 차이와 관계되어 있는지 명확히 알 수는 없다(윤진, 1991).

횡단적 연구 (1980 열)

출생년도 \ 측정년도	1960	1970	1980	1990
1940	20세	30세	40세	50세
1930	30세	40세	50세	60세
1920	40세	50세	60세	70세
1910	50세	60세	70세	80세

시기 차이법 (1910년생 1960년 50세 → 1940년생 1990년 50세 대각선)
종단적 연구 (1920년 행)

[그림 1-7] 관찰 방법에 따른 연구 방법

이러한 연구에 있어서 연령 차이와 연령변화의 효과에 영향을 미쳐 순수한 연령 차이 또는 연령변화의 효과를 명확히 구별할 수 없게 만드는 두 가지 중요한 요인이 있는데, 하나는 '동년배집단효과(cohort effect)'이고 다른 하나는 '기간효과(period effect)'이다.

동년배는 어떤 역사적인 기간에 태어나서 역사적인 사건을 비슷하게 경험한 연령집단으로서 사회과학 조사연구에서는 5년 또는 10년 간격으로 구분되는 것이 일반적이다. 동년배집단은 그들 자체의 특수한 역사적·사회적 사건의 경험과 독특한 사회화 과정을 거치므로 다른 동년배와는 구별되는 특성을 지니고 있다.

기간효과는 어떤 현상의 관찰에 있어서 그 관찰 기간 중에 발생한 사회적 환경의 변화가 관찰 결과에 미치는 영향을 말하는데, [그림 1-7]에서 1960, 1970, 1980, 1990년 각각의 측정기간 직전 또는 기간 중에 발생한 사회적 운동, 정책 변화, 경제적 변혁 등이 될 수 있다.

그러므로 노화에 관련된 어떤 연구 결과를 이해하고 받아들이는 데 있어서 그 결과가 연령 차이에 의한 것인지, 연령변화인 노화에 의한 것인지, 동년배집단효과와 기간효과가 어느 정도 작용하고 있는지를 검토, 평가해야 한다.

02 노인복지학의 특징

노인복지를 연구하는 노인복지학은 산업화, 도시화로 인한 핵가족화, 그리고 가족의 노인부양기능의 약화를 배경으로 노인문제가 점차 사회화되면서 노인들의 문제와 사회적 대책을 중심으로 한 분야가 사회복지의 영역에서 분리되어 독립적으로 연구되게 되었으며, 학문으로서의 체계가 갖추어지기 시작했다. 앞으로 인구고령화가 더욱 진행되면 노인문제에 대한 대책은 국가정책으로 더욱 중요시될 전망이다. 따라서 노인복지학에 대한 관심은 최근 커지고 있으며, 노인복지학은 미래에 더욱 중요한 사회복지 영역이 될 것이다.

노인복지학은 노인문제에 대한 해결을 강구하는 실천학문이라고 할 수 있으며, 순수과학에서 개발된 이론과 지식을 기반으로 현상을 변화시키는 성격이 강하다. 따라서 생물학, 의학, 보건학, 간호학, 심리학, 사회학, 경제학, 정치학 등 다양한 학문의 지식과 기술을 필요로 한다. 즉, 다양한 학문의 지식을 필요로 하는 다학문적 성격을 가지고 있으며, 이를 기초로 노인문제 해결을 위한 지식과 기술을 개발하고 종합하여 노인복지학의 독자적인 이론을 구축해 나가고 있다.

노인복지학에서는 노화의 특성, 노화와 관련한 문제만이 아니라 노인문제에 대한 거시적 관점이라고 할 수 있는 노인복지정책, 노인의 문제에 직접 개입하는 노인복지서비스와 실천 방법을 다루며, 노인복지학에서 다루는 이러한 개입과 방법은 노인복지시설과 기관, 단체 등에서 폭넓게 사용되고 있다.

앞으로 노인복지에 대한 수요는 더욱더 커질 것이며, 이에 따라 노인복지학의 학문적 발전도 확대되고, 노인복지와 관련한 전문적 직업 분야도 크게 증가될 전망이다.

03 노인복지와 노인문제

1) 노인문제의 이해

노인문제는 노인복지의 대상으로 노인복지학에서 다루어야 할 영역이며, 노인문제에 대한 이해를 돕기 위해 일반적으로 많이 인용되고 있는 Cowgill과 Holmes(1972, 1986)의 현대화 이론을 살펴본다.

현대화 이론에 의하면 노인문제는 현대화라는 사회적 변화가 노인의 지위를 하락시킴으로써 발생한다. 노인의 지위는 특정 사회의 현대화 정도와 반비례하는데 현대화 정도가 높으면 높을수록 노인의 지위는 낮아지게 된다고 본다. 즉, 현대화의 핵심적인 요인인 ① 보건의료기술의 발전, ② 생산기술의 발전, ③ 도시화의 촉진, ④ 대중교육의 확대가 인과적으로 영향을 미쳐 노인을 노동현장에서 퇴직시키고 사회적, 지적 및 도덕적으로 고립화시킴으로 결국 노인의 지위를 약화시키고 이것이 노인문제의 직접적 또는 간접적 요인이 된다고 본다(그림 1-8).

먼저 보건의료기술의 발전은 영아 사망률을 감소시키고 성인수명을 연장시켰으며, 결과적으로 노인인구를 증가시키게 되었고, 이로 인해 노동시장에서는 세대 간의 경쟁이 치열해지고 결국은 퇴직을 감수하게 된다. 퇴직은 역할상실의 문제와 더불어 여가시간의 문제를 발생시킨다.

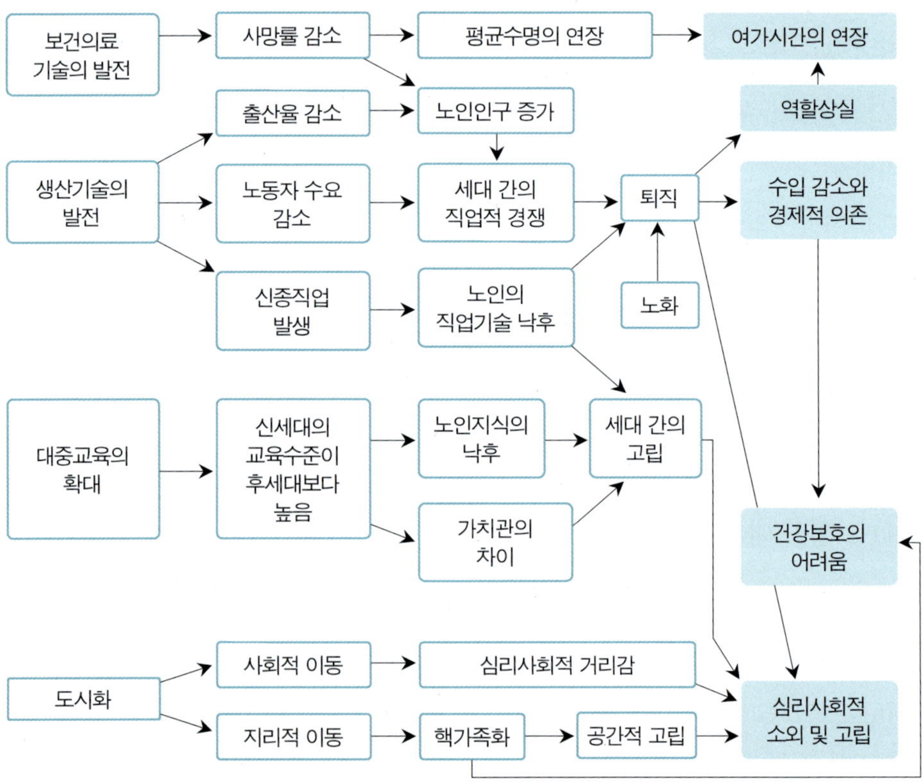

자료: 최일섭·최성재(1996). 「사회문제와 사회복지」, 재인용.

[그림 1-8] 현대화 요인과 노인문제

생산기술의 발전은 새로운 일자리를 많이 만들어 냈으나 직업기술이 떨어진 노인은 직업에서 물러날 수밖에 없게 되어 수입 감소, 사회적 고립, 소외감 등으로 연결된다.

또한, 도시화로 인해 젊은이들이 도시지역으로 떠남으로써 노인들만 농촌에 남게 된다. 젊은이들의 지리적, 직업적 이동은 세대 간의 거리를 멀게 하고 결과적으로 노인들은 소외되고 지위는 하락된다. 또한, 경제적 수입 감소로 인한 의료비 부담, 핵가족화로 인한 수발문제 등이 야기되고 건강보호의 문제가 발생한다.

대중교육의 확대로 젊은 세대는 부모세대보다 교육을 더 많이 받게 되고, 노인의 지식은 낙후됨으로써 지적인 격차와 세대 간의 가치관의 차이가 생기게 되어 결국 노인은 가족과 사회에서 소외되고 고립되는 문제가 발생한다. 즉, 현대화 이론에서는 현대화의 요소인 보건의료 기술의 발전, 생산 기술의 발전, 도시화, 대중교육의 확대는 인과적인 과정을 통해 노인의 지위를 하락시키고 ① 역할상실 및 여가 문제, ② 수입 감소 및 경제적 의존 문제, ③ 건강보호의 문제, ④ 사회적 고립과 소외 등의 노인문제를 유발시킨다. 이러한 현대화 이론에 대한 비판적 견해도 있지만 오늘날 산업사회의 노인문제를 이해하는 데 있어 이 이론은 나름대로 설득력 있는 이론이라고 할 수 있다.

2) 노인문제의 현상

노인이 되면서 겪게 되는 문제를 우리는 흔히 4고(苦)라고 표현한다. 즉, 빈고(貧苦), 병고(病苦), 고독고(孤獨苦), 무위고(無爲苦)로 설명되고 있는데 고령화사회가 진전되면서 우리나라 노인의 4고(苦) 양상도 새롭게 변화되고 있다.

과거에는 노인복지의 초점이 주로 노인의 빈곤 문제에 맞추어져 있고 가족의 부양을 받지 못하는 노인을 보호하는 것이 전부였다고 할 수 있다. 그러나 평균수명이 80세를 넘어 소위 100세 시대를 맞고 있는 우리 사회에서는 노인복지를 단순히 경제적 문제만이 아니라 노후의 삶의 질 향상을 추구하는 노인복지정책으로 전환하는 것이 필요하다. 특히, 다양해진 노인의 욕구에 대응하여 노인복지정책이 전개되어야만 한다. 변화하고 있는 노인의 문제를 여기서는 4고(苦)를 중심으로 간단히 살펴본다.

(1) 빈곤

아직도 우리나라 노인이 겪는 큰 고통 중의 하나는 경제적 어려움이다. 특히, 급속히 감소하는 전통적인 노부모부양 의식과 국가의 노인소득보장제도의 미비로 인해 노후준비를 하지 못했던 현재의 많은 노인은 경제적으로 어려움에 직면하고 있다.

OECD 통계조사에 의하면, 2019년 가처분소득 기준으로 상대적 노인빈곤율은 우리나라가 43.2%로 OECD 회원국 중 노인빈곤율이 가장 높은 국가로 나타났다.

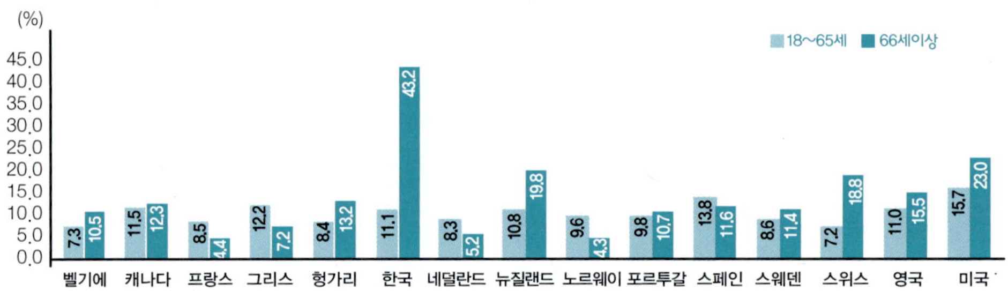

자료: OECD, 「Social and Welfare Statistics」(2022.9.4. 기준).

[그림 1-9] OECD 주요국의 상대적 빈곤율(66세 이상,2019)

2020년 66세 이상 은퇴연령층의 소득분배지표는 상대적 빈곤율 40.4%, 지니계수 0.376, 소득 5분위배율 6.62로 소득분배정도가 점차 이전보다는 개선되고 있지만 아직도 노인빈곤율은 상당히 높다(표 1-12).

〈표 1-12〉 은퇴연령층 빈곤율

	상대적 빈곤율 (중위소득 50% 이하)		지니계수[1]		소득 5분위 배율[2]	
	18~65세 (근로연령인구)	66세 이상 (은퇴연령인구)	18~65세 (근로연령인구)	66세 이상 (은퇴연령인구)	18~65세 (근로연령인구)	66세 이상 (은퇴연령인구)
2017	12.6	44.0	0.337	0.419	6.09	8.82
2018	11.8	43.4	0.325	0.406	5.67	7.94
2019	11.1	43.2	0.317	0.389	5.40	7.21
2020	10.6	40.4	0.312	0.376	5.19	6.62

주 1) 소득불평등도를 나타내는 지표로 '0'이면 완전평등, '1'이면 완전 불평등을 의미함
2) 소득 상위 20% 계층의 평균소득을 소득 하위 20% 계층의 평균소득으로 나눈 값
자료: 통계청(2022). 2022 고령자통계.

이는 우리나라 노인들의 노후준비가 상당히 부족하다고 볼 수 있는데, 노인들의 노후준비에 대한 통계청의 조사 결과를 보면 65세 이상 노인 중 56.7%만이 준비하고 있었으며, 43.3%는 전혀 준비하지 않고 있었다. 노후준비 방법으로는 '공적연금', '예금·적금', '부동산'이 많았다(표 1-13).

〈표 1-13〉 65세 이상 주된 노후준비 방법(2021)

(단위: %)

계	준비하고 있음	국민연금	직역연금	사적연금	주택연금	퇴직급여	예금적금	부동산	기타	준비하고 있지 않음
100.0	56.7	48.4	11.1	5.2	4.1	3.7	17.1	9.9	0.4	43.3

자료: 통계청(2022). 2022 고령자통계.

특히 다른 연령층에 비해 노인들의 빈곤율은 상당히 높다고 할 수 있는데, 2021년 말 국민기초생활보장 대상은 2,268,852명으로 전체인구의 4.4%이나 노인은 852,396명으로 노인인구의 37.6%를 차지하고 있다. 특히 여자노인의 경우 남자노인보다 1.8배 많아 여자노인이 더 빈곤한 경우가 많음을 알 수 있다(표 1-14).

〈표 1-14〉 국민기초생활보장 수급자 현황 (단위: 명, %, %p)

	전체 (일반수급자)	65세 이상	구성비[1]	남자	여자
2021	2,268,852(4.4%)	852,396	37.6%	301,453	550,943

주 1) 구성비=(65세 이상÷전체)×100
자료: 보건복지부, 「2021 국민기초생활보장 수급자 현황」.

한편 노후소득 보장제도라고 할 수 있는 공적연금도 아직도 많은 노인들에게 사회적 안전망이 되고 있지 못하다. 65세 이상 고령자의 공적연금 수급률은 매년 증가하여, 2021년 기준 전체 고령자의 55.1%가 공적연금을 받고 있어 나머지 44.9%의 노인들은 공적연금 사각지대에 있다. 성별로는 여자 노인들의 수급률(40.6%)이 남자(74.1%)의 절반이며 연령대별로는 65~69세의 연금 수급률이 63.7%로 가장 높았고 연령이 높아질수록 낮다.

〈표 1-15〉 공적연금 수급률(65세 이상) (단위: %, 천명)

	공적연금 수급률[1]	공적연금 수급자 수	국민연금	구성비	공무원연금	구성비	사학연금	구성비	군인연금	구성비
2021	55.1	4,723.4	4,215.0	89.2	379.0	8.0	65.0	1.4	64.3	1.4
남자	74.1	2,757.1	2,395.8	86.9	269.3	9.8	48.1	1.7	44.0	1.6
여자	40.6	1,966.2	1,819.2	92.5	109.7	5.6	17.0	0.9	20.3	1.0
65~69세	63.7	1,844.1	1,666.7	90.4	134.1	7.3	27.6	1.5	15.7	0.9
70~74세	60.3	1,261.3	1,140.5	90.4	94.4	7.5	14.9	1.2	11.5	0.9
75~79세	59.0	924.3	832.9	90.1	68.7	7.4	11.0	1.2	11.6	1.3
80세이상	34.4	693.8	574.9	82.9	81.8	11.8	11.5	1.7	25.5	3.7

주 1) 공적연금 수급률 = 공적연금 수급자 수(65세 이상) ÷ 65세 이상 추계인구 × 100
자료: 통계청(2022). 2022 고령자통계.

노년기에 있어서 적절한 노후소득 보장은 노인의 삶의 질과도 직결되는 중요한 요소이다. 우리나라 노인들이 길어진 노년기를 빈곤 속에서 고통스럽게 보내지 않고 인간답게 살 수 있도록 노후소득보장제도를 재검토해야 할 것이다.

(2) 고독

고독, 외로움, 소외감은 현대사회의 노인들에게 더욱더 큰 고통으로 다가오고 있다. 노인에게 고독과 소외감은 특히 역할상실에서 온다. 역할상실은 인간관계의 단절과 고립을 의미하며 의욕상실과 고독감을 가중시킨다. 이러한 상실감으로 인해 많은 노인은 은퇴 전후에 신체적·정서적 부적응 현상을 보인다. 노년기에 느끼는 사회, 젊은이, 가족으로부터의 소외감은 우울증이나 자살로 이어질 수 있다.

특히, 노년기의 배우자 상실은 새로운 역할에 대한 적응을 요구한다. 많은 노인에게 상실감은 슬픔이나 우울뿐만 아니라 극심한 혼란을 가져온다. 혼자 남은 사람은 이제 배우자가 없는 상태로 살아가는 방법을 배워야 한다. 즉, 배우자가 없는 상황에서도 쾌활함을 유지하고 창의적으로 문제를 해결하며 자신의 가치에 대해 강한 신념을 가질 수 있어야 한다.

〈표 1-16〉 우울감 경험률[1]

(단위: %, 명)

		20대	30대	40대	50대	60대	70+
2019년		13.0	7.4	8.9	10.6	11.0	13.1
2021년		11.7	12.3	10.2	8.3	11.9	13.6
	남	6.9	11.0	8.0	7.8	9.8	7.2
	여	17.1	14.9	12.5	8.8	13.9	18.3

주 1) 19세 이상 5,590명 대상 최근 1년 동안 연속적으로 2주 이상 일상생활에 지장이 있을 정도로 슬프거나 절망감 등을 느낀 분율

자료: 질병관리청「2021 국민건강통계」.

〈표 1-17〉 65세 노인인구 10만 명당 자살률

(단위: 명)

구분	2016	2017	2018	2019	2020
전체	25.6	24.3	26.6	26.9	25.7
60대	34.6	30.2	32.9	33.7	30.1
70대	54.0	48.8	48.9	46.2	38.8
80세 이상	78.1	70.0	69.8	67.4	62.6

자료: 보건복지부,「2022 자살예방백서」.

(3) 무위

노년기에 직업역할 등 역할상실로 인한 무료함의 고통 또한 노인에게는 큰 고통이다. 현대사회에서 노인들이 갖고 있던 지식과 기술은 시대에 뒤떨어지게 되고, 따라서 노인들은 아직도 일할 수 있음에도 불구하고 직업생활에서 물러나게 되며 이로 인해 사회적 역할을 상실하게 된다. 직업에서의 은퇴는 경제권의 상실을 의미하고 이는 가정에서는 가장의 역할의 상실이며, 결국 노인의 지위와 권위는 점차 하락하여 쓸모없는 사람으로 전락하게 된다.

이러한 무용감 속에서 많은 노인이 노년기의 적절한 역할과 규범을 찾지 못하고 무료하게 노후를 보냄으로써 고독감, 외로움, 더 나아가 인생에 불행감을 갖게 되기도 한다.

평균수명의 연장으로 30년 이상의 노년기를 보내야 하는 고령사회에서는 길어진 노년기를 보다 활력 있고 보람 있게 보낼 수 있도록 사회적 준비가 절실히 요구된다.

노후를 무료하지 않고 보람 있게 보내는 것은 노년기의 삶의 만족도에 있어 매우 중요하며, 따라서 다양한 노년기 여가활동에 대한 적극적인 개발과 지원이 필요하다.

〈표 1-18〉 사회적 관계망(일평균 교류현황) (단위: %)

	계	가족 또는 친척			가족 또는 친척 이외		
		있음	없음	평균인원	있음	없음	평균인원
전체	100.0	77.3	25.5	2.9	76.9	23.1	3.9
65세 이상	100.0	73.8	26.2	2.5	62.3	37.7	2.8

자료: 통계청(2021). 「사회조사」.

〈표 1-19〉 노후를 보내고 싶은 방법(65세 이상) (단위: %)

	계	취미 활동	여행,관광	학습 및 자아개발	자원봉사 활동	종교 활동	소득창출 활동	기타
65세 이상	100.0	39.5	32.5	6.8	4.6	4.2	11.9	0.5

자료: 통계청(2021). 「사회조사」.

(4) 건강과 케어

건강문제는 누구나 나이가 들면서 가장 염려되는 문제 중의 하나이다. 나이가 들면 누구나 질병에 이환되기 쉽고, 질병이 만성적으로 진행되면서 질병의 고통과 함께 노년을 보내는 경우가 많아진다.

한국보건사회연구원의 2020년 노인실태조사에 의하면, 조사대상 전체 노인의 84% 이상이 만성 질환 중 한 가지를 앓고 있고, 평균 2.7개의 만성 질병을 갖고 있다. 질병 치료를 위한 의료비 부담은 노인기의 생활을 더욱 어렵게 만드는 원인이 되고 있으며, 질병의 고통으로 길어진 노년기를 불행하게 보내는 노인도 많다.

〈표 1-20〉 65세 이상노인의 만성 질병 개수 (단위: %, 개)

구분	없음	1개	2개	3개 이상	계
전체	16.0	29.2	27.1	27.8	100.0
남자	18.8	32.7	26.8	21.8	100.0
여자	13.9	26.5	27.3	32.3	100

자료: 한국보건사회연구원, 「2020년도 노인실태조사」.

한편, 장기간 케어를 필요로 하는 치매, 중풍 등을 가진 노인들이 증가함에 따라 이들을 돌보아야 하는 수발 문제가 사회적으로 크게 제기되고 있다.

2020년 의료기관에서 진단받고 보건소에 등록된 치매환자는 461,475명이며 전년대비 37,593명이 증가하였고 계속 증가할 전망이다. 그뿐만 아니라 장기요양서비스를 받기를 원하는 장기요양보험 신청자도 계속 증가하고 있다(표 1-22).

〈표 1-21〉 치매환자 등록현황 (단위: 명)

	2015	2016	2017	2018	2019	2020
계	302,492	323,858	377,757	346,501	423,882	461,475
남	82,498	89,007	107,856	93,728	119,696	128,784
여	219,994	234,851	269901	252,773	304,186	332,691

자료: 2021 보건복지통계연보.

〈표 1-22〉 노인장기요양보험 신청현황 (단위: 명)

구분	2015	2016	2017	2018	2019	2020
신청자	789,024	848,829	923,543	1,009,209	1,113,093	1,183,434
인정자	467,752	519,850	585,287	670,810	772,206	857,984
인정비율	57.6	61.2	63.4	66.5	69.4	72.5

자료: 2021 보건복지통계연보.

노부모수발은 과거에는 당연히 가족에서 해결되어야 하는 문제였지만 핵가족화와 여성의 사회진출 확대, 부양의식의 결여 등으로 가족의 노부모수발 기능은 크게 상실되었고, 노인학대, 가족해체 등의 문제를 유발시키는 원인도 되고 있다. 길어진 노년기를 가능한한 건강하게 보낼 수 있는 보건복지시스템의 확충과 수발을 받아야 하는 노인들이 질 높은 장기요양서비스를 충분히 받을 수 있도록 장기요양시스템도 보다 충실하게 발전시켜야 할 것이다.

PART 02

노화에 대한 이해

CHAPTER 01

노화의 개념

01 노화란

노화(aging)란 '시간의 흐름에 따라 유기체의 세포, 조직, 기관조직, 또는 유기체 전체에 일어나는 점진적 변화'라고 일반적으로 정의되고 있다(Beaver, 1983). 노화는 인간의 정상적인 성장과 발달 과정의 한 부분이며 적어도 세 가지 측면, 즉 생물학적 노화, 심리적 노화, 사회적 노화의 과정을 포함한다(Birren, 1959). 생물학적 노화는 신체의 기관과 체계의 구조 및 기능이 시간의 경과에 따라 변화하는 것을 의미하며, 심리적 노화는 축적된 경험에 의한 행동, 감각, 지각기능, 자아에 대한 인식 등이 시간의 변화에 따라 변화하는 것을 의미한다. 그리고 사회적 노화는 생활주기를 통해 일어나는 규범, 기대, 사회적 지위 및 역할 변화 등을 의미한다.

노화는 일반적으로 생물학적인 노화를 의미하는 경우가 많으며, 경험적 연구에서는 연령변화(aging change)로 정의되고 있다.

02 노인의 개념

노인은 노화의 과정을 겪고 있는 사람이라고 할 수 있으나, 실제적인 노인복지의 실천을 위해서는 노인에 대한 구체적인 개념정의가 필요하다. 즉, 노인복지의 대상이라고 할 수 있는 노인에 대한 개념정의는 노인복지서비스를 실천하는 데 있어 필요한 작업이므로 노인에 대한 다양한 개념을 살펴본다.

우리나라의 노인복지 관련 서적에서는 노인을 정의할 때 개념적으로는 1951년의 '국제노년학회'에서 제시한 정의와 Breen의 정의를 주로 인용하고 있다.

1951년 제2회 국제노년학회에서는 노인이란 '인간의 노화 과정에서 나타나는 생리적·심리적·환경적 변화 및 행동의 변화가 상호작용을 하는 복합 형태의 과정에 있는 사람'이라고 개념을 규정하였다. 즉, 노인은 ① 환경의 변화에 적절히 적응할 수 있는 조직기능이 감퇴되고 있는 사람, ② 인체의 자체통합능력이 감퇴되고 있는 사람, ③ 인체의 기관, 조직, 기능에 쇠퇴현상이 일어나는 시기에 있는 사람, ④ 인체의 적응능력이 점차로 결손되고 있는 사람, ⑤ 조직의 예비능력이 감퇴하여 적응이 제대로 되지 않는 사람이라고 정의하고 있다.

한편, Breen(1960)은 노인은 ① 생리적 및 생물학적인 면에서 퇴화기에 있는 사람, ② 심리적인 면에서 정신기능과 성격이 변화되고 있는 사람, ③ 사회적인 면에서 지위와 역할이 상실된 사람이라고 하여, 생물학적, 심리적 및 사회적 노화의 개념으로 설명하였다.

즉, 노인은 '생리적 및 신체적 기능의 퇴화와 더불어 심리적인 변화가 일어나서 개인의 자기유지 기능과 사회적 역할기능이 약화되고 있는 사람'이라고 노화의 복합적인 측면을 고려하여 추상적으로 정의할 수 있다(최성재·장인협, 2003).

03 노인의 조작적 정의

앞에서 설명한 노인에 대한 개념적 정의로는 실제 노인을 규정하여 노인복지서비스를 제공하기에는 한계가 있다. 따라서 현실적으로 서비스의 대상이 되는 노인들을 구체적으로 규정하기 위해 다음과 같은 조작적 정의가 필요하다.

1) 개인의 자각(self-awareness)

개인 스스로 주관적으로 판단하여 노인이라고 생각하는 사람을 노인으로 규정하는 것이다. 일반적으로 노성자각은 신체적 증후와 정신적·사회적 경험으로부터 영향을 받는다. 신체적으로는 쉽게 피로를 느끼거나, 보행의 부자유, 시력 감퇴, 청력 감퇴, 치아 탈락, 흰머리, 기억력 감퇴 등에서 늙음을 자각하게 되고, 정신적·사회적 측면에서는 직업에서 은퇴하거나 가장의 지위에서 물러났을 때, 배우자나 동료와의 사별, 손자녀의 출생, 주위로부터 할머니, 할아버지라고 불렸을 때 등이다. 그러나 대부분의 노인의 경우 노성을 자각하고 현실로 받아들이는 데 심리적 저항을 갖고 있다.

한국노인인력개발원(2017)의 우리나라 성인 3천 5백 명을 설문 조사한 보고서에 의하면, 노인이라고 보는 기준연령은 응답자의 나이가 많을수록 높았다. 20대 응답자는 67.7세 이상을 노인으로 볼 수 있다고 답했지만 30대와 40대는 68.6세, 50대는 69.7세를 제시했다. 60대 응답자의 제시 연령은 70.2세였다.

한편, 한국보건사회연구원(2020)의 조사에 의하면 노인들이 노인을 규정하는 연령기준을 69세 이하로 응답한 노인이 25.9%, 70~74세가 52.7%, 75~79세가 14.9%, 80세 이상이 6.5%로 평균 70.5세였다. 연령이 높을수록, 지역별로는 도시지역이, 여성보다 남성노인이, 가구별로는 자녀동거 노인이, 그리고 교육수준이 높을수록 노인이라고 생각하는 연령이 높았다.

이러한 개인의 노성자각에 의한 노인 정의는 노화의 생물학적·사회적·심리적 측면을 어느 정도 내포하고는 있지만 개인의 주관에 따라 달라질 수 있어 객관성이 크게 결여되므로 보편적으로 사용하기는 어려운 정의라고 할 수 있다.

2) 사회적 노인

주요한 사회적 지위와 역할이 상실된 상태에 있는 사람을 노인으로 보는 견해로 사회적 직업활동에서 물러나 사회적 지위와 역할을 이양한 상태에 있는 사람이 여기에 해당된다. 이러한 정의는 노인의 역할을 사회적 역할이란 측면에서만 보았고, 사회적 지위와 역할이 분명치 못한 사람이나 그러한 사회적 역할을 수행하지 않는 상태에 있는 사람, 특히 여성의 경우에게는 적용되기 힘든 정의이다.

이 정의에 의하면 우리나라에서는 많은 경우 55세에 퇴직을 하고 그 이후에는 거의 사회적 지위와 역할이 주어지지 않고 있는 상태이므로 55세 이후에 많은 사람이 사실상 사회적인 노인이 되는 것으로 볼 수 있다.

3) 역연령(chronological age)

달력상의 일정한 연령(60세 또는 65세 등)에 도달한 사람을 노인으로 규정하며 현재는 일반적으로 65세 이상을 노인으로 규정한다. 이와 같은 정의는 노인의 생리적·신체적·사회적·심리적인 면의 노화의 특성을 비교적 잘 반영하고 있다고 보며, 용이성과 편의성으로 인해 가장 보편적으로 사용되고 있다. 그러나 이러한 정의는 65세를 기준으로 그 이상이 된 사람을 일괄적으로 노인으로 규정함으로써 노화의 개인 간의 차이뿐 아니라 개인 내의 차이를 무시하고, 노인에 대한 고정관념(stereotypes)과 편견을 갖게 만드는 단점이 있다(Butler, 1975).

Neugarten(1974)은 65세 이상을 동일한 노인집단으로 취급함으로써 노인의 개인적·사회적 특성이 무시되는 점을 감안하여 미국 노인을 55~75세까지는 연소노인(young- old)으로, 75세 이상은 고령노인(old-old)으로 구분하였다. 한편, Brody(1977)는 60~64세를 연소노인(young-old), 65~74세를 중고령노인(middle-old)으로, 75세 이상을 고령노인(old-old)으로 구분하고 있다. 이러한 구분은 평균수명이 크게 연장되고 있는 현실에서 매우 유용한 노인의 정의라고 할 수 있으며, 모든 노인을 65세를 기준으로 동일하게 취급함으로써 나타나는 문제점을 극복할 수 있다.

우리나라 「노인복지법」에서의 서비스 기준은 대부분 65세이며, 노인을 65세로 보고 있다. 기초연금, 노인장기요양보험, 노인일자리 제공 등도 65세 이상이며, 노인복지관, 노인교실은 60세부터 가능하다. 주택연금 가입이나 노인주택 입주자격은 60세부터이고 국민연금도 60세가 지급연령이었으나 법 개정으로 65세로 상향되고 있다. 최근 국내에서 노인 연령 기준의 상향 조정에 관한 요구가 있는데, 특히 초고령사회를 앞두고 노인복지 재정이 급증하면서 노인 연령을 70세로 상향해야 한다는 의견도 점차 대두하고 있다. 실제 주요 선진국의 연금지급 연령은 65세에서 67세, 68세 그리고 기대수명 연장에 따라 70세로 연장해 가는 추세이다.

4) 기능적 연령

역연령에 의한 노인의 규정은 노인들을 일괄적으로 규정함으로써 개인 간의 차이가 무시되며 충분히 어떤 일을 수행할 수 있음에도 불구하고 노인으로 취급되어 일을 할 수 없게 한다. 이러한 단점에 비해 기능적 연령은 달력상의 나이가 아니라, 어떤 일을 수행하는 데 있어서 개인의 특수한 신체적 및 심리정신적 역량 정도에 의해 노인을 규정하는 것이다. 이러한 개념은 특히 산업노년학(industrial gerontology)에서 관심을 갖고 있는데, 기능적 연령에 의한 노인은 노화로 인한 다른 능력의 감퇴에도 불구하고 어떤 특수한 신체적·심리적 및 사회적 영역에서는 업무를 수행할 수 있다는 사실에 근거하며, 개인이 이러한 특수한 업무를 적절히 수행할 수 없게 되는 경우에 노인으로 규정한다.

이러한 정의는 개인 및 개인 간의 노화의 특성이 다름을 감안한 장점이 있으나 실제로 이러한 기능을 판단할 수 있는 의학적 및 기타 행동적 판단기준이 복잡하고 이러한 판단에 시간이 많이 걸리므로 쉽게 사용할 수 없다는 단점이 있다.

일본의 山田博은 기능적 연령을 여러 가지의 체력검사와 지능검사를 통해 종합적으로 측정하여 역연령과 기능적 연령과의 차이를 〈표 2-1〉에서와 같이 제시하고 있다.

〈표 2-1〉에서 보듯이 역연령이 25세인 경우는 기능적 연령과의 차이는 4년 정도이지만, 역연령이 증가할수록 그 차이가 점차 커져서 75세에는 18년의 차이를 가져오고 있다. 즉, 25세의 역연령에 있는 사람은 기능적으로 23~27세에 해당될 수 있으며, 75세의 역연령에 있는 경우는 66~84세의 기능연령을 갖고 있다는 것이다. 다시 말해서, 같은 연령이라 하더라도 기능적인 면에서는 개인차가 상당히 크다는 것을 보여 주고 있다. 즉, 기능적으로는 본인의 역연령보다 젊을 수도 있고 늙을 수도 있어 역연령에 의한 기능의 판단은 오차가 크다고 할 수 있다. 그러므로 기능연령의 측정 방법의 편의성만 잘 개발된다면 노인을 역연령이 아닌 기능연령으로 판단하여 보다 공평하게 개인차를 인정하게 되어 사회적으로 유익한 개념으로 사용할 수 있을 것이다(최성재·장인협, 2003).

〈표 2-1〉 역연령과 기능적 연령의 차

역연령	기능적 연령	차
25세	23~27세	4세
35세	31~39세	8세
45세	39~51세	12세
55세	48~62세	14세
65세	57~73세	16세
75세	66~84세	18세

노인 70세?

일본 스포츠청은 1964년 도쿄올림픽 이후 매년 65세 이상 노인 수만 명을 대상으로 체력과 운동능력을 조사했다. 윗몸 일으키기 횟수, 한 발로 서는 시간, 악력 등을 측정했는데 2017년 70~74세의 체력점수가 2002년 65~69세보다 높았다. 지금 70대는 15년 전의 60대이다. 70대 후반의 체력점수는 매년 사상 최고치를 경신하고 있다.

머지않아 다가올 초고령사회를 앞두고, 노인 연령 기준을 65세에서 70세로 높이자는 논의가 우리 사회에도 일어나고 있다. 19세기 복지 개념이 등장할 때 나온 '65세=노인'을 21세기에서도 계속 사용하는 것에 대한 검토가 필요한 시기가 된 것이 아닐까.

CHAPTER 02

생물학적 노화

01 노화의 특징

생물학자 G. Bidder는 인간의 생물학적 노화 과정에 대해 "지상의 모든 척추동물은 이동과 생존을 위해 가장 적절한 크기에 달할 때까지 긍정적인(+) 방향으로 성장하고 나면 성장을 제한하는 조절기제가 작동하여 잠시 동안 최적의 상태를 유지하는 비성장단계가 지속된다. 그 후에는 차츰 부적(−) 방향으로 성장이 일어나서 결국은 죽음에 이르게 된다"라고 설명하였다(김애순 역, 1996). 생물학적 노화의 과정은 시대와 문화를 초월해서 보편적이며 종족을 초월한 공통성이 있다. 나이가 들면 머리카락이 하얗게 되며 피부와 근력의 탄력이 없어지며, 기력이 떨어지고 환경에 반응하는 능력이 감퇴하는 것은 동물이나 인간이나 마찬가지로 일어나는 현상이다. 그러나 노화의 속도나 수명은 종족에 따라 다르며 같은 종족 간에도 큰 차이가 있다. 또한, 개인 내에서도 각 신체 기관에 따라 감퇴의 속도가 다르다.

생물학적 노화는 비록 질병이 없다 해도 누구에게나 일어나는 과정이며 다음과 같은 특징이 있다(Strehler, 1977).

① 모든 사람에게 보편적으로 일어난다. 암과 같은 특정 질병처럼 나타나는 것이 아니다. 비록 시기 및 진행속도에는 차이가 있으나 누구에게나 일어나는 변화이다.

② 신체 내적인 원인에 의한다.

③ 장기적·점진적으로 진행된다. 갑작스러운 사고나 질병에 의한 변화는 정상적인 노화가 아니다.

④ 생물학적 노화는 점차 신체기능을 약화시키고 결국 생명의 종말을 가지고 온다.

⑤ 개인 간, 혹은 개인 내의 신체 기관별로 노화의 차가 크다. 비록 같은 연령의 노인이라 할지라도 노화의 정도는 상당한 차이가 있고, 한 개인에게 있어서도 시력이나 청력, 지각능력 등 부문별 노화의 정도가 다르다.

02 노화의 원인

왜 나이가 들면 몸이 늙고 결국 죽는가? 노화의 원인은 무엇인가? 어떻게 하면 노화를 방지할 수 있는가? 수많은 의학자, 심리학자, 노년학자들은 이에 대해 많은 연구를 기울여 왔으며 다양한 이론이 제시되고 있다. 그러나 이론으로 제안된 대답은 우리가 경험하는 정상적 노화 중 몇 개를 설명하는 정도에 지나지 않으며, 어떠한 이론도 아직은 노화에 대한 모든 것을 설명하지는 못하고 있다. 여기서는 노화의 원인에 대한 대표적인 이론을 살펴본다.

1) 노화예정설

모든 생물체는 유전자(DNA)에 노화가 프로그램화되어 있으며, 예정되어 있다가 시간이 경과함에 따라 노화의 특성이 발생된다고 본다. 즉, 성장과 노화의 과정을 정상적인 유전신호의 흐름의 연장선에서 보고 있다. 수정란에서 성숙의 절정에 이르는 성장과정이 유전인자에 의해 조절되듯이 그 후의 노화 과정 역시 유전적으로 미리 계획된 생물학적 시계에 따라 진행될 것이라고 가정한다. 인간의 수명은 120세 정도이며, 아무리 장수에 좋은 모든 것을 동원해도 불로장생할 수 없다는 것이다.

2) 텔로미어 단축 이론

인간이 늙는 이유와 관련해 유력한 이론은 '텔로미어 단축' 이론이다. 텔로미어는 염색체의 말단 부위를 지칭하며 세포분열이 한 번 일어날 때마다 텔로미어의 길이가 점점 짧아진다. 인간은 60조~100조 개에 달하는 세포로 이루어져 있다. 오래된 기계 부품이 녹슬고 망가지는 것처럼 세포들도 저마다 정해진 수명이 있다. 백혈구 세포는 3~20일, 피부세포는 약 1개월, 뼈 조직 세포는 10년 정도이다. 수명을 다한 세포는 분열을 통해 염색체를 복제하고, 같은 자리의 다음 세포에 복제한 유전정보를 전달한다. 그러나 세포는 무한정 분열하지 않는다. 분열 횟수에는 한계가 있으며, 결국에는 사멸한다. 세포가 더 이상 분열하지 않는 시점부터 노화가 진행된다. 이때 세포가 앞으로 얼마나 더 분열할지를 결정하는 것이 바로 텔로미어다. 인간의 체세포에 있는 텔로미어의 길이는 보통 5천~1만bp(1bp는 DNA 염기 1개의 길이)로, 세포분열을 할 때마다 50~200bp씩 짧아진다. 그러다 텔로미어가 더 이상 짧아질 수 없을 때 세포는 분열을 멈춘다.

3) DNA 작용 과오 이론

모든 세포는 그 안에 DNA라는 유전인자를 가지고 있다. 이 DNA가 단백질을 결합하는 과정에서 DNA 유전정보에 맞지 않은 것이 생산되고 이것이 축적되어 노화를 초래한다.

비정상적으로 노화해 가는 조로증 환자는 선천적으로 노화의 속도가 정상인보다 훨씬 더 빠른데, 이것은 비정상적인 유전인자에 의한 것으로 보고 있다.

4) 사용 마모 이론

기계를 오래 사용하면 마모되듯이 신체 기관도 오래 사용하면 마모되어 점차 노화된다는 이론이다. 신체는 심장의 펌프에 의해 생명을 유지하고, 관절은 레버나 도르래와 유사하게 작업하고 이러한 기계들이 결국 닳게 된다고 본다. 관절염이 그 예가 될 수 있다. 그러나 이러한 효과는 노화의 이유를 근본적으로 설명하지는 못한다.

5) 노폐물 축적 이론

해로운 물질이나 방사선, 약제 등에 의해 세포 내 노폐물이 형성·축적되어 세포의 정상적인 기능을 방해하여 노화를 초래한다고 보는 이론이다.

6) 활성산소 이론

Harman(1956)은 유기체의 신진대사 과정 중에 생긴 활성산소의 영향이 축적되어 신체적 노화를 초래한다고 주장한다. 즉, 노화는 활성산소의 부작용에 의해 초래된다는 설로 최근 주목을 받고 있다.

인간은 호흡으로 얻은 산소로 음식을 태우고 에너지를 얻는데 이 중 2~3%가량의 산소는 물로 환원되지 않고 유해한 활성산소가 된다. 이 활성산소가 생체에 해를 끼쳐 각종 성인병이나 암을 일으키고 노화를 일으킨다는 설명이다.

활성산소 이론(Free-radical Theory)은 노화의 원인을 환경적 측면에서 본 이론으로, 환경오염, 화학물질, 자외선, 혈액순환장애, 스트레스 등의 환경적 요인에 의해 유발되는 활성산소의 양은 연령이 높을수록 많아지며, 이는 유기체 내 산화 스트레스를 축적하여 신체의 노화를 촉진시킨다는 것이다.

7) 면역체계설

면역체계는 우리 몸에 들어온 이물질을 공격하여 질병으로부터 보호해 주는 기능을 하는데 이러한 면역기능을 조절하고 지배하는 분비샘은 흉선이다. 나이가 들면서 흉선이 작아지며 신체의 면역기능을 약화시켜 노화를 촉진한다. 경우에 따라서는 면역체계가 이물질과 자기조직을 구별하지 못하여 스스로 자기조직을 파괴하는 현상도 일어난다. 이를 자가면역이라고 하는데 이러한 질환의 대표적인 예가 류머티즘 관절염, 루푸스 등이다.

03 노화의 현상

1) 신체 기관의 변화

❖ 구성 성분

신체의 주요 구성 성분을 지방, 조직, 뼈, 수분으로 나눌 때 나이가 들면서 지방은 많이 늘어나고, 조직은 줄어들고, 뼈는 거의 변화가 없으나 기능적으로 약화되고, 수분은 상당히 감소한다(최성재·장인협, 2003).

❖ 근육, 골격

근육은 25~30세에 그 기능이 최고 수준에 달하나 그 이후 차츰 감소한다.

나이가 들면 근세포의 소실이나 근세포 자체의 용적 감소로 근육 체적이 감소하며 교원섬유의 교차결합으로 인대와 건이 경직된다. 특히, 팔과 다리의 골격 일부에 붙어 있는 수의근의 수축력이 약화되어 뼈에 많은 부담을 주게 된다.

또한, 골량은 30대에 최대가 되나 나이가 들수록 감소한다. 골 소실은 외형적인 변화를 초래할 뿐 아니라 심하면 골다공증을 초래하여 골절의 위험도를 높인다. 특히 골 소실은 남성보다 폐경기 이후의 여성, 그리고 신체활동이 적은 사람에게서 급격히 증가한다. 그러나 달리기, 걷기 등 적절한 운동은 골량 형성과 유지에 상당한 도움이 된다. 또한, 나이가 들수록 신체의 각 연결 조직(콜라겐, 엘라스틴)에 영양공급이 제대로 되지 않아 관절 질환에 걸리기 쉽다(김애순, 2004).

❖ 피부

피하지방이 현저히 줄면서 탄력이 줄고 건조해지고 주름살이 늘어난다. 혈액공급이 감소되고 모세혈관벽이 약해져 노인성 자반(검버섯)이 생긴다. 피하지방 감소, 혈류 감소, 특히 연골의 탄력성이 약화되어 관절 부분의 움직임이 굳어지고 제약을 받아 관절염이 생기기 쉽고, 세포 교체의 지연 등으로 욕창에 걸리기 쉬우며 한 번 생기면 쉽게 나아지지 않는다. 또한, 체온조절 능력이 감소되어 노인은 추위를 많이 타게 된다.

❖신장과 체중

노령과 더불어 신장이 줄어든다. 남자는 평균 2.25%, 여자는 2.5%까지 작아진다. 이는 척추의 추간판의 간격이 좁아짐으로써 나타난다.

체중은 대체로 40~50대에서는 증가되는 경향이나 60세 이후는 감소되는 경향이다.

❖모발 및 치아

중년기부터 색의 변화가 시작되나 유전적 소인인 크게 좌우된다. 연령이 증가하면서 모낭이 약화되고 머리털이 빠지기 쉽다. 치아도 약해지고 빠지는데 보통 70대에 11개, 80대에 6개 정도가 남는다.

2) 신체 내부 기능의 감퇴

❖소화기능

나이가 들면 치아의 손상, 침과 위액 등 소화효소의 감소, 위의 연동 활동의 약화로 소화기능이 감퇴한다. 특히, 위는 노화가 진행됨에 따라 위액과 효소 분비량이 감소하여 젊은이의 2분의 1에서 3분의 1 정도가 된다. 따라서 노인에게 저산증, 무산증이 많고 단백질 소화능력도 떨어지고, 칼슘과 철과 같은 무기질의 흡수가 저하되어 골격계 질환이나 빈혈에 걸릴 위험도 증가한다.

노인이 되어도 소화기능은 다른 기능에 비해 비교적 유지되는 편이나 음식물이 식도에 머무는 시간이 길어지고 음식물의 기도흡입 위험성이 증가한다. 또한, 소장의 점막 흡수 면적이 감소하여 다소의 흡수장애가 오나(엽산, 비타민B1·B2·D, 칼슘, 철), 소장의 흡수능력이나 운동성은 크게 변화하지 않는다. 그러나 대장의 운동성은 저하되어 나이가 들면 변비나 숙변이 증가한다(김전, 1977). 따라서 고령의 경우 씹지 않아도 소화가 잘되는 유연한 음식물이나 장운동을 돕는 섬유질을 충분히 섭취하는 것이 좋다.

❖ 호흡기능

폐기능은 여자 20세, 남자 25세까지 최대로 유지되며 그 이후에는 감퇴기를 갖는다. 폐는 노화와 함께 탄력성이 떨어지고 흉곽이 경직되어 호흡 작업과 호흡 횟수가 증가한다. 탄력성 감소로 폐활량이 감소하여 최대 호흡량은 20세에서 70세까지 40% 정도 감소한다. 따라서 노인은 저산소증이나 고탄산증을 보이는 경우가 있다. 또한, 위식도 하부의 조임근 장애로 기도흡입이나 역류가 증가한다. 기도나 폐포의 방어기능이 저하되어 폐렴 등의 질환에 노출된다. 이러한 호흡기능의 감퇴로 기관지 질환이나 호흡기 감염이 많아진다.

❖ 순환기능

나이가 들수록 혈관 벽 내의 탄력성 감소와 콜라겐의 감소로 혈관 벽이 두꺼워지고 굳어져 혈액 순환을 저해하고 혈압을 상승시킨다. 고령에는 수축기 혈압이 높아져 고혈압이 되는 경향이 있으며, 특히 단독 수축기 고혈압이 증가한다. 이러한 고혈압은 뇌졸중, 심장병, 근경색, 협심증, 관상동맥경화 등의 위험을 증가시킨다.

또한, 나이가 들면 좌심실의 벽이 살이 찌고 두꺼워져 심실의 이완기능이 저하되며 아드레날린 수용체의 감수성이 둔화되어 맥박수가 감소한다. 80대에는 20대보다 최대 맥박수가 30% 정도 줄어든다.

❖ 내분비계

호르몬의 감소와 같은 생리적 변화는 유전적인 원인, 식사, 수면, 약물, 질병 등 다양한 요인에 의해 영향을 받는다. 대체로 나이가 들면 스트레스에 대한 대처능력이 떨어진다. 특히, 갑작스러운 스트레스(심한 운동, 정신적 충격, 환경 변화 등)로 인해 신체적·심리적인 균형이 깨어졌을 때 원상태로 회복되는 능력이 감퇴한다.

이는 적절한 생리적 균형상태를 유지하기 위한 기능이 제대로 작동하지 않기 때문이며, 질병이나 사망의 원인이 되기도 한다(윤진, 1991).

❖신장기능

신장의 기능 저하로 소변 속에 당과 단백질이 섞여 나오고 방광 용량이 줄고 조직이 노쇠하면서 요실금 등도 발생한다. 밤에 소변을 보는 경우가 증가하게 되는데, 60세 이후의 노인은 밤에 2~3회씩 소변을 보는 것이 일반적이다.

❖수면

연령증가와 더불어 수면시간이 줄어들게 된다. 60세 이상 노인의 경우 평균 5~6시간 정도 수면을 갖는다. 그러나 노인은 잠들기 위해 노력하거나 낮에 휴식을 취하거나 낮잠을 자기 위해 침상에서 보내는 시간은 많아진다. 노인의 경우 불면증이 많은데, 특히 근심 걱정, 가족 간의 갈등, 죽음에 대한 공포 등으로 쉽게 나타나며, 우울증, 신경증으로 나타나기도 한다. 노년기 건강을 위해 충분한 숙면은 매우 중요하며 이를 위해서는 낮에 적절한 신체활동과 정신활동을 하는 것이 훨씬 효과적이다.

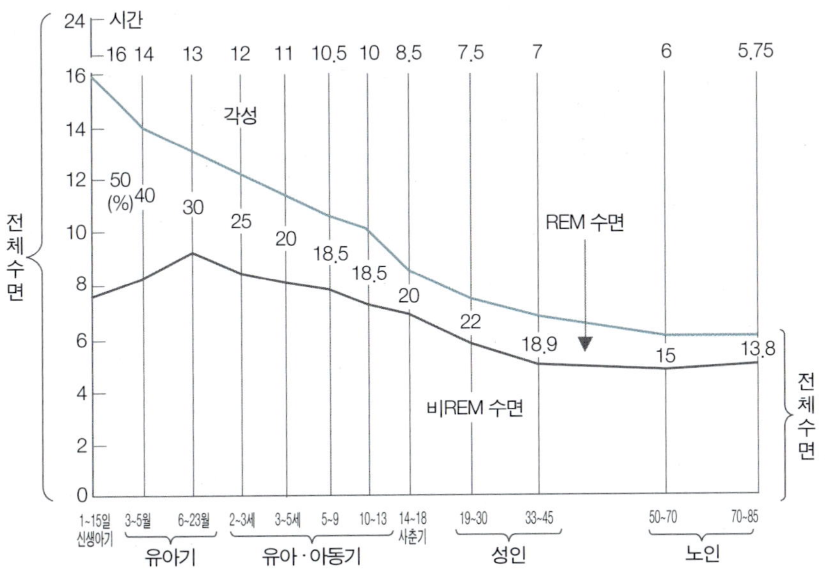

자료: Roffwarg, Muzio, & Dement(1966). 김애순(2004: 92)에서 재인용.

[그림 2-1] 나이에 따른 수면의 변화

CHAPTER 03

심리적 노화

01 감각기능

감각과 지각과정은 눈, 코, 귀, 피부를 통해 들어온 환경자극들이 뇌로 전달되어 의미가 부과되고 해석되는 과정이다. 나이가 들면 누구나 이 과정에도 감퇴를 경험하게 되는데 이러한 변화는 세상 정보를 받아들이는 데 한계를 초래하여 우리의 인지능력을 감퇴시킬 뿐만 아니라 일상생활에 불편을 초래하고 삶의 질을 떨어뜨린다. 즉, 맛을 보고 냄새를 맡는 감각이 감퇴하면 맛을 몰라 식욕이 떨어지고, 시력이 감퇴하면 책을 보고 TV를 보기가 어려워지고, 청력이 저하되면 대인관계에 문제가 생기기도 한다.

1) 시력

감각계 중 대표적으로 노화가 일어나는 곳은 시력과 청력이다. 시각의 변화는 두 수준에서 일어난다. 각막, 동공, 수정체의 구조적 변화로 망막에 빛을 전달하고 조절하는 능력이 떨어지는데 이는 대략 35~45세 사이에 시작된다. 또한, 망막과

뇌의 시신경체계의 노화로 시야가 좁아지고 빛이나 색에 대한 민감도가 떨어지는데 이것은 50대 이후에 비교적 늦게 나타난다.

보통 40대 이후 가까운 곳에 초점을 맞추기 어렵고 70대에는 섬세한 것을 구별하기 어려워진다. 50대부터 밝은 빛에 금방 적응하지 못하고 어두운 조명 아래에서 보기가 어려워진다. 그뿐만 아니라 눈물 분비의 감소로 결막건조증이 생기기 쉽고, 눈 주위 피하지방의 손실로 눈이 뒤로 들어가고 눈꺼풀이 늘어져 밑으로 쳐지는 현상을 볼 수 있다. 그리고 수정체의 변성에 의해 백내장과 녹내장의 발생빈도가 높아진다.

❖눈의 선명도

각막, 동공, 수정체의 변화에 의해 눈의 선명도가 떨어지고 물체가 흐릿하게 보이고 갑자기 밝은 곳으로 나가게 되면 눈부심 현상이 일어난다.

60세 때에 망막에 도달하는 빛의 양은 20세 때의 30% 정도로 추정된다. 20~80대를 대상으로 한 연구(Woodruff-Pak, 1977)에 의하면, 10년 간격으로 시력이 감퇴하였는데 남성의 경우 60~70대에 가장 많이 감소하였다. 대체로 80세 노인은 20세의 젊은이보다 200배 이상의 조명이 필요하다고 본다(김애순, 2004).

❖시각거리 조절

나이가 들면 먼 곳을 보다가 가까이 있는 책의 글자를 보려면 한참 시간이 걸린다. 수정체의 조절작용이 감퇴되어 물체의 상이 망막에 적절히 맺도록 초점거리를 맞추기 힘들어지기 때문이다. 이것은 수정체의 가장자리에 붙어 있는 모양근의 콜라겐이 축적되면서 수정체의 두께를 조절하여 자동으로 초점거리를 맞추는 신축성이 감소한 데서 기인한다. 성인 초기에 급격히 감소하기 시작하여 60세까지 지속되다가 그 이후는 더 이상 감퇴가 일어나지 않는다.

❖황화현상

수정체의 황화현상으로 긴 파장의 빨강계열의 색상은 잘 구별하지만 짧은 파장의 보라, 남색, 파란색 계열은 구별하기 어렵게 된다. 이것은 노화로 인해 빛에 대한 분광현상(spectral distribution)이 변화하기 때문이며, 황화현상이 심해지면 마치 노란색 안경을 끼고 세상을 보는 것처럼 모든 것이 노르스름하게 된다. 아주 심한 경우 70~90세 사이에 나타나며 색상의 반만을 볼 수 있게 된다.

❖ 야맹증과 암순응

망막의 변화로 광량이 적은 밤에는 빛에 대한 민감성이나 반응속도가 떨어진다. 밤에 시력이 떨어져 야맹증이 생기게 되며 암순응 능력이 떨어진다. 암순응은 대낮에 깜깜한 극장에 들어갔을 때 처음에는 안 보이다가 서서히 보이는 현상이다. 이러한 암순응 능력은 나이가 들수록 떨어지는데 60세 이후 현저히 나타나게 된다. 따라서 노인이 밤에 운전을 하거나 대낮에 어두운 터널 속으로 질주하는 것은 상당히 위험하다.

❖ 백내장과 녹내장

백내장은 투명하고 깨끗해야 할 수정체가 뿌옇게 혼탁이 발생하는 것으로 이로 인해 보고자 하는 물체의 상이 수정체를 통과하지 못하고 망막에 정확하게 초점을 맺지 못함으로써 시력에 장애를 초래하게 되는 질환이다.

후천적으로 나이가 들면서 발생하는 노인성 백내장은 성인에게 발생하는 전체 실명원인 중 과반수를 차지하는 대단히 중요한 질환으로서 나이가 들면서 발병률이 높아져 60대에는 60%, 70대에는 70%, 80대에는 80%에서 발생한다.

백내장의 치료에는 약물적인 것과 수술적인 것이 있는데 최근 의학의 발달로 수술적 치료분야는 95% 이상의 높은 성공률을 보여 주고 있다.

녹내장은 안구의 압력이 비정상적으로 높아지면서 혈관을 압박하여 산소공급이 원활히 이루어지지 않아 망막의 시신경세포들과 조직이 손상을 당하게 된다. 이 질환은 동공의 안쪽이 녹색으로 보이기 때문에 녹내장이라고 하는데 조기에 치료하지 않으면 완전히 시력을 잃게 될 수도 있다. 이 외에 당뇨병으로 인한 당뇨망막증, 노인성 황반변성 등의 질환으로 시력에 장애를 가져오는 경우도 많다.

이상과 같은 시각 감퇴는 노인들을 무력하게 하며 행동의 제약을 가져올 수 있다. 거리 감각이나 깊이에 대한 지각이 불분명해져 걸음걸이가 불안정해지고 사고의 위험도 커진다. 돋보기, 색안경 등 다양한 시각 보조기구를 사용할 필요가 있다.

노인들의 시력상실에 대처하는 방법

- 적절한 조명을 사용한다.
- 반짝거리는 표면이나 태양을 직접 보는 것을 피한다.
- 어두운 곳에서 밝은 곳으로의 갑작스러운 변화를 피한다.
- 큰 글씨를 사용하고, 선명한 대조색깔을 사용한다.
- 푸른색과 초록색의 혼합을 피한다.
- 안경이나 돋보기 같은 시각보조기를 사용한다.

2) 청력

청력기능의 노화로 소리의 식별능력이 떨어지고 대화를 잘 알아듣지 못하게 된다. 여자보다 남자에게서 청각손실이 심하게 나타난다. 노화로 인한 청력 감퇴, 특히 노인성 난청(presbycusis)이 증가한다. 특히, 고음 영역, 고주파음(ㅋ, ㅅ, ㅊ, ㅂ, ㅌ, ㅍ)을 잘 들을 수 없게 되며, 여러 사람이 한꺼번에 말을 할 때에는 소리를 구별하기 어렵게 된다. 이러한 청력 감퇴는 거의 대부분의 사람에게서 나타나는데, 양쪽 귀에서 서서히 진행되며 소음에 많이 노출되는 경우 그 감퇴가 가속된다. 대략 65세 이상 노인의 약 13%가 노인성 난청 증상을 보인다고 한다(Corso, 1977).

일반적으로 노인에게는 소리 크기의 규모가 더욱 단축되어 실제보다 더 강렬하게 지각되는 경향이 있는데 이를 '보청현상(recruitment)'이라고 한다. 흔히 노인들이 사람이 많은 곳에서 젊은이보다 더 시끄러움을 느끼고 견디기 어려워하는 것은 바로 이런 이유이며 노인들이 TV를 보거나 이야기를 나눌 때는 주위를 조용하게 할 필요가 있다.

청력 감퇴는 오히려 시각 감퇴보다 대인관계에 더 많은 문제를 일으킬 수 있으며 개인의 심리사회적인 면에 타격을 줄 수 있다. 의사소통이 잘 안 되면 노인은 고립감을 느끼고 사회적으로 위축되므로 적절한 보청기의 사용이 필요하다.

노인과의 대화 시 유의점

- 낮은 음조로 말한다.
- 주위의 소음을 줄인다.
- 얼굴을 마주 보고 말한다.
- 발음을 분명히 한다.
- 적당한 속도로 말한다.
- 적절한 몸짓을 사용한다.

3) 후각

후각과 미각은 음식의 맛을 분별하고 유해한 냄새를 맡아 위험으로부터 자신을 보호하며, 좋은 맛과 냄새를 통해 행복감도 느낀다. 여러 연구에 의하면 후각과 미각은 노화로 인한 변화가 비교적 적다고 한다. 후각은 단순히 냄새를 구별하는 기능을 넘어 미각에 영향을 준다. 코를 막고 음식을 먹으면 음식 맛과 향기를 느낄 수 없는데 이는 비후 통로의 공기순환이 이루어지지 않아 냄새자극이 후각 점막에 도달하지 못하기 때문이다. 음식의 맛은 미각과 후각의 조합으로 이루어지며 감기에 걸려 코가 막히면 입맛이 없는 것은 이와 같은 이유 때문이다.

4) 미각

미각기능 역시 비교적 변화가 없는 편이나 노후에는 맛봉오리 수가 감소함에 따라 맛을 느끼고 변별하는 능력이 감퇴한다. 연구에 의하면 노인은 젊은이보다 더 농도를 짙게 해야 맛을 변별할 수 있었는데 이러한 현상으로 인해 노인은 음식을 짜게 하거나, 단 것을 좋아하게 되는 경향이 있다. 노인들이 맛있는 음식을 놓고 맛이 예전 같지 않다고 불평하는 모습을 보이는데, 이러한 이유에 기인한다고 볼 수 있다.

미각은 여러 사람과 함께 식사하면서 경험하기 때문에 '사회적 감각'이라고도 한다(Ackerman, 1990). 즉, 음식 맛은 누구와 함께 먹느냐에 따라 달라질 수 있다는 것이다. 특정 음식의 맛은 같이 먹었던 사람들과의 추억과 함께 기억될 수 있다. 따라서 나이 들어 혼자 외롭게 식탁에 앉아 있을 경우 식욕이 저하되는 것은 단순히 생물학적으로 미각이 감퇴했기 때문이라기보다는 아마도 이러한 사회적·심리적인 요인이 더 크게 작용할 수도 있다.

5) 촉각

촉각은 가장 친밀한 의사전달 방법이며 해석하기 쉽다. 노화로 인하여 다른 감각이 감소되었을 때 촉각을 이용하여 외로움을 감소시키고 안정감을 줄 수 있다.

촉각은 어느 감각보다 혈액순환장애로 인해 가장 영향을 많이 받는 감각과정이다. 대체로 노후에는 혈액순환이 원활하지 못하여 촉각수용기가 감소하고 이로 인해 촉각이 감퇴된다고 보고 있다.

6) 통각

통각은 노화에 따라 약화된다는 연구결과가 있으나 또 다른 연구들은 크게 감퇴되지는 않는다고 보고되고 있다. 오히려 자주 통증에 노출되다 보니까 고통을 참아내는 인내심이 더욱 증가하는 것이라고 주장하는 학자도 있다. 통증에 대한 지각은 매우 사적인 측면이 있는데 고통을 주는 외적 자극 외에 기대, 스트레스, 불안 등 정서적·인지적 요인들이 크게 좌우한다. 예를 들면, 병적인 통증환자들의 35%가 가짜 약을 먹고도 진통효과를 나타내는 현상 등이다. 따라서 노인들이 크게 아픔을 호소하는 경우 그것이 신체적 아픔 이외에 불안, 우울 혹은 정신적 고통이 개입되었을 경우도 있음을 인식해야 한다(김애순, 2004).

02 지각기능

지각기능이란 감각기관에 의해 수집된 정보를 의식적인 수준에서 처리하고 평가하는 기능인데 노화에 따라 지각과정이 감퇴된다. 특히 시간과 움직이는 물체에 대한 속도 지각이 약해진다(시간, 속도감각 저하). 이는 생물학적 노화로 외부로부터의 자극과 정보를 처리할 수 있는 신경체계의 활동속도가 느려지기 때문이다. 따라서 노인은 환경변화에 즉각적으로 대처하는 능력이 떨어지고 안전사고를 당하기 쉽다. 또한, 시간감각이 무디어져 시간을 무감각하게 흘려보내거나 질주하는 자동차의 속도감을 느끼지 못해 사고를 당하기도 한다.

❖역동적 지각

나이가 들면 빠르게 지나가는 자극을 처리하는 역동적 지각능력이 감퇴되어 TV 화면에 빠르게 지나가는 뉴스의 내용을 파악하지 못하거나 운전 중 스쳐 가는 표지판을 읽지 못해 어려움을 겪게 된다.

❖시공간 통합능력

나이가 들수록 복잡한 자극 속에서 새로운 형태를 발견해서 통합하는 시공간 통합능력이 감퇴하는데 이를 지각의 경직성이라고도 한다. 신문의 숨은 그림을 찾거나 여러 개의 그림조각을 모아 한 폭의 그림을 만드는 게임에서 노인들은 젊은이들보다 시간이 훨씬 걸리게 된다.

❖주의력

나이가 들면 어떤 자극에 장시간 주의를 집중하거나 경계태세를 오랫동안 유지하는 것이 어려워진다. 또한, 주의분할 능력이 떨어지므로 두 가지 일을 한꺼번에 하는 것이 어려워진다. 예를 들면, 음악을 들으면서 신문을 보거나, 강의를 들으면서 필기를 하거나, 휴대전화로 통화하면서 운전하는 등이다. 그러나 이러한 능력도 훈련에 의해 향상될 수 있다. 실제로 노인들이 춤을 배울 경우 처음에는 팔과

다리의 동작을 동시에 하기가 어려우나 차츰 훈련을 할수록 능숙해짐을 볼 수 있다.

03 반응과정

지각기능의 저하와 함께 자극에 대한 반응속도도 느려진다. 노화에 따라 반응속도가 느려지는데, 특히 자극이 복잡할수록 느려진다.

연구에 의하면 연령증가에 따른 단순반응속도(소리가 울리면 누르라는 등)는 느려지고 있으며, 20~70세 사이에 단순반응시간이 증가하고 있었는데, 이러한 현상은 건강한 노인들에게서도 보편적으로 나타났다(Hicks & Birren, 1970). 특히, 단순반응보다 선택적이고 복잡한 반응의 경우 반응속도가 느려졌는데, 예를 들면 어떤 자극에는 왼손으로 다른 자극에는 오른손으로 반응하라고 할 경우나 처음에는 노란색으로 다음에는 파란 단추로 누르라고 지시를 내렸을 경우 반응속도가 더 느리게 나타났다(김애순, 2004).

젊은이는 일반적으로 운동속도가 빠르므로 빨리 진행하여 시행착오를 반복할 수 있는 여유가 있는 반면, 노인은 운동속도가 느려 시행착오 과정을 되풀이할 여유가 없어 한 번을 해도 정확성을 기하려고 한다. 따라서 더욱 조심스러워지고 반응속도도 느려진다.

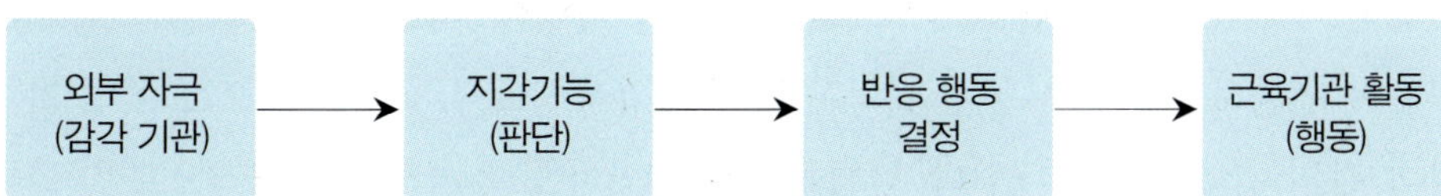

[그림 2-2] 지각과 반응 과정

04 정신기능

1) 지능

지능은 새로운 것을 학습할 수 있는 능력, 새로운 환경에 적응할 수 있는 능력, 새로운 아이디어를 발견해 내는 창의력 등을 포함하는 것으로 한마디로 정의하기는 어렵다. 지능을 어떻게 정의하느냐에 따라 연령증가에 따른 지능의 변화 정도도 달라진다. 20세기 초에는 연령이 증가하면서 지능이 쇠퇴된다는 부정적 시각이 팽배했으나 최근에는 지능의 종류가 세분화되어 논의되고 있으며 나이가 들수록 사고방식이나 지혜가 성숙해진다는 주장도 제기되고 있다.

1950년대까지 지속되었던 나이가 들면서 지능이 감퇴한다는 주장은 주로 단기 횡단 연구에 의한 결과로, 교육수준, 동시대 출생집단효과, 나이에 따른 검사의 적절성 등이 고려되지 않아 연령변화의 차이인 노화의 영향을 정확히 설명하는 데 한계가 있었다.

연령증가에 따라 지능이 감퇴한다는 주장이 주류였던 시절에 최초로 지능의 종류에 따라 감퇴의 정도가 다르다는 사실을 밝힌 사람이 Wechsler이다. 그는 자신이 개발한 성인용 지능검사지에 의해 측정한 결과 20~60세 사이에 지능이 서서히 감퇴하나 지능의 종류에 있어 그 정도가 다르다는 것을 발견했다. 즉, 동작성 지능(부호 맞추기, 토막 쌓기, 조립하기, 이야기 순서대로 그림 맞추기)은 급속히 감퇴한 반면에 언어성 지능(어휘력, 일반상식, 판단력 등)은 비교적 안정적이었다(Wechsler, 1955).

한편, Horn과 Cattell(1966, 1967)은 지능을 유동성 지능과 결정화된 지능으로 구분하여 살펴보았다. 유동성 지능은 정신의 유동성을 상징하는 것으로 여러 가지 양식 간의 관계를 알아내거나 관계들로부터 의미를 추론하여 통합적으로 알아내는 능력이다. 여기에는 귀납적 추리, 공간지각능력, 조형의 융통성 등이 포함되며 이러한 지능은 문화나 교육에 의해 영향을 받지 않으며 비교적 선천적인 지능이다. 그러나 결정화된 지능은 학습이나 교육, 경험이 축적된 지식으로 이는 문화적으로 가치 있는 지식, 경험의 폭, 의사소통의 이해력, 판단력, 그리고 일상생활의 분별력을 반영하는 지적 능력 등이 포함된다. 여기에는 언어력, 개념 형성, 논리적 추리력 등도 포함된다. 유동성 지능이 Wechsler의 동작성 지능과 유사하다면 결정화된 지능은 언어성 지능과 유사하다.

Horn(1982)은 유동성 지능은 성인 초기에 절정에 이르렀다가 그 후 서서히 감퇴하나 결정화된 지능은 나이가 들어도 꾸준히 증가한다고 주장하고 있다. 그는 나이가 들면서 유동성 지능이 쇠퇴하는 것은 뇌의 신경조직 손상이 축적되고 신경원이 감소하는 것과 밀접한 상관이 있다고 보고 있다. 즉, 대뇌의 퇴화로 인한 기민함, 주의집중력, 정보 조직력의 상실이 그 원인이다.

그러나 결정화된 지능은 나이가 들어도 교육이나 경험을 통해 새로운 정보를 습득하는 비율이 망각하는 비율을 능가하며, 이는 성인기의 결정화된 지능이 교육이나 지적인 활동 여부에 따라 영향을 받을 수 있음을 의미한다. 그러나 노년에는 망각률이 획득률을 능가하는 어느 시점에서 결정화된 지능도 감퇴한다고 보고 있다 (Horn & Hofer, 1992; 김애순, 2004).

이들의 연구는 왜 지적 영역에 따라 업적의 절정기가 다른가를 설명할 수 있는데 지식체계의 형성과 통달에 의존하는 인문과학 분야가 자연과학에 비해 늦게까지 창조적 업적이 이루어지고 있음을 설명할 수 있다.

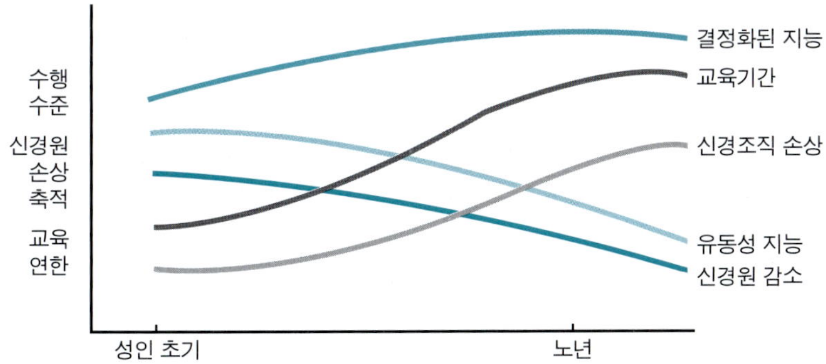

자료: 김애순(2004: 184)에서 재인용.

[그림 2-3] 유동성 지능과 결정화된 지능의 발달

2) 학습능력

일생 동안 다양한 직업을 수행해야 할 기회가 많아지고 있는 현대사회에서는 성인들도 끊임없이 새로운 지식과 기술을 익혀야 한다. 또한, 노년기가 길어지면서 새로운 환경에 대한 적응과 자기계발과 자아 성장을 위해 끊임없이 배워야 하며 배움의 욕구도 증가하고 있다. 그러나 많은 사람이 중년기 이후에 새로운 것을 배우는 것은 젊은 시절처럼 용이하지 않음을 알게 된다. 즉, 나이가 들면서 학습능력이 떨어지는 것을 느끼는데 그렇다고 해서 학습을 할 수 없는 것은 아니며 학습능력을 향상시킬 수 있는 방법들을 고려해야 한다.

앞에서 살펴본 감각·지각 과정의 변화는 나이가 들면서 누구나 경험한다. 문제는 이러한 변화를 어떻게 합리적으로 극복해서 학습의 효율성을 올리느냐이다.

다음과 같은 점이 노인을 대상으로 한 학습에서 유의할 점이다(김애순, 2004).

❖ 감각의 상태 고려

감각 양식 중 학습에 가장 영향을 미치는 것은 시각과 청각이다. 나이가 들면서 글자가 제대로 보이지 않고 말소리를 알아듣지 못해 학습에 지장을 받을 수 있다. 따라서 노인들에게 교육이나 심리검사를 실시할 경우 이러한 감각의 장애를 배려하여 밝은 조명과 또렷하고 큰 음성으로 학습환경을 조성한다.

❖ 학습속도 조절

나이가 들수록 정보를 빠르게 처리하기가 어려워지고 반응속도가 느려지므로 빠른 속도를 요하는 과제에는 매우 취약해진다.

연구에 의하면 노인들은 학습시간을 스스로 조절하도록 했을 때 가장 학습 능률이 높이 향상되었다. 즉, 노인에게 새로운 것을 학습시킬 때에는 시간제한을 하지 않고 천천히 하도록 하며 자기 스스로 학습시간을 조절하도록 배려할 필요가 있다. 특히 시각적 자료를 빠른 속도로 보여 주거나 빠른 말로 설명하는 것은 노인들이 새로운 정보를 받아들이는 데 상당한 어려움을 줄 수 있다.

❖ 시청각 자료 이용

기억력을 향상시키기 위해서는 다양한 감각경로를 이용해서 정보를 부호화할 필요가 있다. 특히 단기 기억에서는 시각과 청각에 의존하기 때문에 시청각 자료를 사용할 경우 학습효과가 높아진다. 고전적 짝짓기 실험에서도 노인에게 시청각 자료를 사용했을 때 그 학습효과가 젊은이들보다 월등하게 향상되었고, 특히 시각 자료를 사용했을 때에 그 효과가 컸다.

학습재료의 경우 추상적이고 무의미한 것보다는 구체적이고 실제적인 자료를 이용하는 것이 좋고, 내용 또한 노인들의 일상생활과 친숙하고 실제 생활에 이용할 수 있는 것일 때 학습의 효율성이 더욱 높아진다.

❖ 체계적인 학습자료와 방법

나이가 들수록 정보를 체계적으로 분류하여 정리하는 능력이 떨어진다. 따라서 노인학습의 경우 학습자료를 체계적으로 잘 조직하여 교육시킬 필요가 있다. 또한, 동시에 두 가지 일에 집중하는 것이 어렵기 때문에, 한 번에 한 가지씩 차근차근 학습시키는 것이 효율적이다.

학습방법에 있어서도 이론적인 강의보다는 연습이나 실습을 통한 수업이 훨씬 학습효과가 크다.

❖ 정서적 안정과 동기유발

노인들은 자신의 관심과 흥미가 없는 것에는 각성수준이 낮아 학습의 효율성이 떨어진다. 또한, 자신의 능력이나 자존심이 평가받는 상황에서는 지나치게 긴장하여 오히려 학습효과가 떨어진다. 특히, 노인에게 시험이나 성적평가를 통해 경쟁적인 분위기를 조성하여 실패의 불안감이나 스트레스를 주는 것은 학습효과를 크게 떨어뜨리게 된다. 따라서 친밀하고 편안한 학습 환경을 조성하여 정서적으로 안정된 상태에서 지적 호기심을 유발시킬 필요가 있다.

노인들의 학습동기를 유발시키기 위해 학습결과에 대한 긍정적인 피드백이 특히 중요하다. 특히 어른이나 나이 든 사람은 자존감이 낮고 불안수준이 높아 외부평가에 의존하기 때문에 부정적 피드백이 학습효과에 미치는 영향은 더욱 크다.

따라서 나이 든 사람에게는 비판적이고 평가적인 태도보다 지지적이고 격려하는 자세가 필요하며, 이것이 학습동기를 보다 높이고 학습 능률을 오르게 할 수 있다.

3) 기억력

대부분의 사람은 나이가 들면서 건망증이 심해지고 기억력이 이전보다 못함을 느끼게 된다. 기억은 세 개의 저장 장치, 즉 감각 기억, 단기 기억, 장기 기억으로 설명된다.

감각 기억은 정보가 단기 기억으로 넘어가기 전의 일시적인 기억이다. 감각을 통해 들어온 많은 정보 중 감각 기억에 들어오는 것은 주의를 기울인 일부이다. 감각 기억에 저장된 것은 단기 기억으로 이동되지 않으면 1~2초 안에 소멸된다. 감각 기억은 특히 주의력과 관계가 깊다. 단기 기억은 우리가 보고 들은 후에 잠시 남아 있는 기억으로 한정된 양의 정보만을 기억할 수 있으며 암송하지 않으면 곧 소멸된다. 이 기억은 들어온 정보를 일시적으로 저장할 뿐 아니라 이를 조작하고 처리하여 문제를 해결하는, 즉 현재의 의식 내에서 흐르는 사고의 내용이어서 작업 기억이라고도 한다. 이곳에서 처리된 정보는 장기 기억으로 저장되는데 이곳은 무한한 용량을 가진 영구적인 저장 장소로 개인이 일생을 통해 축적된 지식과 경험이 저장되어 있는 곳이다. 여기에 저장된 기억들은 거의 소멸되지 않으며 필요 시 작업 기억으로 인출되어 사용된다.

❖단기 기억의 저하

단기 기억은 20~50세까지는 거의 변화가 적으나 60~70대에는 저하가 나타나며 감각 기억도 저하한다. 원인은 분명하지 않지만, 정보를 처리하는 속도의 저하와 관계있다고 본다. 감각 기억의 저하로 감각 기억에서 단기 기억으로 정보가 전환되지 못하게 되므로 단기 기억의 저하를 초래한다.

❖장기 기억의 저하

노인은 최근의 일은 기억하지 못하지만 예전 일은 잘 기억한다고 알려졌으나, 연구 결과는 노인들도 새로운 기억과 옛날 기억이 별로 차이가 없다고 보고되고 있다. 오히려 장기 기억은 60대보다 중년기부터 저하되기 시작한다고 보고 있다. 그러나 일반적인 지식과 같은 의미적 기억이나 절차적 기억은 연령증가로 크게 저하되지 않는다.

4) 성격 특성

일반적으로 성격은 선천적으로 부여받은 소질을 바탕으로 후천적 환경과의 상호작용에 의해 형성된다고 볼 수 있다. 여러 연구에 의하면 성격은 성인기 이후에는 거의 변화가 없이 연속성과 안정성을 유지한다는 주장과 상당한 정도로 변화한다는 주장이 있다. 노화가 성격 변화에 얼마나 영향을 미치는가에 대해서는 여러 의견이 있지만, 노년기에 올 수 있는 신체적·정신적 기능의 저하, 역할상실, 배우자나 친구 상실 등 노년기에 올 수 있는 여러 가지 환경 변화는 노인의 성격에도 영향을 미칠 수 있다.

노년기의 성격적 특성으로 일반적으로 설명되고 있는 내용은 다음과 같다.

❖우울증 경향

노화에 따라 신체적 질병, 배우자와의 사별, 경제적 소득의 중단, 소외 등으로 인한 우울증 성향이 나타난다. 우울증으로 인해 식욕 감퇴, 체중 감소, 불면증, 강박관념 등 구체적인 우울증세가 나타나기도 한다.

❖내향성 및 수동성

노화에 따라 외부적 활동보다는 자신의 내면적인 측면에 관심을 갖는 경향이 강하다. 문제해결에 있어 수동성이 증가하여 의존심을 갖게 된다. 새로운 일에 도전하는 경향이 감소되고 문제해결을 위해 적극적인 노력이나 시도를 하기보다는 신비나 우연에 의해 해결하려는 경향도 증가한다.

❖경직성

노화에 따라 문제해결에 있어 자신의 방법을 고수하려는 경향이 있다. 노인의 완고함은 오래전부터 노인에 대한 대표적인 고정관념 중의 하나인데, 최근 단기 종단적 연구에서는 나이가 들면서 완고함이 증가한다는 주장은 거의 찾아볼 수 없다.

❖ 조심성

노인 스스로 정확성을 중시하므로 조심성이 증가한다고 보는 설명과 감각기능의 쇠퇴, 신체·정신 기능의 저하에 따라 부득이 조심성이 증가한다는 설과 자신감의 감퇴로 조심성이 증가한다는 주장이다.

❖ 생에 대한 회상의 증가

미래보다는 과거를 회상하는 경우가 많아진다. 과거에 해결되지 못한 갈등이나 두려움 등을 잘 해결하게 되면 생에 대한 새로운 의미를 찾고 죽음을 잘 준비할 수 있다.

❖ 친근한 사물에 대한 애착심

노인이 될수록 오랫동안 사용해 온 물건에 대해 애착심이 증가한다. 집, 가재도구, 사진, 골동품, 일용품 등 노인에게 친근한 사물들은 지나온 과거를 회상하게 하고 현재의 삶에 안정감을 가져다준다.

❖ 시간 전망의 변화

남은 생애를 계산하려는 경향이 강해진다. 남은 날의 짧음을 느끼고, 과거를 회상함으로써 현실을 회피하거나 과도하게 미래지향적으로 나가게 되기도 한다.

❖ 유산을 남기려는 경향

지식, 유산, 작품, 교훈 등 무엇인가 남기고 싶어 하는 경향이 강해진다. 자손을 낳고 부동산과 동산, 골동품, 기술과 지식, 예술작품 등을 후손에게 물려주고 싶어 한다.

❖ 의존성 증가

노인의 의존성은 정상적 노화 현상이라고 할 수 있는데 신체적 의존성, 정신적 의존성, 경제적 의존성, 사회적 의존성 등이 증가한다. 특히 심리적·정신적 의존성이 커지며, 건강이 좋지 않을 때 의존성이 더 증가하게 된다.

완고함, 조심성, 자기 중심성, 독선, 보수성 등이 노인의 성격적 특성으로 일컬어지고 있으나, 현재 명확한 결론에 도달하고 있지 않다. Costa와 McCrae(1992)

는 노인의 성격은 매우 안정적이며 노년의 경직성이나 조심성은 단순히 나이 때문만이 아니라 개인적인 특성일 수 있다고 하였다. 즉, 젊은 시절에 개방적이고 외향적인 사람은 나이가 들어도 그러한 특성을 유지하며 삶의 변화에 융통성을 보인다고 하였다. 노년기의 부정적인 인격 특성은 주로 횡단적 연구에 의한 결과로 동년배효과의 영향을 많이 받았다고 할 수 있다. 따라서 세대 간의 가치 차이, 교육, 문화, 자라 온 환경적 차이가 영향을 미치고 있음에 주의해야 한다.

05 노년기의 발달과제

노년기를 성공적으로 보내기 위해 노년기에 심리적으로 발달시켜야 할 과제에 대해 주요 학자들의 견해를 살펴본다.

1) Erikson의 노년기 과제

Erikson(1963)은 성격의 발달을 개인의 심리내적 요인이 대인관계의 사회접촉을 가짐에 따라 단계적으로 발전된다는 심리사회적 성격발달이론을 발전시켰다. 그는 성격발달단계를 영아기에서 노년기까지 8단계로 구분하여 각 단계에는 잘 발달시켜야 하는 긍정적 성격과 부정적 성격이 있다고 하였으며, 긍정적인 성격을 발전시키지 못하면 부정적 성격이 형성되고 다음 단계에 영향을 미치게 된다고 보았다.

제8단계인 노년기 단계는 '자아통합 대 절망'의 시기로 이 시기에 긍정적인 자아통합이 이루어지지 않으면 절망의 태도를 형성하게 된다. 자아통합은 자기의 과거 및 현재의 인생을 나름대로 잘 살았다고 받아들이고 만족스럽고 의미 있는 생을 살았다고 인정하고 따라서 앞으로 다가올 죽음을 수용하는 태도를 말한다. 절망은 자기의 과거나 현재의 삶에 대해 불만을 갖고 후회하고 원망하며, 죽음에 대해 불안하거나 초조하고 절망적 태도를 갖는 것을 말한다. Erikson은 노년기의 발달과업은 전 단계인 7단계에 의해 영향을 받으며, 7단계의 '생산성 대 침체성(자아 탐닉)'이라는 과업 해결에 의해 좌우된다고 보았다.

2) Havighurst의 발달과업이론

Havighurst(1972)는 생의 발달단계를 6단계로 구분하여 각 발달단계에서 해결해야 할 과업을 제시하였는데, 노년기의 발달과업은 다음과 같다.

① 약화되는 신체적 힘과 건강에 따른 적응
② 퇴직과 경제적 수입 감소에 따른 적응
③ 배우자의 죽음에 대한 적응
④ 자기 동년배집단과의 유대관계 강화
⑤ 사회적 역할을 융통성 있게 수행하고 적응하는 일
⑥ 생활에 적합한 물리적 생활환경의 조성

3) 한국인의 발달과업이론

김종서 외(1982)는 한국의 생애주기를 7단계로 구분하여 각 단계마다 지적, 정의적, 사회적 및 신체적 영역에 속하는 과업을 설정하였는데 노년기에 해당하는 7단계의 과업을 살펴보면 다음과 같다.

(1) 지적 영역

① 세대 차와 사회 변화 이해
② 은퇴생활에 필요한 지식과 생활 배우기
③ 정치, 경제, 사회, 문화에 대한 최신 동향 알기
④ 건강 증진을 위한 폭넓은 지식 찾기

(2) 정의적 영역

① 적극적으로 일하고 생활하는 태도 유지
② 취미를 계속 살리고 여가를 즐겁게 보내기
③ 정년 퇴직과 수입 감소에 적응하기
④ 소외감과 허무감을 극복하고 인생의 의미 찾기
⑤ 배우자 사망 후의 생활 적응하기
⑥ 동료 또는 자신의 죽음에 대해 심리적으로 준비하기

(3) 사회적 영역

① 동년배 노인들과 친교 유지하기
② 가정과 직장에서 일과 책임을 합당하게 물려주기
③ 가정이나 사회에서 어른 구실을 하기
④ 자녀 또는 손자들과 원만한 관계 유지하기

(4) 신체적 영역

① 줄어 가는 체력과 건강에 적응하기
② 노년기에 알맞은 간단한 운동을 규칙적으로 하기
③ 건강 유지에 필요한 알맞은 섭생하기
④ 지병이나 쇠약에 대한 처방하기

CHAPTER 04

사회적 노화

인간을 사회적 동물이라고 표현하듯이 한 인간은 사회의 일원으로서 사회구성원과 상호작용하는 과정에서 사회규범을 학습하고 다양한 사회적 역할을 수행하며 살아간다. 노화는 생물학적 노화, 심리적 노화만이 아니라 이러한 사회적 측면에서도 변화를 가져온다. 개인을 둘러싼 사회적 상황의 변화는 지금까지 갖고 있던 사회적 역할이나 지위에 변화를 가져오게 되고 이는 개인의 삶에 다양한 영향을 미치게 된다.

사회적 노화란 노화에 따른 사회적 상황변화로 인한 사회적 관계, 사회적 역할의 변화를 말하며, 퇴직, 배우자 사망 및 자녀의 독립 등이 이에 영향을 미치게 되는데 이에 대해 구체적으로 살펴본다.

01 노년기의 사회적 상황

1) 지위와 역할의 변화

사회적 지위나 역할은 한 개인이 행사할 수 있는 권력, 영향력 그리고 삶의 질을 결정하는 데 있어 매우 중요하다. 이러한 사회적 지위나 역할은 일생을 통해 변화하게 되는데 노년기는 주로 사회가 가치 있다고 보는 사회적 지위와 역할을 상실하게 되며, 이로 인하여 여러 가지 심리적·사회적 문제를 가져오게 된다.

직장에서 정년을 맞거나 퇴직을 하게 됨으로써 직업인으로서의 역할과 지위를 상실하게 되며 가정에서는 경제력을 담당하던 가장의 역할도 축소된다. 배우자가 죽게 되면 남편이나 아내로서의 역할이 상실되며, 자식이 성장하면서 부모로서의 역할도 상실된다. 반면에 새롭게 퇴직인이라는 새로운 역할을 얻게 되고 조부모의 역할과 지위를 얻게 되는 변화가 따른다. 이러한 역할의 변화는 그 중요성에 있어서도 변화가 일어나는데, 주로 제도적 역할(부장, 과장 등)의 중요성은 감소되거나 상실되고 희박한 역할(명예총장, 퇴직 가장)의 중요성이 커진다(Rosow, 1976).

이와 같이 노년기에는 직업적 지위와 중요한 역할을 상실함으로써 노인 스스로 자신의 가치를 평가절하하게 되며 자존감이나 삶의 만족도 등이 낮아지게 된다.

2) 자녀의 독립

자녀들이 성장하여 학업, 취업, 결혼 등 독립적인 역할을 수행하기 위해 부모 곁을 떠나게 되고 노부부만이 남게 된다. 소위 '빈 둥우리'라는 시기를 맞게 되는데, 이 시기를 자신을 위해 새로운 발전기회로 삼아 적극적으로 새로운 활동에 참가하기도 하지만, 그렇지 못한 경우, 특히 자녀의 양육에 애착이 컸던 경우 '빈 둥우리 증후군'을 심각하게 겪기도 한다.

3) 퇴직

퇴직은 직업역할의 상실을 의미하며, 그것이 자발적인지 혹은 강제적인지, 조기 퇴직인지에 따라, 또는 일에 대한 인생관의 정도에 따라 퇴직 후의 생활에 많은 영향을 미친다.

4) 의존성의 증가

직업생활에서의 은퇴로 주로 연금이나 퇴직금에 생활을 의존하게 되면서 경제적으로 어려워질 수 있으며, 특히 연금이나 퇴직금, 저축 등이 충분하지 못하거나 없을 경우 자식에게 의존하게 된다.

또한, 노화에 따른 신체적 쇠약으로 가정적·사회적으로 역할수행이 어렵게 된다. 동거하는 자녀에게 어려움을 주어 노인 본인뿐만이 아니라 가족의 역할수행에도 많은 영향을 미치게 된다.

5) 생활환경의 변화

여가시간이 증가하고 특히 가정에 머무는 시간이 많아 역할수행에 갈등이 생긴다.

02 노년기의 역할 변화

역할은 개인-집단-사회와 관계를 갖는 중요한 수단이다. 인간은 역할을 통해 사회에 참여하고 자아정체성을 유지한다(Atchley, 1980). 사회적 역할은 사회적 지위에 기대되는 행동으로 역할과 지위, 그리고 지위에 따른 힘, 위세가 다르며, 나이가 듦에 따라 이 세 가지가 크게 약화된다.

정년퇴직으로 노인은 직업역할의 상실과 지위의 상실, 그리고 이에 따른 위세도 약화된다. 직업역할 상실은 가정에서 생계유지자, 경제적 공급자의 역할의 상실을 가져오고 가족 내에서의 지위가 약해지고 영향력도 약해진다. 그러나 이러한 역할 상실은 노년기에 얻게 되는 새로운 역할을 통해 성공적으로 노화에 적응할 수 있다. 노년기의 역할전이를 얼마나 잘하는가에 따라 노후생활을 보다 행복하게 영위할 수 있을 것이다.

❖ 역할전이

노년기는 다른 시기보다 노년기의 역할전이가 쉽지 않은 경향이 있는데 이에 대해 Rosow(1974)는 다음과 같이 설명하고 있다. 성인기에서 노년기로의 역할 전환에 있어 특별한 통과의례(졸업, 취업, 결혼 등)가 없음으로 인해 새로운 지위에 적응하는 데 혼란스러운 변화를 겪게 된다. 통과의례는 적응을 보다 쉽게 해 주는데 노년기는 잘 모르는 사이에 슬그머니 접어들게 된다. 따라서 언제부터 노년기의 역할을 수행하여야 하는지가 분명하지 않아 혼란스럽고 당황하는 가운데 노년기를 맞게 된다. 또한, 노년기는 사회적으로 얻는 것보다 잃는 것이 많은 시기이다. 즉, 수입의 감소로 의존성이 증가하고 소외되며 고독해져 노년기의 역할을 쉽게 받아들이지 못하게 된다. 이것은 역할전이를 더욱 어렵게 한다고 하였다.

특히, 남성의 경우는 '역할단절'을 겪는 경우가 많은데 퇴직 후의 역할에 대한 모델이 확립되지 않았고 가사 일에 적응하는 것이 쉽지 않아 더욱 노년기의 역할전이를 어렵게 만들고, 심리적으로 더욱 고통을 느끼는 경우도 많다(최성재·장인협, 2003).

노화에 대한 사회적 편견

- 노인들은 어쩔 수 없이 주류 사회에서 퇴출당한다.
- 노인들은 고독하고 소외되어 있다.
- 노인들은 가난하다.
- 노인들은 혼자 있기 좋아하고 대부분 TV를 보며 시간을 보낸다.
- 노인복지서비스의 증대는 전통적인 가족부양의 기능을 약화시킬 것이다.
- 노인들은 일하기 싫어하거나 일할 수 없다.
- 노인들은 정치에 관심이 없다.

03 노년기의 사회화

사회화(socialization)란 기존의 사회체계에 통합되고 적응하기 위해 기술과 지식, 가치를 학습하고 지역사회와 상호작용을 가지는 개인적인 노력의 과정이다. 또한, 사회적으로는 그러한 개인에게 기술과 지식 및 역할 등을 학습시켜 사회로의 참여를 촉진하고 유지하기 위한 수단이다. 일반적으로 아동에 대한 사회화는 사람들의 관심이 많으나 노인에 대한 사회화에는 별로 관심이 없다. 그러나 길어진 노년기에 보다 성공적인 노후생활을 영위하기 위해서는 노인도 변화하는 사회상황에 적응하고, 세대 간의 이해를 도모해야 한다. 따라서 노인에게도 사회화가 필요하다.

노인의 사회화는 젊은이들에 비해 쉽지 않은 것이 현실이다. 노인의 사회화에 대한 사회적 관심이 적다 보니 노인에 대한 사회화의 기회도 충분히 제공되고 있지 않다. 또한, 성인기 이후의 사회화는 자기 주도적인 성격이 강하여 노인들이 자발적으로 노력하지 않으면 새로운 기술과 지식을 습득하여 사회에 통합되기가 어렵다. 그뿐만 아니라 노년기 사회화에 대한 정형화된 사회적 규범이 아직 없기 때문에 노년기의 사회화는 어렵고 무규범 상태에 빠지기 쉽다(Rosow, 1974).

성인기의 사회화는 두 과정으로 나눌 수 있는데 예기된 사회화와 재사회화 과정이다. 예기된 사회화는 전환기적 사건을 맞이하기 전에 미리 준비하는 과정이다. 예를 들면, 자녀 출가나 은퇴 이후의 여유시간에 대비해서 평생교육 프로그램에 등록한다거나 취미생활을 기르는 것이다. 재사회화는 새로운 역할이나 지위가 실제로 시작되는 것이다. 직업전환이나 재취업을 했을 때나 새로운 기술을 익히거나 손자가 태어났을 때 할머니의 역할에 익숙해진다든지 퇴직한 남성이 가사 일을 배운다든지 하는 것이다. 재사회화의 수준은 개인의 성격이나 이전 역할과의 차이에 영향을 받으며, 자아개념에 중요한 변화를 가져올 수 있다.

1) 연령규범(age norm)과 역할

연령규범은 나이에 따라 사회적으로 기대되는 바람직한 역할행동이다.

우리가 20대, 50대, 70대에 있는 사람에 대해 기대하는 행동은 모두 다르다. 같은 행동이라도 나이에 따라 받아들이는 반응이 달라진다. 예를 들면, 30대 남자가 집에서 빈둥거리거나 80대 노인이 취업 전선에 뛰어들려고 할 때 우려와 비난을 받을 수 있다. 우리는 어떤 행동이 나이에 적합하고 적합하지 않은지를 구태여 의식하지 않고 감지할 수 있으며 이러한 것들이 자신이나 타인의 행동을 제약한다. 그러나 이러한 연령규범이 단순히 나이에 의해 경직될 때 자신과 타인의 자유를 제약할 뿐 아니라 타인의 행동을 비난하는 수단으로 이용되기도 한다.

실제 오늘날 노인들의 사고는 많이 변화하고 있다. 통계청의 10년간 노인의 의식변화에 대한 조사결과를 보면 먼저, 결혼과 이혼에 대한 생각이 많이 달라지고 있다. 2020년 결혼은 꼭 해야 한다고 생각하는 노인은 75.9%로 지난 10년간 7.6%감소하였고, 이혼은 해서는 안 된다고 생각하는 노인은 55.6%로 25.3% 감소하였다.

가사분담에 대해서도 노인의 45.1%가 부부가 공평하게 가사를 분담해야 한다고 생각하고 있으며, 이는 지난 10년간 18.4% 증가하였다. 또한 일과 가정생활의 우선도에 대한 생각도 2021년 노인의 50.9%는 일과 가정생활의 균형을 가장 중요하게 인식하고 있으며 이 비중은 지난 10년간 10.9% 증가하였다.

〈표 2-2〉 10년간 고령자 의식변화

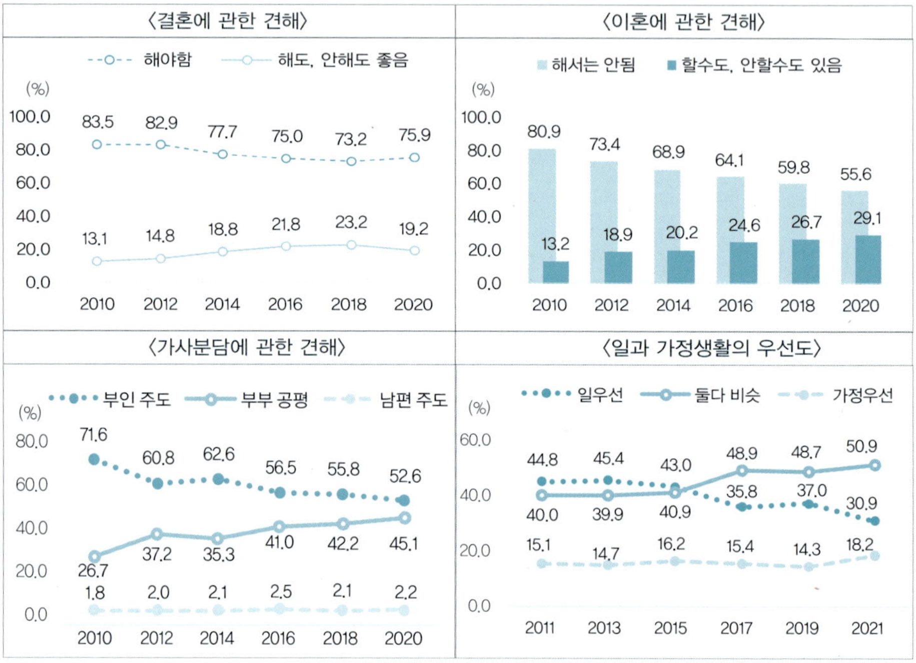

자료: 통계청, 사회조사 각년도, 「2022 고령자통계」.

연령규범은 인생주기와 밀접한 관계를 가지게 되는데, 인생주기란 인간이 태어나서 죽음에 이르기까지 사회적인 역할에 따라 구분되는 일생의 과정으로 시대와 문화를 초월하는 어떤 공통점이 있으며, 동시에 사회와 개인 간의 차이가 있다.

노년기가 길어지고 있는 가운데 노년기의 역할규범도 달라지고 있다. 우리 사회의 바람직한 노년기의 역할과 모습이 어떠해야 할 것인가에 대한 보다 많은 사회적 관심과 심도 있는 논의가 필요하다고 할 수 있다.

<table>
<tr><th>연령
주기</th><th colspan="10">0 10 20 30 40 50 60 70 80</th></tr>
<tr><td>인생주기</td><td>유년기
아동기</td><td>청소년기</td><td colspan="3">청년기</td><td colspan="2">중년기</td><td colspan="3">노년기</td></tr>
<tr><td>직업생활주기</td><td>준비기</td><td colspan="2">직업 시험기</td><td colspan="3">직업 선택기</td><td colspan="3">퇴직기</td><td>퇴직 후기</td></tr>
<tr><td>가족생활주기</td><td colspan="4">자녀기</td><td colspan="2">부모기</td><td colspan="3">배우자
사별기</td><td>독신기</td></tr>
<tr><td>경제생활주기</td><td colspan="4">의존기</td><td colspan="3">독립기</td><td></td><td colspan="2">의존기</td></tr>
</table>

자료: Atchley, R. C. (1980). The Social Forces in Later Life, p. 91; 최성재·장인협(2003). 「노인복지학」.

[그림 2-4] 연령규범과 인생주기

공자의 인생주기

- 15세에 학문을 뜻을 두었고
- 30세에 학문을 터득하고 자립했다.
- 40세에 더 이상 유혹으로부터 고통당하지 않았고
- 60세에 남의 말을 순순히 듣고 거슬림이 없었다.
- 70세에 마음 내키는 대로 좇아도 법도를 넘지 않았다.

04 은퇴에 대한 이해

나이가 들면서 맞게 되는 것이 은퇴, 직업생활에서의 퇴직이다.

개인이 일생 동안 종사해 왔던 일터에서 물러나는 은퇴는 제3의 인생으로 들어가는 전환점이 되는 사건이며 사회적 역할, 결혼관계, 여가생활 등 노후생활에 많은 영향을 미치게 된다.

은퇴가 미치는 영향은 긍정적인 면과 부정적인 면에서 찾아볼 수 있다. 긍정적인 면에서는 후배들에게 사회적 책임과 의무, 승진의 기회를 넘겨 주고 막중한 책임과 역할에서 벗어나는 합법적인 기회가 되며, 진정으로 개인이 원하는 삶을 시작할 수 있는 도전의 기회가 된다. 은퇴로 인한 긍정적인 사회생활의 변화에 대해 미국 은퇴자협회는 다음과 같이 설명하고 있다(AARP, 1996).

① 은퇴는 풍부한 여가시간을 제공한다.
② 친구들과 사귈 기회를 준다.
③ 호기심을 갖고 주위의 일들을 자세히 관찰할 기회를 준다.

반면, 은퇴는 다양한 심리적, 사회적 스트레스를 가져오는 인생의 위기가 되기도 한다. 수입 감소로 인한 경제적 어려움, 사회적 지위와 인정, 유대관계의 상실로 자존감과 사기가 저하되고 외로움과 소외감을 느낄 수 있다. 사회적 역할의 상실은 자아정체감을 모호하게 하고 비생산적이고 쓸모없다는 무용감을 갖게도 한다. 이러한 경우 은퇴는 본인뿐만 아니라 가족에게도 심각한 정신적 혼란이나 고통을 야기할 수 있다.

1) 은퇴생활에 영향을 미치는 요소

은퇴생활의 적응은 노년기의 생활을 성공적으로 보내는 데 출발점이 된다. 수입의 중단, 지위와 역할의 변화, 사회적 관계의 변화 등의 많은 변화를 수용하면서 잘 적응해 나가는 것이 노년기의 발달과업의 하나이다.

은퇴 이후 생활에 적응하는 데 영향을 미치는 요소에는 퇴직에 대한 태도, 은퇴 시기, 은퇴 이유, 은퇴에 대한 준비 정도에 달려 있다.

❖ 퇴직에 대한 태도

퇴직에 대한 부정적인 태도는 퇴직 후의 적응을 어렵게 만드는데, 이는 퇴직 이후의 경제적 문제, 건강 및 심리적 문제 등에 대한 지식의 부족으로 생기는 경우가 많다. 퇴직준비 프로그램을 통해 퇴직에 대한 준비를 할 수 있는 기회를 제공한다면 퇴직에 대한 부정적 태도는 긍정적으로 변화될 수 있다.

❖정상적인 퇴직인가, 조기퇴직인가

대체로 너무 일찍 혹은 너무 늦게 은퇴한 경우보다는 정상퇴직을 한 경우에 고통이 적고 개인의 사기나 건강에 별 지장이 없다고 한다. 그 이유는 정상 퇴직을 한 경우 이미 예기된 일이므로 정체감의 혼란이나 상실감과 같은 정서적 고통이 적을 수 있다. 경제적으로도 수입이 줄긴 하지만 이때는 자녀 양육이나 가사로 인한 지출이 줄어들기 때문에 갑자기 허리띠를 졸라매야 하는 충격은 받지 않는다. 오히려 합법적으로 사회적 책임과 역할, 가족부양과 같은 짐에서 벗어나 홀가분할 수 있다. 더욱이 경제적 준비가 되어 있을 때는 자유롭게 새로운 성취를 시도해 볼 수 있다(김애순, 2004).

김애순과 윤진(1995)의 연구에 의하면 우리나라 은퇴자는 은퇴 시기에 따라 은퇴 상황에 대한 자각이 달라지는데, 60세 이후의 은퇴자들은 은퇴 상황을 새로운 일을 할 도전의 기회로 자각하는 경향이 높았으며 삶의 만족도가 가장 높았다. 그러나 50대 은퇴자들은 은퇴 상황을 상실이나 위협으로 지각하고 있었으며 삶의 만족도가 60대보다 낮았다.

❖자발적 은퇴와 강제적 은퇴

은퇴는 자발적으로 할 수 있지만, 강제적으로 어쩔 수 없이 하는 경우도 많다.

노동시장의 과잉경쟁으로 인한 정년 단축, 기업의 구조조정, 중고령자에 대한 연령차별로 인해 일찍 일터에서 물러나야 하는 경우가 있다. 아직도 일할 수 있는 능력과 욕구가 있음에도 일자리를 박탈당하는 데서 오는 정체감의 상실, 자존심의 손상을 가져오는 은퇴는 인생에서 경험하는 심각한 위기가 될 수 있다. 김애순과 윤진(1995)의 연구에 의하면 은퇴의 자발성 여부에 따라 삶의 만족도가 달라지고 있는데, 자의에 의해 은퇴한 사람들은 은퇴 상황을 '도전'으로 자각하고 삶의 만족도가 높았으나, 자의 반 타의 반 혹은 타의에 의해 은퇴한 경우는 은퇴를 '위협', '상실'로 자각하고 삶의 만족도가 낮았다.

❖은퇴 이후의 준비: 경제, 건강, 여가

경제적 사정은 은퇴에 대한 태도에 영향을 미칠 뿐만 아니라 은퇴생활의 적응에도 영향을 미친다. 경제적 준비가 되어 있으면 보다 물질적으로 안정되고 건강도 잘 유지할 수 있고 여가활동의 기회도 많이 가질 수 있다.

건강은 사회적 관계와 활동을 위한 기본적 조건으로 독립적인 생활과 긍정적인 자아상을 유지하는 데 있어 중요하므로, 은퇴생활 적응에 주요한 요인이 된다.

또한, 여가에 대한 사회화의 정도가 은퇴생활의 적응에 영향을 미친다. 여가생활을 어떻게 보내느냐는 노후생활의 만족도에 큰 영향을 미치므로 중년기부터 여가활동에 대한 경험과 지식이 필요하다고 할 수 있다.

2) 은퇴생활의 적응 과정

Atchley(1980)는 은퇴생활에 적응해 가는 과정이 신혼기, 침체기, 안정기의 3단계를 거쳐 진행된다고 하였다.

은퇴 직후에는 마치 신혼기와 같이 자유를 만끽하며, 낚시, 등산, 골프 등의 활동에 몰입하는 낙천적인 시절이 1년 이상 지속된다. 이때는 개인의 건강상태나 경제적 여유에 따라서 활동 수준이 활발하게 유지될 수 있다.

그러나 곧 침체기가 오는데 무엇인가를 잃어버린 듯한 상실감을 느끼고 행복감과 활동수준이 뚝 떨어지는 정서적 슬럼프에 빠져들게 된다. 모든 에너지가 고갈된 느낌이 들기도 한다. 남은 생을 어떻게 보낼 것인가를 생각하게 된다. 그러고 나서 안정기가 오는데, 이때는 여러 방면에서 활동이 감소하고 서서히 은퇴생활 양식에 적응해 간다. 이제 남은 생을 현실적으로 그대로 받아들이며 안주하기 시작한다.

은퇴 이후 적응해 가는 모습은 개인에 따라 매우 다양하다. 어떤 사람들은 무거운 역할과 책임에서 벗어나 자신이 원하는 삶을 살 수 있는 도전의 기회로 생각하고 새로운 역할, 흥미, 취미활동을 하면서 기쁨과 만족감을 갖고 살아간다. 반면에 어떤 사람들은 상실감과 위기감을 느끼며 경제적 어려움 속에서 만성적 신체 질환, 우울증, 불안 등을 보이기도 한다. 은퇴 이후의 적응과 삶의 만족도는 개인이 은퇴 상황을 어떻게 지각하고 기대하느냐에 따라, 그리고 얼마나 준비하느냐에 따라 달라진다. 은퇴 상황을 보다 긍정적으로 받아들이고 적극적으로 대처하는 것이 필요하다.

은퇴 후 성공적인 삶을 위한 조언

인생의 후반기인 은퇴 후의 삶은 전반기에 이루어 놓은 지적 · 물질적 기반 위에 이어지지만 살아가는 모습이나 의미는 전과는 다르다. 은퇴 후의 삶을 보람 있게 하기 위해서는 다음 네 가지를 실천하는 것이 필요하다.

① 새로운 사회적 만남을 만들어야 한다. 부모를 잃었거나 배우자를 잃었을 경우 새로운 동반자가 필요하듯이 지금까지의 직장동료를 대신할 수 있는 새로운 인간관계를 개척해 나가야 한다.

② 몰두할 수 있는 취미나 오락 활동을 익힌다. 단체모임이나 클럽 활동에 참여하는 것은 친구 사귀기나 재미를 함께할 수 있어 일거양득이 될 수 있다.

③ 자기만의 시간을 가지며 창조성을 발휘할 수 있는 활동이 중요하다. 가족을 부양하고 생계를 꾸려 나가는 동안 창조성을 발휘할 수 있는 시간적 여가를 갖지 못하였다. 창조성은 놀이보다 더 강한 열정을 담고 있다. 창조성은 젊음을 가져다주며 노년을 더욱 풍요롭게 할 것이다. 은퇴 후의 생활 목표로 삼을 만한 기본적 활동일 수 있다.

④ 평생공부라는 마음가짐으로 새로운 문화나 조류에도 관심을 가져야 한다.

천진난만한 호기심은 젊음을 유지케 할 것이며 지식에 대한 끊임없는 관심은 성숙한 삶의 결실을 가져다줄 것이다.

출처: 아름다운 노년생활에서(www.Komerricanjournal.com).

05 노화에 대한 사회학적 이론

1) 사회적 와해이론(social breakdown theory)

Kuypers와 Bengtson(1973)에 의해 제창된 이론으로, 이 이론에 의하면 사회적 또는 심리적 면에서 문제가 있는 노인에 대해 사회적으로 인식된 부정적 환류(feedback)가 하나의 부정적 인식을 강화시키는 순환적 틀이 되며, 노인은 그 틀 속에 갇히게 되어 노인의 사회적 관계와 활동이 어렵게 된다는 것이다.

이 이론은 다른 사람들과의 상호작용으로부터 나는 어떤 사람인가에 대한 자아개념이 형성되고 이것이 그 개인의 행동에 영향을 미친다고 보는 상징적 상호작용 시각의 자아개념이론에 바탕을 둔다. 즉, 심리적으로 허약한 개인이 주변 환경으로부터 부정적 영향을 받게 되고 이것이 자아개념에 영향을 주게 되며 부정적 피드백의 악순환을 거치게 된다(사회적 와해신드롬: social breakdown syndrome). Kuypers와 Bengtson은 이 개념을 토대로 사회적 와해이론을 발전시켰는데 구체적으로 다음과 같은 단계를 거친다. ① 역할상실 혹은 노화에 따른 편견 때문에 이미 자아개념이 손상되어 있을 수 있는 노인이 건강 관련 위기를 경험하게 된다. ② 사회적으로 노인이 의존적인 존재로 낙인된다. ③ 전에 소유하고 있던 기술이 위축된다. ④ 개인은 병들고 무능한 자아를 수용하게 된다. 이 같은 부정적인 악순환 과정이 계속 발생할수록 노인의 사회 심리적 능력은 점차 감퇴되어 간다. 이러한 노인 개인의 악순환 과정은 사회재건증후군(social reconstruction syndrome)을 통해 역전될 수 있는데 노인들이 처한 환경적 지지망을 확충하고 노인 개인의 장점을 발견하게 하고 계속 그 장점을 유지할 기회를 제공하여 노인들의 유능감을 증가시킬 수 있다는 것이다(모선희 외, 2000).

사회적 와해이론은 개념의 추상성과 부정적인 피드백에 대한 순환과정을 경험적으로 증명하는 데 있어 한계가 있지만 노인에 대한 사회의 부정적 인식이 어떻게 노인 개개인의 사회적 관계와 활동에 지장을 초래하는지를 이해하는 데 유용하다고 볼 수 있다.

2) 활동이론(activity theory)

Havighurst와 그의 동료들에 의해 처음으로 주장되었으며, 이후 Lemon과 그의 동료들(1972)에 의해 상징적 상호작용주의 시각에 입각한 이론으로 공식화되었다.

활동이론에 의하면 노인의 사회적 활동의 참여 정도와 생활만족도는 상관관계가 있으며, 노인의 사회적 활동의 참여 정도가 높을수록 노인의 심리적 만족감 또는 생활만족도가 높다. 이와 같은 주장은 '생물학적 측면과 건강의 불가피한 변화를 제외하고는 노인은 근본적으로 중년기와 다름없는 심리적 및 사회적 욕구를 지니고 있다'는 가정에서 나온 것이다. 따라서 노인들이 다른 사람들과 어울리기를 원하고 집단활동과 지역사회활동에 참여하는 것은 자연스러운 일이다. 이러한 욕구는 강제적인 퇴직이나 건강의 악화로 장애를 받게 되는데, 사회적 활동 참여에 제약을 받게 되면 자아평가에 위기를 초래하고 부정적인 자아상을 형성할 가능성이 커지며, 결국은 노인의 심리적 만족감 또는 사회적 만족감은 낮아지게 된다.

Lemon과 그의 동료들(1972)은 상징적 상호작용주의적 관점에서 활동이론을 보다 더 명확하게 제시하였는데, 활동은 자아개념을 재확인하는 데 필요한 역할 지지를 제공한다고 하였다. 활동이 친밀하고 빈번할수록 역할 지지는 더욱 구체적으로 확실하게 된다. 역할 지지는 긍정적인 자아상을 유지하는 데 필요하고 긍정적인 자아상은 생활만족도를 높게 유지하는 것과 연관되어 있다. 즉, 활동 참여→역할지지→긍정적 자아상 유지→높은 생활만족도의 인과적인 메커니즘을 가정한다.

이러한 활동이론에 의하면 활동에 적극적으로 참여하는 노인일수록 노인의 생활만족도가 높게 유지되므로 노년기에도 많은 사회적 관계의 활동에 참여하는 것이 바람직하며, 특히 퇴직으로 상실된 역할을 대치할 만한 다른 활동의 참여가 필요하게 된다.

활동이론에 대해서는 많은 논란이 있으며, 여러 실증적 연구는 활동이론에 대해 지지하는 결과를 보여 주지만, 상반된 결과도 보여 주고 있다. 특히, 친구나 이웃 방문 등의 비공식적 1차 집단과의 활동은 생활만족도와 관계가 있으나 공식적인 활동의 참여는 상반되는 결과를 보여 주고 있다(최성재·장인협, 2003).

3) 분리/은퇴이론(disengagement theory)

Cumming & Henry(1961)가 주창한 분리이론은 뜨거운 논란이 되고 있는 노화이론이다. 이들은 『늙어 가기(Growing old)』라는 저서에서 성공적인 노화를 위해서 계속 활동적이어야 한다는 주장을 반박하고 오히려 "은퇴와 함께 사회적 활동을 줄이고 사람들과의 상호작용도 줄이면서 조용히 지내는 것이 정상적이며, 이러한 경향은 노인 자신이나 사회 모두를 위해서 기능적이다"라고 주장하고 있다.

분리/은퇴라는 용어는 중년기의 역할체계로부터의 보편적인·상호적인·불가피한 철회 혹은 이탈을 의미한다. 노인 개개인은 사회구조의 수동적 존재이며 사회구성원으로서 사회욕구 충족의 차원에서 언제든지 분리, 은퇴할 준비가 되어 있다고 본다. 분리과정은 개인과 사회에 모두 기능적인데, 사회는 분리를 통해 보다 유능한 젊은이들에게 일자리를 제공할 수 있고 노인은 궁극적으로 죽음을 준비할 수 있다고 본다. 분리는 개인이 먼저 할 수 있고 사회에 의해 이루어질 수도 있다. 개인적 분리는 노화로 인해 건강 악화, 죽음에 임하는 확률이 높아지므로 사회적 활동을 감소시키는 것이 보다 높은 생활만족감을 갖게 된다고 보는 것이며, 사회적 분리는 지식과 기술이 떨어진 노인들에게 재훈련을 시키기보다 새로운 지식을 소유한 젊은이들로 교체하는 것이 사회의 기능과 안정을 위해 보다 효율적이라고 본다(Cumming & Henry, 1961).

이 이론은 기능주의적 관점을 취하고 있는데 사회가 기능적인 면에서 노인들의 사회적 참여를 제한하는 것이며 대표적인 제도가 퇴직제도라고 할 수 있다.

분리는 불가피한 것이며 정상적이라는 주장에 대해 많은 비판이 있다. 은퇴하고 싶다는 것이 노인의 특성이며 개인적 차원이란 점을 증명하지 못하고 있다. 그러나 이 이론은 노화 과정을 설명하는 최초의 공식적인 이론체계로서 다른 이론적 시각 개발에 자극이 되었고 이와 반대되는 활동이론과의 논쟁을 통해 노인의 역할과 생활만족도에 관한 연구를 활발히 만드는 계기를 마련하였다(모선희 외, 2000).

4) 교환이론(exchange theory)

교환이론은 Homans(1961)가 『사회적 행동: 그 기초 형태』라는 저서에서 공식적 이론으로 제기하였으며, 이 이론에 근거하여 Dowd(1975)는 노화의 문제를 적용하였다.

교환이론에서는 사회적 행동을 적어도 두 사람 사이의 활동 교환으로 보고 대인관계는 '사람들 사이에 보상을 반복적으로 교환하는 것'으로 본다. 이러한 사회적 행동 및 관계는 주는 것보다 보상이 클 때 사회적 교환 행동이 계속된다.

Dowd(1975)는 개인적 노화의 문제를 자원의 지속적 감축의 문제로 보았는데 노인들은 적은 자원(낮은 소득, 낮은 교육수준, 불건강 등)을 소유하고 있기 때문에 젊은 층과의 상호작용 시에 상대적으로 열악한 위치에 처한다. 즉, 노년기의 사회적 상호작용 감소를 노년층과 사회 간의 교환 과정의 산물로 파악하였다.

교환관계에서의 행위자는 대등한 입장에서 교환관계를 형성·유지하려고 한다. 그러나 교환관계가 동등하지 못한 상태에서 교환이 불가피하게 일어나는 경우가 있으며 이 경우 교환자원(지식, 기술, 금전, 사회적 승인, 존경 등)이 많거나 가치가 높은 쪽이 교환자원의 가치가 낮거나 부족한 쪽을 지배하게 되며, 이러한 불균형적 교환관계는 반복적으로 이루어지면서 제도화되는 경향이 있다(최성재·장인협, 2003).

Rosow(1974)는 전통사회에서 산업사회로 변화함에 따라 노인의 교환자원을 약화시키는 일곱 가지 요인을 제시하였다. 즉, ① 재산소유 및 통제권의 약화, ② 낙후된 지식 ③ 노인의 종교적 전통에의 연결 약화, ④ 핵가족화, ⑤ 노인의 생산성 약화, ⑥ 도시화로 인한 공동체적 유대의 약화, ⑦ 상호 의존성의 약화이다.

교환관계는 교환자원의 가치가 늘거나 풍부한 쪽이 낮거나 부족한 쪽을 지배하게 된다. 불균형적인 교환관계에서 열세에 처하게 되는 쪽은 가능한 한 교환관계를 균형화시키려고 하고 교환관계에서 발생하는 손해, 비용을 줄이려고 한다. 권력 불균형을 가져오는 불균형의 교환관계를 균형화시키는 전략은 다음과 같다(Emerson, 1962). ① 동등한 가치의 다른 자원으로 보상, ② 새로운 자격이나 지위

획득, ③ 다른 보상의 원천을 개발, ④ 강제력의 사용으로 보상을 철회, 위협, 윤리나 도덕적인 면에서 보상을 이끌어내기도 하며, ⑤ 연합적 활동으로 집단적인 권력을 형성 배분적 정의에 입각한 교환이 이루어지도록 하는 것, ⑥ 보상을 포기시키는 것, 즉 불균형적인 교환관계를 개선하거나 불균형적인 교환관계의 형성 가능성을 미리 배제, ⑦ 소유자원의 질을 향상시킴으로써 저하된 자원의 가치를 높이는 방법이다. 이러한 전략들은 노인들의 교환자원을 늘려 교환자원의 열세로 인해 발생하는 노인문제에 대해 대처방안을 모색하는 데 있어 중요한 이론적 기반이 될 수 있다.

PART 03

노인복지의 기초적 이해

CHAPTER 01

노인복지의 이념과 원칙

01 노인복지의 개념

노인복지는 사회복지의 한 분야로서 노인의 생활안정과 복지를 증진시키기 위한 사회적 노력이라고 할 수 있다.

노인복지에 대한 학자들의 정의를 살펴보면, 오까무라(岡村重夫, 1977)는 "노인복지란 사회복지의 한 분야로서 노령에 의해 야기되는 사회생활상의 곤란에 대한 사회복지적 원조"라고 했으며, 김성순(1981)은 "사회복지가 널리 인간의 복지를 추구하는 사회적 노력이라고 볼 때 노인복지는 많은 사회문제 가운데 노인에게 일어나는 문제를 해결하고 노인의 복지를 이룩하려는 사회적 노력"이라고 설명하고 있다.

최성재·장인협(2003)은 "노인복지는 노인이 인간다운 생활을 영위하면서 자기가 속한 가족과 사회에 적응하고 통합할 수 있도록 필요한 자원과 서비스를 제공하는 데 관련된 공적 및 사적 차원에서의 조직적 제반 활동"이라고 정의하고 있다.

한편, 권중돈(2004)은 이와 같은 기존의 정의를 종합하여 "노인복지는 모든 노인이 최저 수준 이상의 생활을 유지하고 사회적 욕구충족과 생활상의 문제를 예방·해결하며 노후생활에 대한 적응과 사회통합을 이루는 데 필요한 급여와 서비스를 제공하는 공공과 민간 부문의 조직적이고 전문적인 제반 활동"이라고 하였다.

즉, 노인복지는 사회복지의 한 분야로 사회복지의 이념인 노인의 인간다운 생활을 목표로 하며 노인들이 갖게 되는 사회적 욕구와 문제를 해결하기 위한 공적, 사적인 제반 활동이라고 할 수 있는데, 주체, 대상, 방법으로 나누어 살펴보면 다음과 같다.

먼저 오늘날 노인복지의 주체는 사적 및 공적 주체가 다 포함되며, 그 내용이 적어도 계획에 의해 조직적 또는 체계적으로 이루어지면 공적 차원이든 사적 차원이든 모두 노인복지의 활동에 포함될 수 있다.

노인복지의 대상은 과거에는 요보호 노인만을 주 대상으로 하였지만 오늘날에는 노인 누구나 노인 복지의 대상이며 일정 연령 이상으로 규정하는 것이 일반적이다.

노인복지에서 다루어야 할 욕구나 문제는 과거에는 경제적 측면이 중심이었지만 현대에는 경제적 욕구 이외에 건강, 케어, 여가, 문화, 심리적, 사회적, 정치적 욕구 등 다양한 욕구를 대상으로 하고 있다.

노인복지를 실천하는 방법은 거시적인 측면의 정책, 제도 및 계획, 미시적인 측면에서의 임상적 실천 방법으로 나누어지며, 조직적이며 전문적이라고 할 수 있다.

02 노인복지의 이념

「헌법」 제34조에 의하면 "모든 국민은 인간다운 생활을 할 권리를 지니며, 국가는 국민의 복지 향상을 위한 정책을 실시할 의무를 지닌다"라고 규정되어 있다. 즉, 노인복지의 궁극적 목적은 「헌법」에 명시된 대로 노인이 인간다운 생활을 영위하도록 하는 것이며, 이를 위한 목표는 「노인복지법」 제2조(기본이념)에서 제시하고 있듯이 안정된 생활 유지, 사회참여와 사회통합의 유지, 자아실현이라고 설명할 수 있다.

인간다운 생활과 관련하여 최근 노인복지가 추구해야 하는 이념, 목적으로서 자주 등장하는 용어가 '노인의 존엄성'과 '삶의 질'이다. 즉, 노인복지가 추구해야 할 이념은 노인의 삶의 질의 향상과 이를 배경으로 한 노인의 존엄성 유지라고 할 수 있다.

노인은 나이가 들어감에 따라 신체적, 심리적, 사회적 변화를 경험한다. 신체적 변화로서 신체적 기능의 전반적 저하는 지금까지의 생활 리듬과 스타일을 바꾸어야 하고, 이러한 현상은 노인에게 절망감, 초조감, 불안감 등을 가져온다.

사회적으로는 퇴직 등의 사회적 역할상실로 인한 자신감의 상실, 미래 희망의 상실, 무력감 등을 느끼기 쉽다. 또한, 질병과 장애로 지금까지 해 오던 사회적 역할을 하지 못하게 되는 사회적 변화를 겪게 된다. 이러한 변화들은 상호 관련하여 노인의 삶의 질(QOL)에 큰 영향을 미치게 된다.

따라서 노인복지에서는 신체적·심리적·사회적 변화를 가져오는 노인의 특성을 고려하면서 인간으로서 존중받고 삶의 질(QOL)을 높이는 정책이 요구된다. 즉, 노인복지의 실천목표는 노인의 특성을 배려하는 사회적 환경을 정비하고, 적절한 사회적 서비스(연금, 의료, 케어서비스 등)를 제공함으로써 모든 노인이 지역사회에서 질이 높고 존엄한 생활을 안심하고 영위할 수 있게 하는 것이다(Monk, 1981).

노인복지 이념의 중요한 키워드라고 할 수 있는 삶의 질, 정상화, 자립 지원, 임파워먼트에 대해 살펴본다(白澤政和 外, 2002).

1) 삶의 질

삶의 질(QOL)은 노인복지 이념 가운데 가장 중요한 이념으로, 이에 대한 정확한 이해가 필요하다. Renwick(1994)는 삶의 질을 "개인이 어느 정도 의미 있는 생활과 인생을 보내왔는가를 스스로 주관적으로 판단하는 것"이라고 정의하였다. 의미 있는 생활과 인생을 보냈는가를 알기 위해서는 개인의 특성과 환경의 특징을 살펴보아야 한다. 즉, 삶의 질은 개인과 환경과의 상호작용의 결과이며 아래와 같은 다양한 각도에서 살펴볼 수 있다.

❖개인적 차원

개인에 초점을 둔 관점으로 한 개인의 신체적·심리적·정신적 측면에서 생각할 수 있다. 신체적 측면에서의 삶의 질은 신체적 기능과 영양상태 등 신체적 건강에 관한 것, 위생상태에 관한 것, 일상생활을 하기 위한 일상생활동작 등에 관한 것이다. 심리적 측면에 있어서는 개인의 감정 상태, 인지능력, 평가능력, 적응능력, 자기평가능력, 자기존중감, 자존심 등이 있다. 정신적 측면에서는 개인의 가치관, 일상생활에 관한 생각, 인생관, 종교관, 일상생활에서 중요하게 생각하고 있는 것들이다.

❖개인과 환경의 관계

개인과 환경과의 관계에서의 삶의 질은 물리적, 사회적, 지역적 측면에서 생각할 수 있다. 물리적 측면은 개인이 물리적 환경(주거, 일터, 주변의 자연환경)에 대해 갖는 감정 등에 의해 좌우된다. 즉, 자신의 주거환경에 대해 어떤 감정을 갖고 있는가, 주거의 안정과 프라이버시가 보장된다고 보는가 등이다.

사회적 측면에서는 가족, 이웃, 친구 등과의 관계에 의해 개인이 갖는 감정이다. 예를 들면, 개인이 가족과 어떤 관계를 형성해 왔으며, 현재 어떠한 감정을 갖고 있는가 등에 의해 설명할 수 있다.

지역적 측면은 지역에서의 사회자원 활용에 관한 생각과 감정이다. 예를 들면, 개인이 사용할 수 있는 자원은 얼마나 존재하고 있는가 혹은 사회자원을 잘 활용하기 위한 정보를 개인이 어느 정도 용이하게 얻을 수 있는가 등이다. 지역사회에서 사회자원과 정보의 적극적 활용은 삶의 질에 영향을 미치는 주요한 측면이다.

❖개인의 활동 차원

이 관점은 생활에서 개인에게 의미 있는 활동에 초점을 둔다. 개인에게 의미 있고 몸과 마음을 편안하게 하고 성장하게 하는 생활상의 활동들이다.

자원봉사활동을 통해 성취감과 타인으로부터 받는 경외감을 느끼는 경우 그 활동이 개인에게 큰 의미가 있으며, 자기실현 등의 성장을 촉진시킨다. 개인에게 의미 있는 활동을 다양한 각도에서 고려하는 것은 개인의 삶의 질을 이해하기 위해 중요하다.

개인활동에서의 삶의 질은 일상생활적 측면, 여가적 측면, 성장적 측면에서 영향을 받는다.

일상생활적 측면에서는 일상생활을 하는 데 필요한 활동(일, 가사, 신변케어, 통학 등)에 대한 참가도, 중시도, 만족도이다. 예를 들면, 개인이 어느 정도 적극적으로 가사에 참여하고 있는가, 가사를 하는 데 어떠한 감정을 갖고 있는가, 그 활동에서 어떠한 충족감을 갖고 있는가 등이다.

여가적 측면에서는 기분과 신체를 완화시키고, 다양한 스트레스를 감소시키는 활동의 유무이다. 여가적 활동은 일상생활에서 꼭 필요한 것은 아니며, 개인에게 있어 중요성과 의미가 서로 다르다. 구체적인 여가활동에는 친구와의 대화, 산책, 스포츠, 여행 등이 있다.

성장적 측면은 개인의 사회생활상의 지식과 기술 향상을 위한 활동 등이다. 구체적으로는 이웃의 친구로부터 정보를 얻거나 노인복지관 등에서 지식과 기술을 얻는 경우, 자기학습에 의해 지식, 기술을 얻는 경우 등이 있다.

이러한 다양한 측면은 각각이 개별적으로 존재하는 것이 아니며 서로가 관련하며 개인의 삶의 질에 영향을 미친다.

2) 정상화(normalization)

정상화에 대한 이해는 다양하게 설명되고 있지만 여기서는 연령, 장애, 성별 등과 관계없이 지역의 한 시민으로서 생활하는 것을 보장하고, 시민으로서의 다양한 권리와 기회를 활용하는 것으로 본다. 정상화 이념의 실현을 위해 다음과 같은 점이 필요하다.

① 노인이 고립되지 않고 지역주민으로서 실재감을 가질 수 있도록 배려해야 한다.

② 노인시설이나 그룹홈은 다양한 교류가 가능한 장소에 설립하는 것이 바람직하다. 또한, 노인이 지역주민으로서의 교류가 가능하도록 할 필요가 있다.
③ 노인이 잠재적 능력을 발휘하도록 다양한 생활지원을 제공해야 한다.
④ 서비스에 대해 다양한 선택이 가능하도록 한다. 또한, 노인이 스스로 행한 선택을 존중한다.
⑤ 노인의 욕구에 대해 다양한 지원을 쉽게 이용할 수 있는 지원 방법과 제공시스템을 정비해야 한다.

정상화의 실현을 위해서는 지원의 포괄성, 접근성, 연속성이 필요하다. 지원의 포괄성은 노후 생활을 충실히 하기 위한 다양한 공적 지원, 사적 지원을 최대한 받을 수 있어야 하는 것이며, 접근성은 노인의 욕구에 맞는 지원을 쉽게 이용할 수 있게 하는 것이다. 지원의 연속성은 노인의 생활에 지장이 없도록 다양한 지원을 조합하여 단편적 지원이 되지 않도록 하는 것이다.

예를 들면, 정상화의 이념이 실현된 사회에서 노인이 케어서비스를 받는 경우, 노인은 케어에 관한 서비스를 최대한으로 받을 수 있으며(포괄성), 그 서비스는 노인의 니즈(needs)에 적합한 것으로 곧 희망한 서비스를 받을 수 있으며(접근성), 다각적 배려로 다양한 서비스가 조합되어 노인의 생활에 지장이 없도록 고려된다(연속성). 이와 같은 서비스 제공에 의해 노인의 다양한 삶의 질이 보장된다.

3) 자립 지원

자립 지원은 두 가지 측면에서 생각할 수 있다. 첫째, 개인의 결정과 선택을 제3자에게 의존하지 않고 스스로 행할 수 있도록 지원해 가는 것으로 결정의 자율(autonomy) 지원이다. 둘째, 개인의 신체적·심리적 기능을 고려하면서 능력을 최대한으로 발휘하고 최종적으로 전문적 지원이나 서비스에 의존하지 않고 생활해 가는 것이 가능하도록 지원하는 자립생활의 지원(independent living)이다.

결정의 자율 지원에서는 노인에게 제공되는 서비스의 선택과 서비스 이용에 관한 자기 결정을 돕는 것이 중요하다. 신체적 기능의 저하에 의해 전문적 도움과 서비스에 의하지 않고 생활해 가는 것이 곤란한 경우는 적어도 서비스에 관한 선택이나 서비스 이용에 관한 자기결정을 존중할 필요가 있다(Collopy, 1992).

결정의 자율 지원은 서비스 내용에 관한 정보, 서비스 이용으로 인한 노인의 상황 변화, 서비스 이용의 장단점 등에 관한 정보를 노인에게 제공하여 노인의 서비스 선택과 결정을 용이하게 하고, 최종적으로는 전문적 도움 없이도 서비스 선택과 이용에 대한 결정을 노인 스스로 할 수 있다. 이러한 지원이 삶의 질을 향상시키는 데 도움이 된다.

자립생활 지원에 있어서는 노인의 신체적·심리적 기능을 최대한으로 활용하는 것이 필요하므로 노인의 신체적·심리적 기능에 대한 정확한 사정이 중요하다. 즉, 노인이 어떤 기능에 장애가 있고, 어떤 기능을 살려 생활해 가는 것이 좋은가를 파악해야 한다. 이것이 명확해지면 일상생활동작과 일상생활의 필요한 활동에서 노인이 할 수 있는 것은 가능한 한 노인이 하도록 하고, 전문직과의 관계를 최소한으로 하며, 노인 개인의 생활에 가능한 한 개입하지 않도록 배려한다.

여기서는 노인이 자유롭게 잠재능력을 발휘하여 생활해 갈 수 있게 하는 것이 목표이다. 이 경우 노인의 신체적·심리적 기능을 고려하면서 전문적 지원과 서비스 이용을 최소한으로 하는 것이지만, 이를 너무 강조하여 실제로 필요한 전문적 지원과 서비스를 중지하지 않도록 주의해야 한다.

4) 임파워먼트(empowerment) 지원

임파워먼트는 파워(실행력, 정보력, 권한, 권력 등)의 분배 상황을 변화시키는 것을 의미한다(Gutierrez, 1995). 즉, 임파워먼트의 지원이란 질병, 장애, 차별 등으로 파워가 감소하고, 본래의 질 높은 생활이 불가능해진 대상자를 지원하는 것을 말한다.

노인의 경우 신체적 기능의 변화나 사회적 역할의 변화, 이에 따른 심리적 변화에 의해 파워가 저하되는 경향이 크다. 따라서 노인에 대한 임파워먼트 지원을 통하여 노인 스스로가 문제를 해결할 능력을 갖도록 도움으로써 삶의 질을 향상시키는 데 목표를 둔다. 노인 개인에 대한 임파워먼트 지원은 다음과 같은 면에 유의해야 한다.

① 상호 지원을 기본으로 노인과 지원자와의 관계는 대등한 관계를 갖도록 한다.
② 개인과 관련한 문제나 관계를 해결하려는 경우 개인만이 아니라 환경에도 초점을 두고 다면적으로 문제를 다루어 해결하는 방법이 필요하다.
③ 노인의 변화 가능성을 받아들여 다양한 자원을 활용하고 지원해 간다.

대등한 관계의 임파워먼트 지원은 지원자가 노인의 입장과 상황을 이해하고 그 상황에 공감하는 것으로 시작한다. 즉, 다양한 요인이 개인의 의사결정에 영향을 주는 것을 이해하면서 노인의 자기결정을 존중하는 것이 필요하다. 노인과 지원자가 대등한 관계를 갖는 것에 의해 노인은 잠재적인 능력을 발휘할 수 있으며, 다양한 지원을 받아 삶의 질을 높일 수 있다. 또한, 대등한 관계의 유지는 노인의 자기조절감 등을 회복시키고, 다양한 결정 동기를 높일 수 있다.

노인의 과제 해결 실패와 문제행동에 대해 지적하거나 책임을 지우지 않는 태도가 필요하다. 실패와 문제행동에 대한 지적은 사태를 악화시키는 경우가 많다. 즉, 실패와 문제행동을 지적하고 노인이 책임지게 하는 것은 노인의 자존심을 상하게 하며 잠재적 해결능력까지 저하시키고, 지원에 대한 불필요한 저항을 가져오기도 한다.

따라서 지원자는 노인이 관련한 문제나 과제를 명확히 하는 경우 노인의 상황과 그 환경을 다각적으로 파악하고 해결 방법을 생각해야 한다. 실패와 문제에 관련한 환경요인과 달성 가능한 과제를 노인과 함께 생각하여 노인의 환경 등에 변화를 가져오게 하고 그 과제와 문제를 해결해 가는 것이 필요하다.

임파워먼트 지원은 적은 변화를 위해서도 최대한으로 자원을 활용하는 태도가 필요하다. 자원을 최대한 활용하는 것으로 노인은 잠재능력을 발휘할 수 있고, 자기결정을 할 수 있게 되고 자기통제감 등을 가질 수 있다. 이러한 지원은 노인의 삶의 질을 높게 유지시키고 존엄한 생활을 할 수 있게 한다.

앞에서 언급한 정상화, 자립 지원, 임파워먼트 지원은 노인복지 이념에 근거한 기본적인 지침이다. 정상화는 노인복지제도와 정책을 입안할 때 어떤 제도와 정책이 필요한지를 구체적으로 생각하게 하는 지침이다. 자립 지원과 임파워먼트 지원은 노인이나 가족에 대한 지원을 고려할 경우 어떠한 지원활동이 노인복지 이념에 따르는 것인지를 구체적으로 생각하게 하는 지침이다.

삶의 질은 노인복지 이념의 실현을 확인하기 위한 구체적 평가지침이다. 삶의 질이 높게 유지되는 노인복지는 노인복지 이념에 따른 지원을 하고 있다고 할 수 있다. 즉, 노인의 삶의 질이 전체적으로 높다면 노인복지의 이념에 따른 복지를 실현하는 사회로 볼 수 있다.

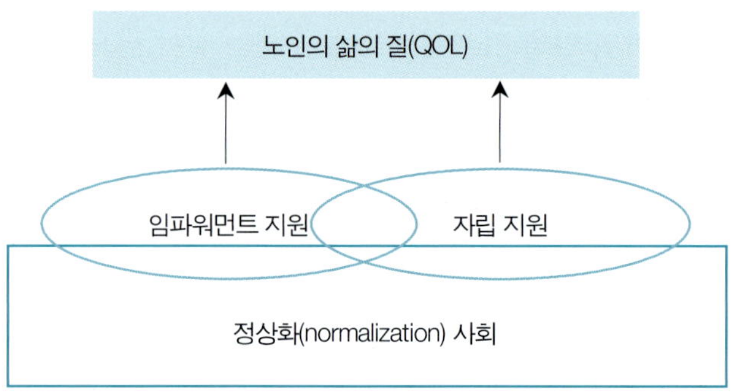

[그림 3-1] 노인복지 이념의 관계

03 노인복지의 실천 원칙

유엔(UN)은 1991년 유엔총회에서 '노인을 위한 유엔 원칙(United Nations Principles for Older Persons)'을 채택하여 노인복지사업을 추진하는 데 있어 독립(independence), 참여(participation), 보호(care), 자아실현(self-fulfillment), 존엄(dignity)의 원칙을 반영하도록 하였다.

1) 독립

① 소득, 가족과 지역사회의 지원, 자조(自助)를 통하여 적절한 식량, 물, 주거, 의복 및 건강보호에 접근할 수 있어야 한다.

② 일할 기회를 제공받거나 다른 소득을 얻을 기회에 접근할 수 있어야 한다.

③ 직장에서 언제 어떻게 그만둘 것인지에 대한 결정에 참여할 수 있어야 한다.

④ 적절한 교육과 훈련 프로그램에 접근할 수 있어야 한다.

⑤ 개인의 선호와 변화하는 능력에 맞추어, 안전하고 적응할 수 있는 환경에서 살 수 있어야 한다.

⑥ 가능한 오랫동안 가정에서 살 수 있어야 한다.

2) 참여

① 사회에 통합되어야 하며, 노인복지에 직접 영향을 미치는 정책 형성과 이행에 적극적으로 참여하고, 노인의 지식과 기술을 젊은 세대와 함께 공유하여야 한다.

② 지역사회 봉사를 위한 기회를 찾고 개발하여야 하며, 노인의 흥미와 능력에 알맞은 자원봉사자로서 봉사할 수 있어야 한다.

③ 노인들을 위한 사회운동과 단체를 조직할 수 있어야 한다.

3) 보호

① 각 사회의 문화적 가치체계에 따라 가족과 지역사회의 보살핌과 보호를 받아야 한다.

② 신체적·정신적·정서적 안녕의 최적 수준을 유지하거나 되찾도록 도와주고, 질병을 예방하거나 지연시키는 건강보호에 접근할 수 있어야 한다.

③ 노인의 자율과 보호를 고양시키는 사회적, 법률적인 서비스에 접근할 수 있어야 한다.

④ 인간적이고 안전한 환경에서 보호, 재활, 사회적·정신적 격려가 제공되는 적정 수준의 시설보호를 이용할 수 있어야 한다.

⑤ 노인이 보호시설이나 치료시설에 거주할 때도 그들의 존엄, 신념, 욕구와 사생활을 존중받으며, 자신들의 건강보호와 삶의 질을 결정하는 권리를 존중받는, 즉 인간의 권리와 기본적인 자유를 향유할 수 있어야 한다.

4) 자아실현

① 노인들의 잠재력을 완전히 개발하기 위한 기회를 추구하여야 한다.

② 사회의 교육적, 문화적, 정신적 자원, 그리고 여가에 관한 자원에 접근할 수 있어야 한다.

5) 존엄

① 존엄과 안전 속에서 살 수 있어야 하며 착취와 육체적, 정신적 학대로부터 자유로워야 한다.

② 나이, 성, 인종이나 민족적인 배경, 장애나 여타 지위에 상관없이 공정하게 대우받아야 하며, 노인의 경제적인 기여와 관계없이 평가되어야 한다.

국제연합(UN)에서는 이러한 원칙을 재확인하고 전 세계적으로 진행되고 있는 인구고령화에 효과적으로 대처하기 위하여 2002년 4월에 스페인의 마드리드에서 제2차 세계고령화 회의를 개최하고 '마드리드 고령화 국제행동계획(Madrid International Plan of Action on Ageing)'을 채택하여 구체적인 과제와 세부 목표, 행동지침을 제시하였다. 이 국제행동계획에서는 '노인과 발전, 노년기까지의 건강과 안녕 증진, 능력을 부여하고 지원하는 환경의 확보'라는 세 가지 방향을 설정하고, 그 아래 18개 분야의 과제를 선정하여 분야별 세부 목표와 행동지침을 제시하고 전 세계 국가에 이를 권고한다.

CHAPTER 02

노인복지법 · 행정 · 재정

01 노인복지 관련법

1) 노인복지법

「노인복지법」은 1960년대 후반 처음으로 민간 부문에서 제시한 「노인복지법」이 제안되었으나 입법 과정에서 폐기되는 과정을 겪으면서 1980년 보건사회부에서 「노인복지법」 초안을 마련 1981년 6월 5일 법률 제3453호로 확정·공포되었다. 「노인복지법」의 제정에 의해 우리나라도 노인복지를 제도적으로 발전시킬 수 있는 기반이 형성되었다. 1980년대 말 분배정책에 대한 사회적 욕구가 커지면서 사회복지 분야에 많은 변화를 가져오는데, 노인복지에 있어서도 실질적인 노인복지 증진을 위한 법적 효력이 미약하다는 비판이 일면서 1989년 「노인복지법」이 전면 개정되었고 이후 사회적 욕구에 대응하여 여러 차례 개정을 거쳐 현재에 이르고 있다. 주요 개정 내용을 살펴보면 다음과 같다.

❖ 1989년 전문개정(1989.12)

제1차 개정법은 제정법에 비하여 비약적인 발전을 보인다. 주요 내용은 ① 노인복지대책에 관한 국무총리의 자문에 응하기 위하여 '노인복지대책위원회'를 설치, ② 재가노인을 위한 가정봉사원제 및 필요한 결연사업의 실시를 위하여 노력하도록 하며, ③ 국가 또는 지방자치단체가 65세 이상의 노인에 대하여 노령수당을 지급할 수 있도록 하고, ④ 노인의 생업지원을 위하여 공공시설 내의 매점 설치 허가 및 전매품 판매인의 지정에 있어서 노인이 신청하는 경우에는 이를 우선적으로 반영할 수 있도록 하며, ⑤ 노인복지시설의 범위에 새로이 실비양로시설, 유료노인요양시설 및 노인복지주택을 추가하였고, ⑥ 노인여가시설을 노인복지회관, 경로당, 노인교실 및 노인휴양소로 분류하였다.

❖ 1993년 개정(1993.12)

이 개정에서는 경제·행정규제 완화시책의 일환으로 민간기업이나 개인도 유료노인복지시설을 설치·운영할 수 있도록 하였고, 재가복지사업의 내용을 구체적으로 명시하였다. 주요 내용으로는 ① 사회복지법인이 아닌 개인도 시·도지사의 허가를 받아 유료 노인복지시설을 설치·운영할 수 있도록 하였으며, ② 재가노인복지사업의 종류를 가정봉사원 파견사업, 주간보호사업, 단기보호사업으로 명시하여 사업을 실시할 수 있는 법적 근거를 마련하였고, ③ 행정처분의 상대방 또는 대리인에게 의견진술의 기회를 주기 위하여 청문절차를 규정하였다.

❖ 1997년 개정(1997.8)

개정의 주요한 내용은 ① 노인의 날을 매년 10월 2일로 하고 매년 10월을 경로의 달로 지정, ② 노령수당을 경로연금으로 변경, ③ 노인지역봉사기관 및 노인취업알선기관의 법적 근거를 규정, ④ 치매노인에 대한 연구관리사업 및 노인재활요양사업을 실시, ⑤ 중증 질환 노인과 만성 퇴행성 노인환자를 위한 노인전문요양시설, 유료노인전문요양시설 및 노인전문병원을 추가, ⑥ 제3자가 노인을 부양한 경우 부양의무자에게 보호비용을 청구할 수 있게 하고, ⑦ 노인복지시설에 조세감면 규제법을 적용, ⑧ 재가노인복지시설을 단독주택 또는 공동주택에도 설치할 수 있게 하였다.

❖ 2004년 개정(2004.1)

주요 개정내용은 노인학대에 관한 내용이 신설된 점인데 노인학대에 대한 규정, 학대받는 노인의 보호를 위한 긴급전화, 노인보호전문기관 설치, 노인학대 신고와 의무절차, 응급조치 의무 등에 관한 조항이 신설되어 노인학대에 대한 법적 장치가 마련되었다.

❖ 2007년 개정(2007.4/2007.8)

2007년 4월 「기초노령연금법」과 「노인장기요양보험법」이 통과됨으로써 이 법과 관련한 내용이 크게 변경되었다. 주요 내용은 ① 기초노령연금의 실시로 경로연금이 폐지되었고(2007. 4), ② 노인장기요양보험의 실시와 관련하여 노인복지시설의 무료, 실비, 유료의 구분을 없애고 양로원, 요양원 등으로 일원화하였고(2007. 8), ③ 노인주거복지시설과 노인의료복지시설에 노인공동생활가정과 노인요양공동생활가정이란 소규모의 시설이 신설되었고, ④ 재가노인복지시설에서 가정봉사원파견시설이 방문요양서비스로, 주간보호가 주야간보호서비스로 변경되고 방문목욕서비스와 기타 서비스가 추가되었고, ⑤ 노인들의 케어를 담당하는 인력으로 요양보호사 자격이 신설되었다. 또한, ⑥ 독거노인에 대한 서비스와 보호조치 지원에 대한 규정이 신설되고, ⑦ 노인학대 신고 의무를 강화하고 실종노인에 대한 신고의무규정을 신설하였다.

❖ 2011년 이후 주요 개정

2011년 개정에서는 노인여가시설에서 노인휴양소가 노인의료복지시설에서 노인전문병원이 삭제되었고, 노인일자리 전담기관으로 노인인력개발기관, 노인일자리지원기관, 노인취업알선기관으로 규정하고, 설치·운영에 관한 기준을 설정하였다. 2015년 개정에서는 증가하는 노인학대에 대응하여 노인보호전문기관에 중앙노인보호전문기관과 지역노인보호전문기관을 두어 그 역할을 분명히 하고, 지역간의 연계체계를 구축하도록 하였고(제39조의5), 매년 6월 15일을 '노인학대 예방의 날'로 정하였다.

2017년에는 노인복지시설 운영자나 종사자에 대해 인권교육을 받도록 하는 내용이 신설되었으며, 홀로 사는 노인에 관한 지원 조치를 구체화하고, '독거노인종합지원센터'를 설치하여 독거노인에 대한 종합적인 지원정책을 실시하도록 하였고(제27조의3), 노인성 질환에 대한 예방교육 및 조기 발견·치료 등에 대한 지원도 신설되었다(제27조의4). 또한, 학대피해노인을 위한 전용쉼터 설치(제39조의19), 2018년에는 노인학대에 관한 사후관리(제39조의20) 조치가 신설되었다.

(1) 노인복지법의 기본방향

앞에서 살펴보았듯이 우리나라의 「노인복지법」은 그동안 여러 차례 개정을 통해 많은 발전을 이루어 왔다. 제1조에서 볼 수 있듯이 「노인복지법」의 목적 또한 이전의 노인의 경제생활을 중심으로 한 복지에서 벗어나 노인 질환의 예방 및 치료를 포함한 보건복지의 증진을 도모하고 있으며, 노후의 건강과 생활안정을 목적으로 포괄적인 사업을 진행하도록 하였다. 그러나 노인복지의 기본 방향은 지금까지와 마찬가지로 가족제도의 유지·발전을 기반으로 한 노인복지의 추진을 명시하고 있는데, 그 내용은 〈표 3-1〉과 같다.

한편, 그동안 「노인복지법」의 내용에 많은 발전이 있었음에도 불구하고 아직 노인복지 증진을 위해서는 미흡한 면이 많다. 제1조 목적에서 "노인의 보건복지 증진에 기여한다"라고 언급되었듯이 아직도 노인의 보건복지 증진에 있어 수동적인 입장을 취하고 있으며, 제2조 기본이념에서도 노인의 책무 및 자각을 호소하고 있어 노인의 권리보장이 미약하다고 할 수 있다. 또한, 가족의 부양기능을 강조함으로써 국가의 노인복지에 대한 책임을 제한시키고 있으며, 제4조 국가와 지방자치단체의 복지시책의 강구를 단순히 노력해야 한다고 규정함으로써 권리와 의무관계가 모호하며, 노인의 사회참여 지원 등의 임의조항들이 아직도 존재하고 있어 앞으로 보다 실제적인 노인복지 증진에 대처할 수 있는 법으로 개정되어야 할 것이다.

〈표 3-1〉「노인복지법」의 기본방향

「노인복지법」의 목적 (제1조)	노인의 질환을 사전 예방 또는 조기 발견하고 질환 상태에 따른 적절한 치료 요양으로 심신의 건강을 유지하고 노후의 생활안정을 위하여 필요한 조치를 강구함으로써 노인의 보건복지 증진에 기여함에 그 목적이 있다.
기본이념 (제2조)	① 노인은 후손의 양육과 국가 및 사회의 발전에 기여하여 온 자로서 존경받으며 안정된 생활을 보장받는다. ② 노인은 그 능력에 따라 적당한 일에 종사하고 사회적 활동에 참여할 기회를 보장받는다. ③ 노인은 노령에 따르는 심신의 변화를 자각하여 항상 심신의 건강을 유지하고 그 지식과 경험을 활용하여 사회의 발전에 기여하도록 노력하여야 한다.
가족제도의 유지발전 (제3조)	국가와 국민은 경로효친의 미풍양속에 따른 건전한 가족제도가 유지, 발전되도록 노력하여야 한다.
보건복지 증진의 책임 (제4조)	① 국가와 지방자치단체는 노인의 보건 및 복지증진의 책임이 있으며 이를 위한 시책을 강구하여 추진하여야 한다. ② 국가와 지방자치단체는 제1항의 규정에 의한 시책을 강구함에 있어 제2조에 규정된 기본이념이 구현되도록 노력해야 한다. ③ 노인의 일상생활에 관련된 사업을 경영하는 자는 그 사업을 경영함에 있어 노인의 보건복지가 증진되도록 노력하여야 한다.

2) 저출산·고령사회기본법

저출산, 인구 고령화 현상이 세계에서 유례없는 속도로 빠르게 진행되면서 고령사회의 문제가 정치, 경제, 사회문화 등 모든 분야에 심각한 영향을 미칠 것으로 전망되고 있다. 이에 정부는 고령사회의 대비가 노인복지만의 문제가 아니라 경제, 사회 시스템 전반을 변화시켜야 할 중대한 문제로서 인식하고 범정부적 대책을 수립·추진하기 시작하였다. 2003년 10월 청와대에 '인구고령사회대책팀 및 사회통합기획단'을 발족하여, 저출산·고령사회의 대응을 위해 〈표 3-2〉와 같이 '가족친화적 인구대책을 통한 출산안정 도모', '고용확대를 통한 성장기반 강화', '누구나 안심할 수 있는 노후생활보장', '고령친화적 재정·산업정책' 등 4대 목표를 세우고 4대 분야 20개 핵심과제를 선정, 실천전략을 수립하였다. 2004년 2월에는 '고령사회 대책 및 사회통합기획단'을 대통령 자문인 '고령화 및 미래사회위원회'로 확대·개편하였고, 2005년 4월에는 「저출산·고령사회기본법」을 제정하여 본격적인 고령사회 대책 기반을 마련하였다.

〈표 3-2〉 저출산·고령사회 대응을 위한 전략

<table>
<tr><td>비전</td><td colspan="4">건강하고 활력 있는 고령사회</td></tr>
<tr><td>목표</td><td colspan="4">1. 가족친화적 인구 대책을 통한 출산 안정 도모
2. 고용 확대를 통한 성장 기반 강화
3. 누구나 안심할 수 있는 노후생활 보장
4. 고령친화적 재정·산업 정책</td></tr>
<tr><td>정책분야</td><td>인구·가족 정책</td><td>고용·인력 정책</td><td>보건·복지 정책</td><td>재정·금융 정책</td></tr>
<tr><td rowspan="6">추진전략
및
정책과제</td><td>출산 안정화</td><td>제도 및
고용 관행 개선</td><td>안정적
노후소득 보장</td><td>재정수지 균형,
산업구조 개편</td></tr>
<tr><td>• 가치관 재정립
• 출산·양육지원 강화</td><td>• 임금직무체계 개선
• 정년·연령 차별 개선</td><td>• 다층연금체계 도입
• 사각지대 해소</td><td>• 재정효율성 제고 및 세입 기반 확충
• 실버산업 육성</td></tr>
<tr><td>가정과 직장의 양립</td><td>고용기회 확대 및
능력 개발</td><td>건강한
노후생활 보장</td><td>금융·자본시장
효율화</td></tr>
<tr><td>• 출산·육아의 사회적 분담 강화
• 보육서비스 확충</td><td rowspan="3">• 중고령자 고용촉진 및 능력 개발
• 고용규제 완화 및 건강 증진
• 중고령자 고용촉진 및 능력 개발
• 고용규제 완화 및 건강 증진
• 중고령자 고용촉진 및 능력 개발
• 고용규제 완화 및 건강 증진</td><td>• 공적노인요양보험 제도 도입
• 생활체육 활성화</td><td rowspan="3">• 연기금의 시장 안정 기능 강화
• 장기 금융인프라 구축
• 연기금의 시장 안정 기능 강화
• 장기 금융인프라 구축
• 연기금의 시장 안정 기능 강화
• 장기 금융인프라 구축</td></tr>
<tr><td>인구 자질 향상</td><td>교육,
여가·문화 향상</td></tr>
<tr><td>• 생애주기별 건강관리 체계 구축
• 출생 성비 균형화</td><td>• 노인 사회참여 활성화
• 노인 주거환경 개선</td></tr>
</table>

〈표 3-3〉「저출산·고령사회기본법」의 개요

기본 이념 (제1장 제2조)	국가의 지속적인 발전을 위한 인구 구성의 균형과 질적 향상을 실현하고 국민이 건강하고 안정된 노후생활을 할 수 있도록 하는 것을 기본이념으로 한다.
저출산·고령사회 정책의 기본내용	• 저출산 대책(제2장 제1절) • 인구정책 수립 및 시행(제7조) • 자녀의 출산과 보육 등(제8조)
	• 모자보건의 증진(제9조) • 경제적 부담의 경감을 위한 시책 강구(제10조) • 고령사회정책(제2장 2절) • 노인고용 창출과 소득보장체계 구축(제11조) • 건강 증진과 의료·요양제도 확립(제12조) • 노후의 쾌적하고 안전한 환경조성(제13조) • 노후의 여가·문화 및 사회활동의 장려(제14조) • 평생교육과 정보화(제15조) • 여성노인, 장애노인, 농촌노인 등 취약계층 노인에 대한 대책(제16조) • 가족관계와 세대 간 이해 증진(제17조)

02 노인복지행정

노인복지행정은 노인복지 관련법과 정책을 서비스로 전환시켜 조직, 재원, 인력을 통해 노인복지 대상자에게 노인복지 급여와 서비스를 효과적으로 전달하는 활동이다.

노인복지행정체계는 노인복지서비스를 공급하는 조직적인 체계로서 공공행정체계인 중앙정부와 지방정부, 사회복지사업을 행하는 각종 법인, 사회복지 기관 및 시설, 기업 등 민간행정체계로 구분할 수 있다.

중앙정부의 노인복지 업무는 1981년 「노인복지법」이 제정된 후 가정복지과에 노인복지계가 신설되었고, 이후 노인문제가 점차 사회적으로 인식됨에 따라 행정체계도 이에 대응한 체계로 변경되어 왔다.

고령화사회가 진전되면서 노인복지 부서는 계속 확대·개편되어 왔는데, 현재는 인구정책실로 편성되어 노인정책관 산하에서 노인정책과, 노인지원과, 요양보험제도과, 요양보험운영과, 노인건강과로 구분하여 노인복지사업을 담당하고 있다.

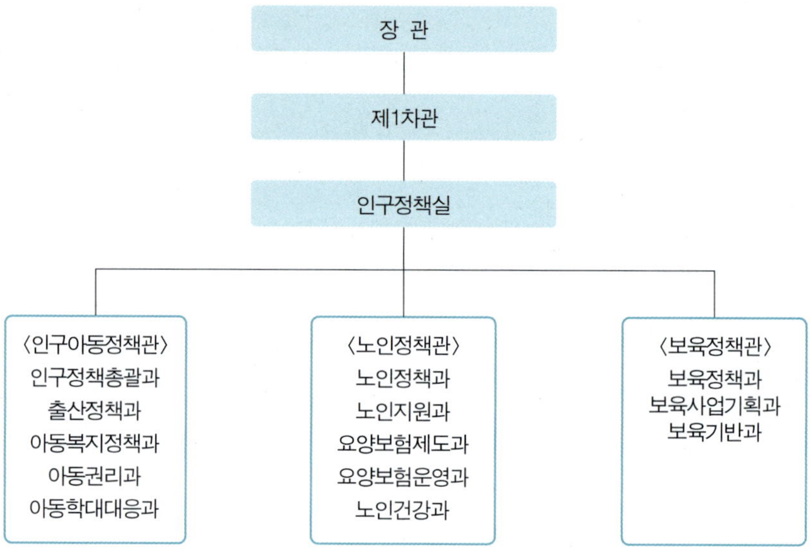

자료: 보건복지부 (2022.12 현재).

[그림 3-2] 노인복지 중앙행정체계

지방정부는 중앙의 보건복지부의 해당 부처의 지도, 감독을 받아 시행되고 있는데 광역자치단체나 기초자치단체의 경우 노인복지과, 사회복지과, 노인장애인복지과, 가정복지과 등 다양한 명칭하에 노인복지 관련 업무를 담당하고 있다.

중앙정부와 지방자치단체는 노인들에게 직접 서비스를 전달하는 주체가 아니며, 행정안전부의 최일선 조직인 읍면동 주민센터의 사회복지담당이 일반 사회복지행정 및 노인복지 관련 업무들을 함께 관장하고 있다. 그리고 지방자치단체의 계약에 의해 위탁운영을 하고 있는 각종 법인, 사회단체들이 노인복지사업을 운영하며, 각종 노인복지시설과 일부 영리를 목적으로 하는 노인복지시설에서 노인들에게 직접 서비스를 제공하고 있다.

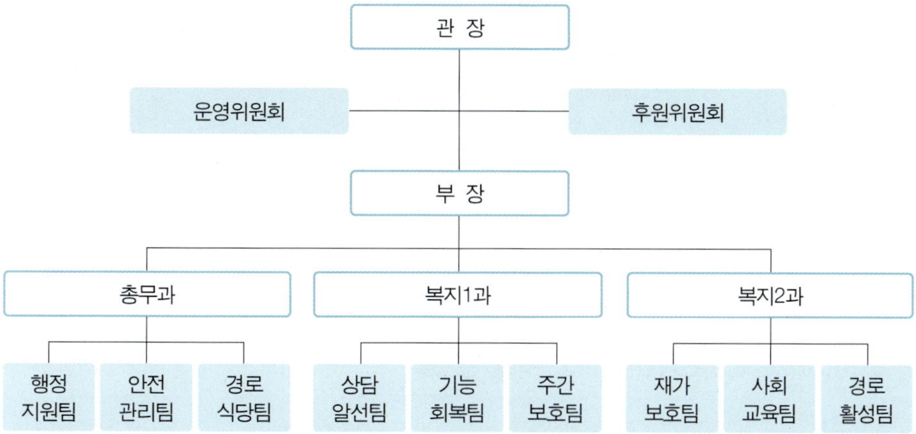

[그림 3-3] ○○ 노인복지회관의 사례

03 노인복지 재정

우리나라의 사회복지 지출은 매년 증가하고 있으며, 저출산·고령사회를 맞이하여 보건복지 예산은 계속 증가할 전망이다. 2012년 영유아 보육료 지원, 2014년 기초연금도입, 2018년에는 아동수당 도입 및 기초연금급여 인상 등으로 보건복지부 예산은 크게 증가하고 있다. 특히 그동안 계속 증가해 왔던 노인 관련 예산은 고령사회를 맞이하여 더욱 증가할 전망이다(표 3-4, 표 3-5).

〈표 3-4〉 사회복지 예산 추이(2017-2021) (단위: 억 원, %)

구 분	2018		2019		2020		2021	
	예산	구성비	예산	구성비	예산	구성비	예산	구성비
사회복지	529,062	83.6	611,924	84.1	736,359	82.7	757,778	84.6
노인	110,385	17.4	140,833	19.3	167,257	18.8	188,723	21.1

자료: 2021 보건복지통계연보.

〈표 3-5〉 2022년도 보건복지부 소관 분야별 총지출 (단위: 억 원)

구분	2021년(A) (본예산)	2022년(B)	2021년 대비	
			B-A	%
사회복지	757,778	806,484	48,706	6.4
• 기초생활보장	132,334	144,597	12,263	9.3
• 취약계층지원	37,800	41,482	3,682	9.7
• 공적연금	300,026	314,921	14,895	5.0
• 사회복지일반	13,326	9,072	△4,254	△31.9
• 아동보육	85,568	91,820	6,252	7.3
• 노인	188,723	204,592	15,869	8.4
보건	137,988	168,283	30,295	22.0
• 보건의료	30,300	49,041	18,741	61.9
• 건강보험	107,688	119,242	11,554	10.7
총지출	895,766	974,767	79,001	8.8

자료: 2022년 보건복지부 소관분야별 총지출.

〈표 3-6〉 2022년 노인보건복지 주요 사업 예산 현황 (단위: 백만 원)

구분	2021 예산 (A)	2022 예산 (B)	증감	
			(B–A)	(%)
총계	3,929,253	4,369,823	440,570	11.2
[일반회계]	3,675,108	4,130,697	455,589	12.4
• 공립 노인전문교육원 건립 타당성 연구지원	–	300	300	100
• 고령친화서비스 연구개발	3,995	5,147	1,152	28.8
• 양로시설 운영 지원	42,639	1,222	△41,417	△97.1
• 영주귀국 사할린 한인 지원	8,934	9,104	170	1.9
• 노인보호전문기관	10,366	11,535	1,169	11.3
• 노인단체지원	39.487	74,243	34,756	88.0
• 노인맞춤돌봄서비스	418,299	436,571	18,272	4.4
• 노인일자리 및 사회활동 지원	1,315,159	1,442,195	127,039	9.7
• 장사시설설치	55,799	49,792	△6,007	△10.8
• 고령친화산업육성	2,332	2,672	340	14.6
• 노인장기요양보험 사업운영	1,710,700	2,035,442	324,742	19.0
• 노인요양시설 확충	66,917	61,990	△4,927	△7.4
• 강진문화복지종합타운(BTL)	484	484	–	–
[국민건강증진기금]	232,978	214,016	△18,962	△8.1
• 치매관리체계 구축	204,741	207,674	2,933	1.4
• 노인건강관리	28,237	6,342	△21,895	△77.5
[응급의료기금]	21,167	25,110	3,843	18.6
• 독거노인 · 중증장애인,응급안전알림서비스	21,167	25,110	3,843	18.6

자료: 보건복지부. 「2022년 노인보건복지사업안내」.

PART 04

노인복지의 주요 정책과 서비스

CHAPTER 01

노인과 소득

01 노인들의 경제생활실태

우리나라 노인빈곤 문제는 OECD 국가 중 1위로 심각한 문제이다. 이는 노후보장에 대한 사회적 지원체계가 불충분하고, 우리나라 대부분의 노인이 그동안 자녀 양육과 결혼비용으로 본인의 노후준비를 충분히 하지 못하였으며, 자녀들의 부양의식의 급격한 변화에 그 원인을 돌릴 수 있다.

길어진 노년기를 경제적 고통에서 벗어나 안정된 노후생활을 영위하기 위한 노후소득보장제도의 현황과 실태를 살펴본다.

1) 노인의 소득

통계청에 의하면 2021년 65세 이상 노인의 생활비 마련은 본인 및 배우자 부담이 65.0%로 지난 10년간 13.4% 증가하였고, 정부 및 사회단체가 17.2%로 8.1%증가하였다. 반면 자녀,친척 지원으로 생활비를 마련하는 노인은 17.8%로 지난 10년간 21.4% 감소하였다. 본인이나 배우자의 수입인 경우 그 방법은 근로소득 및 사업소득이 48.3%로 가장 많았고, 연금 및 퇴직금이 35.1%, 재산소득이 10.5% 순으로 나타났다.

〈표 4-1〉 65세 이상 노인의 생활비 마련 방법 (단위: %)

	계	본인·배우자 부담							자녀·친척지원	정부·사회단체	기타
			소계	근로·사업소득	재산소득	연금퇴직금	예금·적금	기타			
2011	100.0	51.6	100.0	45.8	14.4	30.4	9.4	–	39.2	9.1	0.1
2013	100.0	55.2	100.0	46.8	14.1	28.0	11.0	–	35.4	9.3	0.1
2015	100.0	58.5	100.0	44.7	14.0	34.1	7.3	–	28.6	12.8	0.1
2017	100.0	61.8	100.0	44.7	12.9	33.2	9.1	0.0	25.7	12.5	–
2019	100.0	61.2	100.0	47.4	12.8	32.1	7.7	0.0	23.0	15.8	–
2021	100.0	65.0	100.0	48.3	10.5	35.1	6.2	0.0	17.8	17.2	–

자료: 통계청 「2022 고령자통계」.

2) 연금 수령 현황

연금 수령자는 매년 증가하고 있는데 2022년에는 55~79세 인구의 49.4%가 연금을 받고 있으며, 월평균 수령액은 69만 원으로 남성이 평균 90만 원, 여성이 46만 원이 되고 있다. 연금 수령액은 25~50만 원 미만 수령자 비중이 44.4%로 가장 높았으며, 150만 원 이상 수령자 비중은 10.7%를 차지하였다.

〈표 4-2〉 연금[1] 수령 현황(55~79세) (단위: 천 명, %, 만 원)

		2022.5						
		55~79세 인구	구성비	증감	남자	구성비	여자	구성비
〈전 체〉		15,098	–	–	7,268	–	7,830	–
연금수령자(55~79세)		7,457	100.0	–	3,868	100.0	3,589	100.0
		(49.4)		(1.0)	(53.2)		(45.8)	
월평균연금수령액[1]	10만원 미만	14	0.2	0.0	7	0.2	7	0.2
	10~25만원 미만	817	11.0	-11.0	219	5.6	599	16.7
	25~50만원 미만	3,309	44.4	6.3	1,232	31.8	2,077	57.9
	50~100만원 미만	2,052	27.5	2.6	1,366	35.3	686	19.1
	100~150만원 미만	466	6.3	0.9	389	10.1	77	2.2
	150만원 이상	798	10.7	1.2	656	17.0	142	4.0
평균 수령액(만원)		69			90		46	
	증감	5			7		3	

주 1) 공적연금(국민연금, 사학연금, 군인연금, 공무원연금, 기초연금 등), 개인연금 등 노후생활의 안정을 위해 정부 또는 개인에 의해 조성되어 수령한 금액

자료: 통계청, 「경제활동인구조사 고령층 부가조사 2022」.

3) 월평균 가구소비지출 금액

한국보건사회연구원의 노인실태조사(2020)에 의하면, 노인의 월평균 가구소비지출은 147.5만 원이며 도시지역이 158.3만 원으로 농촌지역보다 약 40만 원을 더 지출하였고, 성별로는 남자가, 결혼상태별로는 배우자가 있는 노인이 배우자가 없는 노인보다 더 지출을 많이 하고 있다(표 4-3).

한편, 가구 소비지출 중 부담을 느끼는 생활비 항목을 보면, 노인가구의 46.6%가 식비 지출을 부담스러워하고 있으며, . 그리고 노인의 22.3%가 주택관리비, 냉난방비, 수도비 등을 포함하는 주거 관련 비용의 지출을 부담스러워한다고 응답했으며, 월세 2.2%를 더하면 전체 응답자 중에 24.5%가 주거와 관련된 지출에 부담을 느끼고 있다(표 4-4).

〈표 4-3〉 65세 이상 노인의 월평균 가구소비지출 금액 (단위: 만 원)

특성		월평균 소비지출금액	월평균 주거비지출금액
전체		147.5	23.0
지역	동부	158.3	23.6
	읍면부	113.6	21.2
성	남자	156.7	23.8
	여자	140.6	22.3
결혼상태	배우자 있음	156.9	23.6
	배우자 없음	128.3	21.7

자료: 한국보건사회연구원. 「2020년도 노인실태조사」.

〈표 4-4〉 65세 이상 노인의 부담이 되는 지출 항목 (단위: %, 명)

특성		식비	월세	주거 관련	보건의료	경조사비	기타	없음	계
전체		46.6	2.2	22.3	10.9	1.6	5.9	10.5	100.0
지역	동부	48.3	2.7	20.2	10.1	1.5	6.2	11.1	100.0
	읍면부	41.4	0.9	28.7	13.6	1.8	5.0	8.6	100.0

자료: 한국보건사회연구원. 「2020년도 노인실태조사」.

4) 경제상태에 대한 만족도

노인들이 느끼는 경제상태에 대한 만족도는 이전에 비해 높아졌다. 2020년 조사에는 만족한다 30.5%, 매우만족한다 6.9%로 불만족 보다 높게 나타났다. 남성보다 여성이, 배우자가 없는 혼자 사는 노인의 만족도가 떨어져 이 경우 경제상태가 좋지 않은 경우가 많음을 알 수 있다(표 4-5).

〈표 4-5〉 65세 이상 노인의 특성별 경제상태에 대한 만족도 (단위: %)

특성		매우 만족한다	만족한다	그저 그렇다	만족하지 않다	전혀 만족 하지 않다	계
전체	(2017)	0.9	27.9	36.0	30.3	5.0	100.0
	2020	6.9	30.5	42.1	17.9	2.6	100.0
지역	동부	7.8	30.4	41.5	17.5	2.8	100.0
	읍면부	4.1	31.0	44.0	19.1	1.8	
성별	남성	8.3	33.9	40.1	15.8	1.8	100.0
	여성	5.8	32.4	43.6	19.4	3.2	
결혼 상태	유배우	7.9	33.9	41.6	15.3	1.4	100.0
	무배우	4.9	23.5	43.3	23.2	5.2	

자료: 한국보건사회연구원. 「2020년도 노인실태조사」.

02 노후소득보장정책

노인기의 경제적 문제는 누구에게나 오는 노화 과정 속에서 노동력의 상실, 노동기회의 부족, 강제적인 퇴직제도 등으로 인한 소득상실로 발생하게 된다. 따라서 각 국가는 노년기의 빈곤을 사회적 위험으로 보고 사회적으로 노후소득보장에 대한 대책을 마련하고 있다.

노후소득보장이란 노인기에 갖게 되는 노령, 퇴직 등으로 인한 소득 상실의 위험에 대비한 사회적 차원의 대책으로서 노인이 빈곤에서 벗어나 인간다운 삶을 유지할 수 있도록 최소한의 소득을 확보해 주는 활동이다.

노후소득보장제도는 현금급여의 지급 방식인가 아닌가에 따라서 직접적 소득보장제도와 간접적 소득보장제도로 구분할 수 있다.

우리나라에서 실시되고 있는 직접적인 소득보장제도로는 공적연금제도, 기초연금제도 등이 있으며, 간접적인 소득보장제도로는 경로우대, 고용증진, 생업지원, 세제감면제도 등이 있다.

1) 공적연금제도

노후소득보장제도의 대표적 제도라고 할 수 있는 것이 공적연금제도인데, 1988년부터 전 국민을 대상으로 실시된 '국민연금'이 그 대표적인 제도라고 할 수 있다. 이 외에 특수직연금으로 '공무원연금', '군인연금', '사립학교교직원 연금'이 일찍부터 시행되고 있다.

국민연금은 1986년에 제정, 1988년부터 실시되었으며, 30년이 지나면서 수급자도 크게 증가하고 있다. 2021년 현재 65세 이상 노인 중 공적연금 수급자는 472만 3천명으로 전체 노인의 55.1%이며, 연금수령자 중 국민연금은 89.2%, 공무원연금은 8.0%, 사학연금은 1.4%, 군인연금은 1.4%가 되고 있다. 아직도 노인의 반 정도가 공적연금의 사각지대에 있어 빈곤의 위험에 노출되어 있다고 할 수 있다.

〈표 4-6〉 공적연금 수급률(65세 이상)

(단위: 명, %)

	공적연금 수급률[1]	공적연금 수급자 수[2]	국민연금	구성비	공무원 연금	구성비	사학 연금	구성비	군인연금	구성비
2019	50.9	3,914.5	3,478.6	88.9	323.4	8.3	52.3	1.3	60.1	1.5
2020	52.9	4,315.0	3,842.2	89.0	351.9	8.2	58.7	1.4	62.2	1.4
2021	55.1	4,723.4	4,215.0	89.2	379.0	8.0	65.0	1.4	64.3	1.4
남자	74.1	2,757.1	2,395.8	86.9	269.3	9.8	48.1	1.7	44.0	1.6
여자	40.6	1,966.2	1,819.2	92.5	109.7	5.6	17.0	0.9	20.3	1.0
65~69세	63.7	1,844.1	1,666.7	90.4	134.1	7.3	27.6	1.5	15.7	0.9
70~74세	60.3	1,261.3	1,140.5	90.4	94.4	7.5	14.9	1.2	11.5	0.9
75~79세	59.0	924.3	832.9	90.1	68.7	7.4	11.0	1.2	11.6	1.3
80세이상	34.4	693.8	574.9	82.9	81.8	11.8	11.5	1.7	25.5	3.7

주 1) 공적연금 수급률 = 공적연금 수급자 수(65세 이상) ÷ 65세 이상 추계인구 × 100

2) 각 연금별 노령(퇴직, 퇴역)연금 및 장애(장해, 상이)연금, 유족(퇴직 유족)연금 수급자 수의 합계임

자료: 통계청 「2022 고령자 통계」.

(1) 국민연금의 가입대상

국민연금의 가입대상은 국내에 거주하는 만 18세 이상 60세 미만의 국민 및 국내거주 외국인이며, 사업장 가입자와 지역가입자로 구분된다.

- 사업장가입자: 가입대상자로서 1인 이상 사업장의 근로자와 사용자
- 지역가입자: 가입대상자로서 사업장가입자가 아닌 자
- 임의가입자: 적용제외자 중 본인이 희망하여 가입한 자
  * 적용제외자: 공적연금 가입자 및 수급자의 무소득 배우자, 18세 이상 27세 미만의 학생과 군인, 기초생활 수급자, 1년 이상 행방불명자 등
- 임의계속가입자: 60세 이후부터 65세까지 본인이 희망하여 가입한 자
  * 보험료 납부이력이 없는 자, 노령연금 및 반환일시금 수급자는 제외

(2) 연금보험료와 연금액

- 연금보험료 = 가입자의 기준소득월액 × 연금보험료율
- 보험료는 가입자 소득의 9%로, 사업장가입자는 사업주(50%)와 근로자(50%) 분담(그 외 가입자는 전액 본인 부담)
- 소득상한(2022.7–2023.6)
  - 월 최저 300,000원(보험료 27,000원) 부터 최고 5,530,000원(보험료 497,700 원)

  *보험료율: OECD 평균 21.0%, 미국 12.4%, 일본 14.6%
- 연금액 = 기본연금액 × 지급률 + 부양가족연금액

(3) 국민연금 급여

① 노령연금

- 수급요건: 최소 10년 이상 국민연금에 가입한 후 연금수급 개시연령에 도달하였을 때부터 평생 매월 수급(2013년부터는 5년마다 1세씩 상향 조정)
- 급여수준: 전체 국민연금 가입자의 평균소득(균등 부분)과 본인의 가입기간 및 가입기간 동안의 평균소득(소득비례 부분)을 바탕으로 결정

〈표 4-7〉 노령연금 종류별 수급요건 및 급여수준

구 분	수급요건	급여수준
노령연금	가입기간 최소10년 이상, 수급연령 도달시 (5년마다 1년씩 연장 2023년 63세, 2033년 65세)	• 급여수준=기본연금액 × 가입기간별 지급률[1] + 부양가족연금액[2] 1) 가입기간 10년 기준 50%에 가입기간 10년을 초과하는 1년마다 5%를 가산(1년 미만이면 매 1개월마다 5/12% 가산) 2) 부양가족연금액(2023): 배우자(연 283,380원), 자녀 · 부모(연 188,870원)
소득활동에 따른 노령연금	노령연금 수급권자가 수급연령 도달 후 5년 이내에 소득이 있는 업무에 종사하는 경우	• 기본연금액×연령에 따른 지급률+부양가족연금액 • 연령에 따른 지급률(수급연령 도달 후): 1년 이내(50%), 2년 이내(60%), 3년 이내(70%), 4년 이내(80%), 5년 이내(90%)
조기 노령연금	가입기간 10년 이상, A값 이하의 소득인 자가 수급연령 도달 5년 전부터 청구 가능	• 노령연금액×연령에 따른 지급률+부양가족연금액 • 연령에 따른 지급률(수급연령 도달): 5년 전(70%), 4년 전(76%), 3년 전(82%), 2년 전(88%), 1년 전(94%)
분할연금	가입기간 중 혼인 기간이 5년 이상인 노령연금 수급권자의 이혼한 배우자가 연금 수급 연령이 된 경우	• 배우자의 기본연금액 중 혼인기간에 해당하는 연금액의 1/2 • 2016. 12. 30. 이후 분할연금 수급권이 발생한 사람은 협의 등으로 분할비율을 달리 정할 수 있음 • 실질적 혼인관계가 존재하지 않았던 기간은 혼인기간에서 제외 (2018. 6. 20. 시행)

② 장애연금

• 수급요건

가) 질병 또는 부상의 초진일 당시 연령이 18세 이상이고 노령연금 지급 연령 미만

나) 다음 중 하나에 해당 초진일 당시 가입기간이 10년 이상일 것

- 초진일 당시 연금보험료를 낸 기간이 가입 대상 기간의 3분의 1 이상일 것
- 초진일 5년 전부터 초진일까지의 기간 중 연금보험료를 낸 기간이 3년 이상일 것

• 장애등급(1~3급)에 따라 기본연금액의 100~60% 지급, 장애4급은 기본연금액의 225%를 일시보상금으로 지급

- 장애등급은 국민연금 장애심사 규정에 따른 완치일을 기준으로 결정, 완치되지 않은 경우에는 초진일로부터 1년 6개월이 경과된 날을 기준으로 장애등급을 결정

③ 유족연금

- 사망한 자가 아래의 요건 중 어느 하나에 해당하는 경우
  가) 노령연금 수급권자
  나) 가입기간이 10년 이상인 가입자 또는 가입자였던 자
  다) 연금보험료를 낸 기간이 가입대상기간의 3분의 1 이상인 가입자 또는 가입자였던 자
  라) 사망일 5년 전부터 사망일까지의 기간 중 연금보험료를 낸 기간이 3년 이상인 가입자 또는 가입자였던 자
  마) 장애등급이 2급 이상인 장애연금 수급권자
- 사망자의 가입기간에 따라 기본연금액의 40~60% 지급

④ 반환일시금

- 가입기간이 10년 미만인 사람이 60세에 도달한 경우, 가입자 또는 가입자였던 자가 사망한 경우 등은 납부한 연금보험료에 대통령령으로 정하는 이자를 더한 금액을 지급(3년 만기 정기예금 이자율)

⑤ 사망일시금

- 가입자 또는 가입자였던 사람이 사망하였으나 유족연금 또는 반환일시금을 지급받을 수 있는 유족 범위에 해당하는 자가 없는 경우 장제 부조금 성격으로 지급하는 급여

(4) 관리운영

국민연금사업은 보건복지부가 관장하며, 관리운영은 위탁받은 국민연금공단에서 한다. 국민연금공단의 주요 업무는 가입자에 대한 기록의 관리 및 유지, 연금보험료의 부과, 급여의 결정 및 지급, 복지사업 등 보건복지부장관이 위탁한 사업이다.

또한, 국민연금사업의 재원을 확보하기 위해 국민연금기금을 설치하여 운용하고 있다(「국민연금법」 제101조).

(5) 국민연금 현황

2008년부터 실시된 국민연금은 2022년 8월 말 기준 2천 227만 7천 명이 가입되어 있고, 연금수급자는 620만 3천 명이다. 국민연금 수급자 중 노령연금이 520만 2천 명(83.9%), 장애연금이 7만 1천 명(1.2%), 유족연금이 92만 7천 명(14.9%) 이다(국민연금통계, 2022.8 자료).

평균 연금지급액은 20년 이상 가입한 완전노령연금의 경우 977,563원, 20년 미만이 403,283원, 조기노령연금이 608,216원이며, 전체의 58% 정도가 40만 원 미만이다. 앞으로 20년 이상 가입자의 노령연금 수급자가 더욱 증가하게 되면 급여액도 크게 증가할 전망이다(표 4-8, 그림 4-1).

현재 국민연금의 보험료율은 제도 시행 당시 9%를 유지하고 있으나 급여율은 제정 당시 60%에서 점차 감소하여 2008년 50%, 이후 매년 0.5%씩 감소하여 2028년에는 40%로 감소할 예정이다.

〈표 4-8〉 연금종별 월평균지급액 (2022. 8월 말 기준, 단위: 원)

구분	노령연금							장애연금				유족연금
	계	20년 이상	10~19년	소득활동	조기	특례	분할	계	1급	2급	3급	
최고	2,491,260	2,491,260	1,916,380	2,300,140	2,200,290	1,053,420	1,822,760	1,863,010	1,863,010	1,601,450	1,229,840	1,268,840
평균	581,142	977,563	403,283	1,039,847	608,216	226,800	223,637	474,188	642,974	515,745	384,734	315,642

자료: 국민연금공단, 국민연금 공표통계(2022.8).

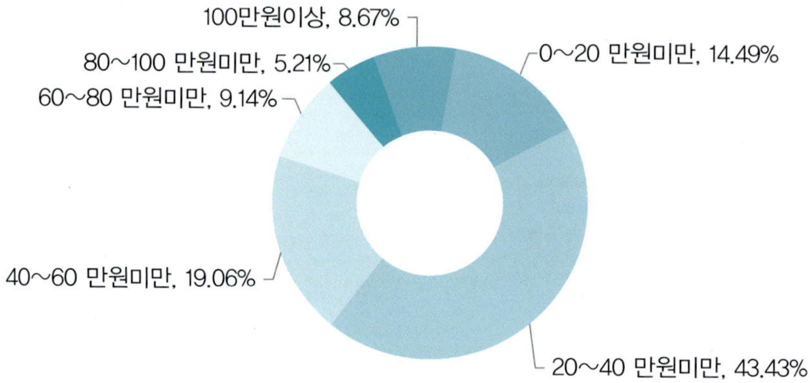

[그림 4-1] 금액별 급여수급자 현황(2022.8)

〈표 4-9〉 특수직연금제도 개요

	공무원연금	군인연금	사립학교교직원 연금
근거법	• 공무원연금법	• 군인연금법	• 사립학교교직원 연금법
도입시기	• 1960년	• 1960년	• 1973년
대상	• 국가 및 지방 공무원 • 가입기간 20년 이상, 연령 제한 없음	• 장교 및 장기복무 하사관 • 가입기간 20년 이상, 연령 제한 없음	• 사립학교교직원 • 가입기간 20년 이상, 연령 제한 없음
대상위험	• 노령, 장애, 사망에 대한 소득 손실		
보험료율 (2018)	• 본인기여금 8.5% • 국가부담금 8.5%	• 본인기여금 8.5% • 국가부담금 8.5%	• 본인기여금 8.5% • 국가 3.5, 법인 5.0
급여내용	• 퇴직금, 퇴직일시금 • 요양, 재해 등	• 퇴직금, 퇴직일시금 • 요양, 재해 등	• 퇴직금, 퇴직일시금 • 요양, 재해 등
운영 주체	• 공무원연금공단	• 국방부	• 사립학교교직원 연금공단 (교육부)

2) 기초연금

저소득 노인들의 생활보장을 위해 2007년 4월 도입된 기초노령연금은 2014년 7월부터 기초연금이 실시됨에 따라 폐지되었고, 생활이 어려운 노인들은 새롭게 기초연금을 받을 수 있게 되었다.

기초연금은 상대적으로 높은 우리나라의 노인빈곤 문제를 해소하고 노후생활의 안정을 도모하기 위한 제도로 생활이 어려운 노인은 새로운 기초연금을 통해 이전보다 나은 생활을 영위할 수 있게 되었다. 1988년 시행된 국민연금에 가입하지 못한 많은 노인, 가입했어도 급여가 적어 생활이 어려운 노인에게 조세에 의한 기초연금제도의 도입으로 기본적인 노후생활을 영위할 수 있는 제도적 장치가 마련되었다고 할 수 있다.

기초연금은 도입과정에서 대상, 급여액, 국민연금과의 형평성 등의 문제로 많은 이해 갈등을 겪었으나 최종적으로 연금안이 조정되어 2014년 5월 국회를 통과하였으며, 7월 1일부터 시행되었다.

❖ 주요 내용

기초연금의 대상은 만 65세 이상으로 대한민국 국적을 가지고 국내에 거주하는 노인 중 가구의 소득인정액(월 소득평가액과 재산의 월 소득환산액을 합산한 금액)이 선정기준액 이하인 자로 노인인구의 70%정도에 해당하며, 2023년 현재 선정기준액은 단독가구 2,020,000원, 부부가구 3,232,000원이다.

기초연금액은 2023년 기준연금이 월 최대 323,180원(22년 307,500원)이며, 무연금자, 국민연금의 월급여액이 484,770원 이하인 자(국민연금 연계 감액제도), 국민연금의 유족연금이나 장애연금 수급자, 국민기초생활수급자, 장애인연금을 받고 있는 자는 기준연금을 받을 수 있다. 국민연금을 받고 있는 경우 기초연금과 국민연금액을 더한 금액이 일정액 미만일 경우 그 차액만큼 받을 수 있다. 다만 소득수준이 상대적으로 높거나 부부 모두가 기초연금을 받을 경우 연금은 감면된다(부부의 경우 각각 20% 감면).

2022년 10월 현재 기초연금 수급자는 6,137,077명이며, 단독가구 2,989,817명, 부부 중 1인은 498,580명, 부부 2인은 2,648,680명이다(사회보장정보시스템, 행복e음).

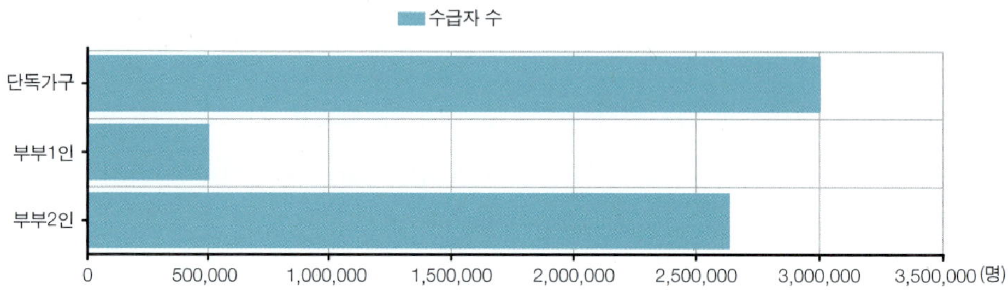

[그림 4-2] 기초연금 수급자(2022.10)

3) 퇴직금, 퇴직연금제도

우리나라는 공적연금의 실시가 늦었던 만큼 그 역할을 일부 대신해 왔던 퇴직금제도가 일찍이 법에 의해 시행되고 있었다. 퇴직금제도는 1953년 제정된 「근로기준법」에 의하여 실시된 제도로 사용자가 계속근로기간이 1년 이상인 근로자가 퇴직하였을 때 근속 연수 1년에 대하여 30일분 이상의 평균 임금을 사용자가 지급하도록 법적으로 규정하고 있다.

그동안 우리나라의 퇴직금제도는 근로자에게 일시금으로 지급함으로써 노후소득 보장체계에 큰 역할을 했으나, 한편으로는 체불 등의 문제점이 발생하였다. 그래서 이를 보완한 퇴직연금제도를 도입하게 되었으며, 기업들도 선진국 유형인 퇴직연금제도로 점차 전환하고 있다.

4) 경로우대제도

경로효친 사상의 함양을 위해 실시되고 있는 경로우대제도는 1981년 「노인복지법」 제정 이전부터 시행되어 오다가 1981년 「노인복지법」 제정 시 법에 반영된 제도로 65세 이상 노인이 공공 및 민영시설(공원, 고궁, 교통시설, 국립박물관, 국악원 등)을 이용하는 경우 50~100% 정도의 비용을 할인하고 있다(표 4-10).

〈표 4-10〉 경로우대제도 내용

	대상 업종		할인율
공영 시설	철도	무궁화호	30%
		통근열차	50%
		새마을열차 및 KTX	30%(토, 일, 공휴일 제외)
	수도권전철, 도시철도		100%
	고궁		100%
	능원		100%
	국공립 박물관		100%
	국공립 공원 및 미술관		100%
	국공립 국악원		50% 이상
민영 시설	국내 항공기		10%
	국내 여객선		20%
	타 경로우대 업종(목욕, 이발 등)		자율

자료: 보건복지부. 「2022년 노인보건복지사업안내」.

이 외에 지방자치단체는 지역사회 내 복지 수요 및 공급, 복지 대상자들의 욕구 등을 고려하여 노인들의 노후생활 안정 및 복지서비스 제공이 필요한 경우 조례, 규칙 등을 제정하여 지원할 수 있다(「노인복지법」 제26조). 예를 들면, 경로위생수당, 장수수당, 경로목욕권, 경로우대 업소 보상 등이 있다.

CHAPTER 02

노인과 건강

01 노인들의 건강실태

건강 문제는 노인의 사고 중의 하나로 노년기에 들어가면서 누구나 경험하게 되는 것이며, 노후의 삶의 질을 결정하는 중요한 문제이다. 최근 여러 조사에서도 알 수 있듯이 경제적인 보장이 점차 확보되면서 건강과 관련한 문제가 최대 걱정거리로 다가오고 있다.

나이가 들면 누구나 질병에 이환되기 쉬우며, 만성적으로 진행되어 질병의 고통과 함께 노년을 보내는 경우가 많아진다. 현재 우리나라 노인의 건강실태를 살펴보면 다음과 같다.

1) 만성질환 유병률

한국보건사회연구원 조사(2020)에 의하면, 조사대상 전체 노인의 84%가 만성질환 중 한 가지를 앓고 있으며, 만성 질환 수는 평균 2.7개이다. 1개의 만성 질환을 가진 경우가 29.2%, 2개가 27.1%, 3개 이상은 27.80%로 나타났다. 2개 이상의 만성 질환을 지니고 있는 복합이환자가 54.9%였으며, 평균 만성질환 수는 1.9개로 나타났다. 만성질환 종류별 유병률을 보면, 고혈압이 56.8%로 가장 많았고,

다음으로 당뇨병 24.2%, 고지혈증 17.1%, 골관절염 및 류마치스관절염이 16.5%, 등의 순이다(표 4-11).

〈표 4-11〉 65세 이상 만성 질환 유병률 (단위: %)

구분	전체 유병률	남자	여자
고지혈증	17.1	13.5	19.9
골, 류마치스 관절염	16.5	7.3	23.3
협심증, 심근경색	4.4	4.8	4.2
요통, 좌골 신경통	10.0	4.3	14.3
골다공증	8.5	1.7	13.7
위궤양, 십이지장궤양	5.0	4.9	5.0
당뇨병	24.2	23.9	24.4
고혈압	56.8	57.0	56.6
백내장	5.3	6.0	4.8
노인성난청	2.5	2.6	2.4
뇌졸중	4.3	4.8	3.8
우울증	1.5	0.8	2.1
불면증	2.0	1.1	2.6
천식	2.0	2.4	1.7

자료: 한국보건사회연구원. 「2020년도 노인실태조사」.

2) 노인장애 출현율

2020년 장애인 실태조사에 의하면 등록 장애인 중 65세 이상이 49.9%로 장애노인이 계속 증가하고 있으며, 특히 75세 이상 초고령 장애인의 비율이 증가하고 있다(표 4-12).

〈표 4-12〉 노인 장애인 비율 (단위: 명, %)

구분		2008년도	2011년도	2014년도	2017년도	2020년도 (5월말기준)
장애인 추정		–	2,683,477	2,726,910	2,668,411	–
등록장애인		2,137,226	2,611,126	2,646,064	2,580,340	2,622,950
65세 이상		36.1	38.8	43.3	46.6	49.9
	65–74세	25.6	23.8	23.5	23.5	22.0
	75세 이상	10.5	15.0	19.8	23.1	27.9

* 3년주기로 조사실시

자료: 한국보건사회연구원 「2020년 장애인실태조사」.

3) 사망원인 및 사망률

2021년 65세 이상 고령자의 사망원인 1위는 암으로 인구 10만 명당 709.3명이 사망하였고, 그 다음은 심장 질환(312.0명), 폐렴(250.3) 뇌혈관 질환(220.6명) 순이다. 악성 신생물(암), 뇌혈관 질환으로 인한 사망률은 점차 감소하고 있으나, 반면 일츠하이머병에 의한 사망이 증가하고 있다(표 4-13).

〈표 4-13〉 사망원인 및 사망률(65세 이상) (단위: 인구 10만 명당)

		2000	2010	2015	2020	2021
사망원인	1순위	악성신생물(암) (937.3)	악성신생물(암) (882.4)	악성신생물(암) (803.0)	악성신생물(암) (733.3)	**악성신생물(암) (709.3)**
	2순위	뇌혈관질환 (789.9)	뇌혈관질환 (409.4)	심장질환 (351.0)	심장질환 (331.9)	**심장 질환 (312.0)**
	3순위	심장질환 (363.5)	심장질환 (344.0)	뇌혈관질환 (311.1)	폐렴 (257.5)	**폐렴 (250.3)**
	4순위	당뇨병 (220.0)	당뇨병 (153.1)	폐렴 (209.1)	뇌혈관질환 (225.3)	**뇌혈관질환 (220.6)**
	5순위	만성하기도질환 (210.3)	폐렴 (127.6)	당뇨병 (133.2)	알츠하이머병 (91.4)	**알츠하이머병 (92.0)**

자료: 통계청(2022). 「사망통계원인」.

4) 건강평가

노인실태조사(2020)에 의하면, 노인 스스로 자신의 평소 건강상태를 평가할 때 '매우 건강하다'고 응답한 노인은 4.5%, '건강한 편이다' 44.8%로 49.3% 정도가 자신의 건강상태가 좋은 것으로 평가하고 있다. 성별로는 남자 노인(55.3%)이 여자 노인(44.8%)보다 주관적 건강상태에 대한 긍정적 응답률이 높게 나타났다. 연령별로는 80세를 넘어가면서 부정적 평가가 높아지고 있으며, 배우자 유무에 따라서는 유배우자 노인(55%)이 무배우자 노인(37.6%)보다 평소 건강상태를 긍정적으로 인식하는 비율이 높았다(표 4-14).

〈표 4-14〉 노인의 특성별 평소의 건강상태 평가(65세 이상) (단위: %, 명)

특성	매우 건강하다	건강한 편이다	그저 그렇다	건강이 나쁜 편이다	건강이 매우 나쁘다	계
전체	4.5	44.8	30.8	17.6	2.3	100.0
남성	6.9	48.4	29.7	13.2	1.7	100.0
여성	2.7	42.1	31.6	20.9	2.7	100.0
65~69세	8.1	60.6	23.4	7.1	0.8	100.0
70~74세	4.6	48.6	32.4	13.2	1.2	100.0
75~79세	2.0	35.4	37.2	22.3	3.1	100.0
80~84세	1.7	25.2	35.2	33.9	3.9	100.0
85세 이상	0.9	23.9	30.3	37.2	7.8	100.0
배우자 유	5.7	49.3	29.5	13.9	1.6	100.0
배우자 무	2.1	35.5	33.4	25.4	3.6	100.0

자료: 한국보건사회연구원. 「2020년도 노인실태조사」.

02 노인의료보장

노인을 위한 의료보장은 노화에 따른 신체적인 기능 쇠퇴와 질병으로 인한 건강상의 문제를 해결하기 위해 국가적인 차원에서 필요한 의료서비스를 제공하는 것을 의미한다. 의료보장의 대표적인 제도가 건강보험인데 우리나라의 경우 노인만을 대상으로 하는 별도의 건강보험은 없으며, 일반인과 같이 국민건강보험과 공적부조인 의료급여제도에서 처리되고 있다. 최근 노인들의 수발 문제가 사회적으로 대두되면서 정부는 이에 대한 대책으로 2008년부터 노인장기요양보험제도를 도입하였으며 치매나 중풍으로 고통받고 있는 많은 노인의 삶의 질을 향상시킬 수 있게 되었다.

2022년 9월 현재 우리나라 의료보장의 적용인구는 52,913천 명이며 그중 건강보험 적용이 97.1%, 의료급여가 2.9%이다.

〈표 4-15〉 우리나라 의료보장 적용 현황(2022.9) (단위: 천 명, %)

분류		적용인구	비율
총계		52,913	100.0
건강보험	계	51,401	97.1
	직장	37,217	70.3
	지역	14,184	26.8
의료급여		1,512	2.9

자료: 국민건강보험공단 홈페이지(2022. 12).

1) 국민건강보험

1963년 「의료보험법」이 제정되었으나, 1976년까지 시범사업으로 시행되었고 1976년부터 기존의 「의료보험법」을 개정하여 실시하게 되었다. 1988년에는 농어

촌의료보험, 1989년에는 도시지역의료보험을 실시하여 전 국민 의료보험 시대가 시작되었다. 1990년대 중반부터 의료보험 통합 논의가 시작되면서 기존의 조합주의 중심을 전국 단일체계로 통합하는 것이 효율적이라는 의견 아래 1차적으로 공무원 및 사립학교교직원 의료보험과 지역의료보험을 통합하는 「국민의료보험법」을 1997년에 제정, 1998년부터 시행하였다. 이후 2000년 7월 「국민건강보험법」을 제정하여 그동안의 공무원 및 사립학교교직원 의료보험, 지역의료보험 및 직장의료보험을 단일체계로 통합하였다. 그리고 2003년 7월 1일을 기해 그동안 분리되었던 지역과 직장의 보험 재정을 하나로 통합하였다.

건강보험은 가입자 및 피부양자의 질병과 부상에 대한 예방, 진단, 치료, 재활, 출산, 사망 및 건강증진에 대하여 법령이 정하는 바에 따라 현물 또는 현금의 형태로 서비스를 제공한다. 건강보험사업은 보건복지부장관이 관장하며 건강보험의 보험자는 국민건강보험공단으로 하고 있다. 보험의 대상은 국내에 거주하는 국민이며, 보험급여에는 요양급여, 건강검진, 요양비, 장애인보장구 급여비, 본인부담액 보상금이 있으며 구체적인 내용은 〈표 4-16〉과 같다.

〈표 4-16〉 국민건강보험 개요

<table>
<tr><td>자격 및 대상</td><td colspan="3">국내에 거주하는 전 국민으로 의료급여 대상자가 아닌 모든 사람이며, 적용대상은 직장가입자와 지역가입자로 구분된다. 직장가입자는 사업자의 근로자 및 사용자와 공무원 및 교직원, 그리고 그 피부양자로 구성되고, 지역가입자는 직장가입자를 대상으로 한다.</td></tr>
<tr><td rowspan="6">급여 종류</td><td rowspan="2">현물</td><td>요양급여</td><td>• 진찰, 검사, 약제, 치료재료 지급, 처치, 수술, 기타 치료, 예방, 재활, 입원, 이송, 간호</td></tr>
<tr><td>건강검진</td><td>• 가입자와 피부양자에 대한 건강검진(2년에 1회)</td></tr>
<tr><td rowspan="4">현금</td><td>요양비</td><td>• 만성 심부전증 환자의 복막관류액 구입비
• 실 구입금액(부가가치세 포함)의 80%</td></tr>
<tr><td>장애인보조기기급여비</td><td>• 장애인등록법에 의한 등록장애인
• 보장구 유형별 상한액의 범위 내에서 실 구입가의 80%</td></tr>
<tr><td>본인부담액 상한제</td><td>• 연간 환자가 부담한 본인부담액이 연도별 상한액 기준을 초과할 경우 초과분을 가입자에게 환급하는 제도(소득수준에 따라 차등 적용)</td></tr>
<tr><td>임신출산 진료비</td><td>• 임신기간 동안 전자바우처 형태로 진료비 일부 지원
• 임신 1회당 100만원,다태아 140만원(2022~)
• 분만취약지 20만원 추가</td></tr>
</table>

전달체계	• 국민건강보험공단과 지부를 통해 운영
재정	• 재원은 보험료, 국가지원금(공단운영비 등), 기타 수입으로 구성 • 보험료 –직장가입자: 보수월액×보험료율(사용자와 근로자 50%씩 부담) –지역가입자: 소득, 재산, 자동차 등을 점수화하고 점수당 금액을 곱하여 산정 * 2023년 직장가입자 건강보험료율 7.09%
본인 부담금	• 입원: 총진료비의 20% • 외래: 병원등급에 따라 차등 –상급종합병원: 진찰료 총액+나머지 진료비의 60% –종합병원: 요양급여비용 총액의 45%(읍 · 면지역, 임신부 외래진료 30%) –병원: 요양급여비용 총액의 35%(읍 · 면지역, 임신부 외래진료 20%) –의원: 요양급여비용 총액의 30%(임신부의 외래진료 10%)

2) 의료급여제도

의료급여제도는 생활 유지 능력이 없거나 생활이 어려운 저소득 국민의 의료문제를 국가가 보장하는 공공부조제도로 건강보험과 함께 국민 의료보장의 중요한 수단이 되는 사회보장제도이다. 1979년부터 시행된 「의료보호법」이 2001년 「국민기초생활 보장법」의 시행에 따라 폐지되었고 「의료급여법」이 제정되었다.

수급자격은 1종과 2종으로 구분되는데, 1종 수급권자는 「국민기초생활 보장법」에 의한 수급자 중 근로 능력이 없거나 보장시설에서 급여를 받는 자, 타법 적용자[국가유공자, 인간문화재, 이재민, 의상자 및 의상자, 국가유공자, 북한이탈주민, 광주민주화운동 관련 자, 노숙인 등이며, 이재민, 의상자 및 의사자, 입양아동(18세 미만), 국가유공자, 국가무형문화재 보유자, 북한이탈주민(새터민), 5·18 민주화운동 관련 자, 노숙인 등]이며, 2종은 국민기초생활보장 수급자 중 1종 수급권자에 해당하지 않는 자(자활대상자 등)이다.

〈표 4-17〉 의료급여제도 개요

구분	내용
자격요건	• 국민기초생활보장 대상자, 행려환자, 타법 적용자(이재민, 의상자, 국가유공자 등), 「의료급여법」에 따라 1종과 2종으로 구분
급여형태	• 급여는 의료 서비스의 형태로 제공되며 진찰, 수술, 치료, 약제급부, 입원, 간호, 이송 등
재정	• 시 · 도에 설치된 의료급여기금과 의료급여 수급자가 지불하는 일부의 본인부담금으로 충당
진료비 본인부담	• 1종: 입원 무료, 외래진료 시 1차 기관(의원) 1,000원, 2차 기관 1,500원, 3차 기관 2,000원 부담, 약국 500원 • 2종: 입원 10%, 외래진료 시 1차 1,000원, 2 · 3차 기관 15% 본인부담, 약국 500원 • 본인부담 보상제 및 본인부담 상한제가 있어 일정 기준을 초과하는 경우 초과금액을 국가가 지원

자료: 보건복지부 홈페이지(2022).

3) 기타 사업

(1) 노인 건강진단

노인 질병의 조기 발견 및 조기 치료로 건강의 증진을 도모하기 위해 1983년부터 「노인복지법」(제27조)에 근거하여 실시하고 있다.

시·군·구 관할구역에 거주하는 만 65세 이상 의료급여 수급권자 중 노인건강진단 희망자를 대상으로 국공립병원이나 보건소에서 무료로 실시되며 1차 진단(진찰 등 12항목)과 2차 진단(정밀안전 검사 등 30항목)으로 구분되고 있다. 2005년도부터 지방이양사업으로 전환되어 시·도(시·군·구) 자체 계획에 의해 실시되게 되었다.

건강진단은 1차 및 2차 진단으로 구분하여 실시(단, 전년도 진단결과 유질환 판정자는 1·2차 건강진단을 동시에 실시)한다.

1차 건강진단은 〈표 4-18〉과 같이 1차 건강진단 항목을 대상으로 실시한다. 다만, 의사의 판단이나 노인이 원하지 않는 경우(예: 채혈 등)에는 생략 가능하다. 2차 건강진단은 1차 진단결과 유소견자 및 전년도 진단 결과 유질환자에 한하여 해당 질환별로 실시한다.

〈표 4-18〉 노인건강진단 항목

<table>
<tr><th colspan="3">구분</th><th>진단항목</th></tr>
<tr><td rowspan="3">1차</td><td colspan="2">기본 진료</td><td>1. 진찰(시진, 청진, 촉진, 문진)
2. 체위 검사(신장, 체중, 근거리 및 원거리 시력, 청력, 혈압)
3. 치과 검사(우식증, 결손치, 치주 질환)</td></tr>
<tr><td colspan="2">혈액 검사</td><td>1. 혈색소 2. 총콜레스테롤 3. 혈청지오티
4. 혈청지피티 5. 혈당 6. 매독[1]</td></tr>
<tr><td colspan="2">기타 검사</td><td>1. 요검사(요당, 요단백, 요잠혈, 임질, 클라미디아감염증[2])
2. 안검사(정밀안저 검사, 양측)
3. 간이인지기능 검사(MVSE)
4. 흉부X선 간접 촬영</td></tr>
<tr><td rowspan="13">2차</td><td colspan="2">기본 진료</td><td>1. 진찰(시진, 청진, 촉진, 문진)</td></tr>
<tr><td colspan="2">흉부 질환
기타 흉부 질환</td><td>1. 흉부X선 직접 촬영
2. 결핵균 집균도말 검사</td></tr>
<tr><td rowspan="2">순환계 질환</td><td>고혈압</td><td>1. 혈압 2. 정밀안저 검사(양측) 3. 심전도 검사</td></tr>
<tr><td>고지혈증</td><td>1. 혈압 2. 트리그리세라이드 3. HDL 콜레스테롤</td></tr>
<tr><td colspan="2">간 질환</td><td>1. 총단백 2. 알부민 3. 알카라인포스파타제
4.총빌리루빈(총 · 직접) 5. 유산탈수효소(LDH) 6. 알파휘토단백</td></tr>
<tr><td colspan="2">신장 질환</td><td>1. 요침사 현미경 검사 2. 요산
3. 크레아티닌 4. 요소 · 질소</td></tr>
<tr><td colspan="2">빈혈</td><td>1. 헤마토크리트 2. 백혈구 수 3. 적혈구 수</td></tr>
<tr><td colspan="2">당뇨 질환</td><td>1. 식전혈당(FBS) 2. 식후혈당(PPS)</td></tr>
<tr><td colspan="2">안 질환</td><td>1. 안압 검사 2. 각막곡률 검사 3. 굴절 및 조절 검사</td></tr>
<tr><td colspan="2">치매</td><td>1. 치매척도 검사(GDS 또는 CDR)</td></tr>
<tr><td colspan="2">골다공증 검사</td><td>1. 양방사선(광자) 골밀도 검사</td></tr>
<tr><td colspan="2">낙상 검사</td><td>1. 하지기능, 평형성</td></tr>
</table>

주 1) 매독, 임질, 클라미디아감염증의 경우 희망자에 한해 실시
2) 임질과 클라미디아감염증의 경우 소변검체 검사가 가능한 보건소에서만 실시

자료: 「2022년 노인보건복지사업안내」.

(2) 노인 실명예방사업

「노인복지법」(제27조)에 근거하여 2003년부터 실시되었다. 60세 이상의 노인(저소득층 노인 우선)에게 정밀 안검진을 실시하여 안질환을 조기 발견·치료함으로써 노인들의 시력 향상 및 실명을 예방하고 있다. 또한, 노인 개안수술비 지원사업을 통해 노인 및 가족의 의료비 부담을 경감시키고 있다. 수술비 지원대상은 기준중위소득의 60% 이하의 60세 노인이다. 이 사업은 '한국실명재단'이 주체가 되어 실시하고 있으며 2006년부터 국민건강진흥기금에서 지원하고 있다.

〔노인 안 검진 사업 실시체계〕

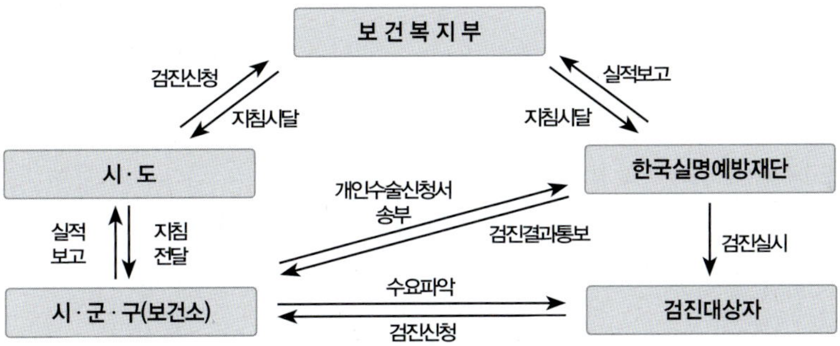

[그림 4-3] 노인암검진 사업체계

(3) 노인 무릎인공관절 수술 지원

무릎관절증으로 지속적인 통증에 시달리나, 경제적 이유로 수술을 받지 못하는 노인들의 고통을 경감하여 삶의 질을 개선하기 위해 무릎관절수술비를 지원한다. 대상은 만 65세 이상으로 저소득층 노인이다.

「노인복지법」 제4조(보건복지증진의 책임), 「노인복지법」 제27조의4(노인성 질환에 대한 의료지원)에 근거하여 실시하며, 사업 주체는 노인의료나눔재단이다.

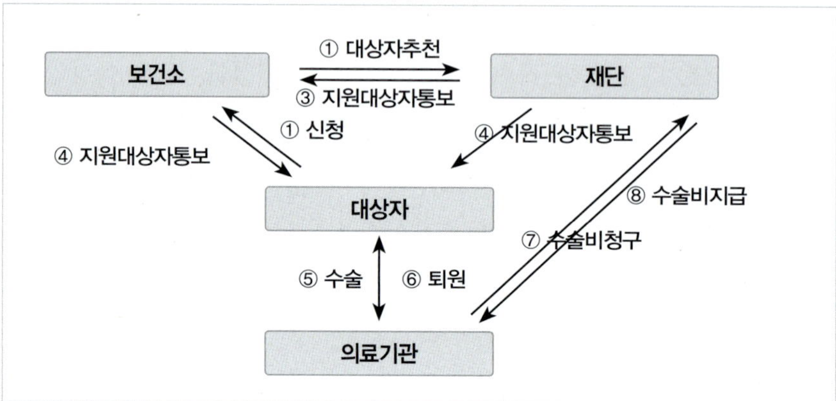

[그림 4-4] 노인 무릎인공관절수술 지원 사업 실시 체계

(4) 실종노인의 발생 예방 및 찾기 사업

정당한 사유 없이 사고 또는 치매 등의 사유로 인하여 보호자로부터 이탈된 '실종노인'의 조속한 발견과 복귀를 지원하여 노인을 안전하게 보호하고, 실종노인 가정의 복지를 증진하는 사업으로 「노인복지법」 제39조의10 및 제39조의11조, 제55조의3 및 제55조의4, 제61조의2, 실종 아동 등의 보호 및 지원에 관한 법률에 근거한다.

❖ 노인 실종예방 인식표 발급 사업개요

- 발급상: 실종 위험이 있는 치매환자 및 만 60세 이상 노인
- 신청기간: 상시
- 신청기관: 발급상자의 주민등록상 주소지 치매안심센터
- 보급단위: 회당 인식표 1박스(인식표 80매), 보호자용 실종대응카드 1개 제공
- 보급비용: 치매안심센터 사업비

(5) 치매안심센터 운영

치매상담센터는 1998년 「노인복지법 시행규칙」에서 치매관리사업 실시 및 치매상담센터의 설치를 의무화하여 치매에 대한 예방·치료 및 이에 필요한 서비스를 제공하게 되었다. 치매노인이 크게 증가함에 따라 2011년에는 「치매관리법」을 별도로 제정하여 여기에 치매상담센터의 설치 규정을 두고, 보다 체계적으로 치매를 예방·관리하도록 하였다(「치매관리법」 제17조: 치매상담센터의 설치).

치매안심센터는 [그림 4-5]와 같이 지역주민의 인지건강상태에 따라 요구되는 다양한 서비스를 맞춤형으로 제공 또는 외부 서비스 연계사업을 한다.

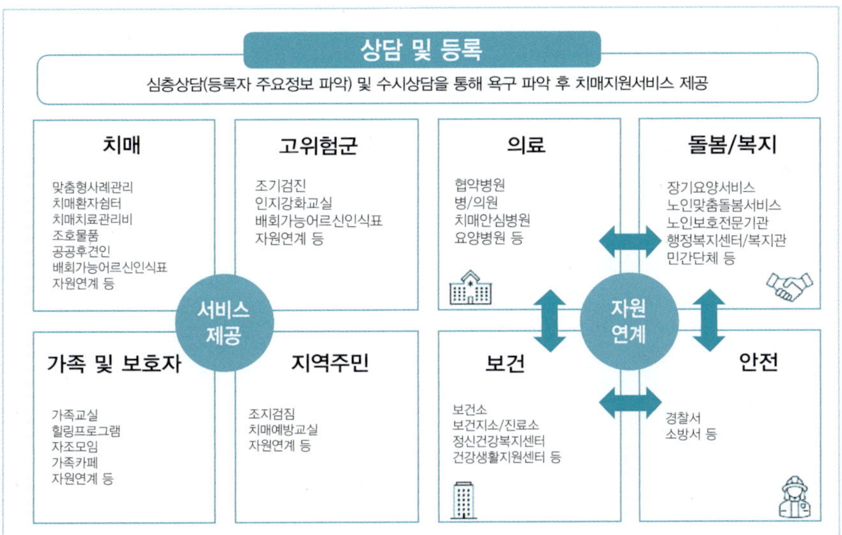

자료: 보건복지부.「2022년 치매정책사업안내」.

[그림 4-5] 치매안심센터 주요사업

2005년부터 이 사업은 지방이양사업으로 전환되어 실시되고 있으며 전국 시·도 보건소에서 운영되고 있다.

2018년 법 개정에 의해 치매안심센터로 변경되어 전국 보건소에 설치하도록 했으며, 치매예방과 치매환자 및 그 가족에 대한 종합적인 지원을 하도록 하였다. 주요 사업은 초기 상담 및 치매 조기검진, 1:1사례관리, 치매단기쉼터 및 치매카페 운영, 관련 서비스 안내 및 제공기관연계를 하고 있다.

(6) 치매검진사업

치매의 위험에 노출된 60세 이상을 대상으로 치매 조기검진을 실시하여 치매환자를 조기에 발견·관리하는 사업으로 2006년부터 민간보조사업으로 실시되었다. 2007년부터 지방자치단체 보조사업으로 전환되었고, 2010년부터는 전국 모든 보건소로 확대실시되었다. 사업 주체는 시·군·구(치매안심센터)에서 실시하며 치매선별 검진대상은 모든 주민이다. 사업수행 과정은 다음과 같다(그림 4-6).

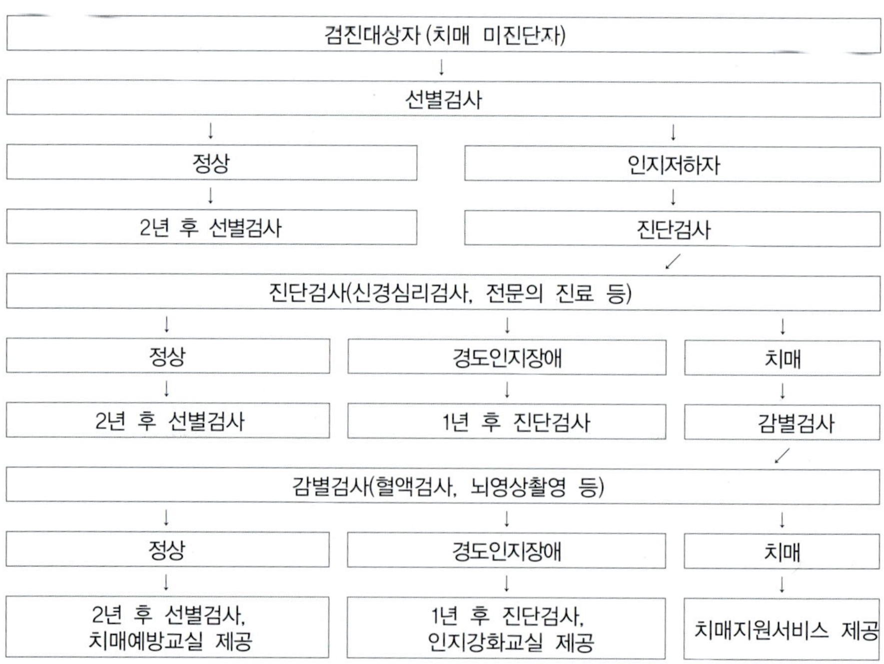

자료: 보건복지부. 「2022년 치매정책사업안내」.

[그림 4-6] 일반 조기검진 수행 절차

03 노인장기요양정책

고령화사회가 진전되면서 치매, 중풍 등 스스로 일상생활이 어려운 노인들이 증가하고 있으며 이들을 돌보는 수발서비스에 대한 사회적 욕구가 증가하고 있다.

2001년 국민건강보험 재정 위기의 타개책으로 제기된 '노인요양보험'은 노무현 정부의 선거공약으로 채택되었고, 2004년 '공적노인요양제도 실행위원회'가 구성되어 제도모형이 개발되면서 구체화되기 시작하였다. 2006년 정부입법이 국회에 제출된 이후 일곱 개의 법안이 국회에 제출되었고 많은 논란 끝에 2007년 4월 「노인장기요양보험법」이란 이름하에 국회를 통과하게 되었으며, 2008년 7월 1일부터 실시하게 되었다.

1) 도입 배경

인구 고령화가 급속히 진행되는 가운데 고령노인이 증가함에 따라 치매노인 등 케어를 필요로 하는 노인들이 해마다 증가하고 있는 반면, 핵가족화, 여성의 사회참여 증가, 요양보호 기간의 장기화 등으로 가족이 가정에서 노부모를 돌보는 데에는 한계에 달하게 되어 가정 파탄까지 야기하는 사례가 증가하게 되었고 사회적 보호 시스템이 필요하게 되었다. 그뿐만 아니라 일반 중산층이 이용할 수 있는 요양시설의 부족과 유료시설 이용 시 많은 비용부담 문제가 사회적으로 점차 제기되었다. 한편, 요보호 노인인구 증가와 함께 노인의료비가 급증하여 건강보험 재정의 불안 요인으로 대두되었고 이에 대한 대책으로 정부는 사회보험 형태의 공적 노인요양보험제도를 도입하였다.

2) 제도의 개요

(1) 목적: 고령이나 노인성 질병 등으로 목욕이나 집안일 등 일상생활을 혼자서 수행하기 어려운 이들에게 신체활동·가사지원 등의 서비스를 제공하여 노후생활의 안정과 그 가족의 부담을 덜어 주기 위한 사회보험제도이다.

(2) 보험 가입대상: 국민건강보험 가입자와 의료급여 수급자

(3) 장기요양인정 신청자격: 장기요양보험 가입자 및 그 피부양자 또는 의료급여 수급권자 중 65세 이상의 노인 또는 65세 미만인 자로서 치매, 뇌혈관성 질환 등 노인성 질병을 가진 자

(4) 장기요양인정(장기요양 대상자): 급여를 받기 위해서는 장기요양인정 신청을 하여 인정 조사 및 등급판정 절차를 거쳐 장기요양인정을 받아야 한다. 장기요양등급인정은 2014년 7월 1일부터 등급체계가 변경되어 기존의 3등급에서 5등급으로 변경되었다. 기존의 3등급이 3, 4등급으로 세분화되고 치매노인을 위한 5등급이 신설되었다.

〈표 4-19〉 장기요양인정점수 구간별 장기요양인정등급

등급	수준	점수
1등급	심신의 기능상태 장애로 일상생활에서 전적으로 다른 사람의 도움이 필요한 상태	95점 이상
2등급	심신의 기능상태 장애로 일상생활에서 상당 부분 다른 사람의 도움이 필요한 상태	75~95점
3등급	심신의 기능상태 장애로 일상생활에서 부분적으로 다른 사람의 도움이 필요한 상태	60~75점
4등급	심신의 기능상태의 장애로 일상생활에서 일정 부분 다른 사람의 도움이 필요한 상태	51~60점
5등급	치매환자	45점 이상~51점 미만
인지지원등급	45점 미만 치매환자	45점 미만

(5) 급여 이용 절차: 장기요양인정 신청을 하면 공단 소속의 조사원들의 방문 조사가 이루어지고 조사된 내용을 근거로 '등급판정위원회'에서 등급 판정을

받는다. 등급 인정 시 '장기요양인정서'와'표준장기요양이용계획서'가 송부되고, 인정 등급에 해당되는 월 한도액 범위 내에서 서비스를 계약하여 이용할 수 있다.

요양인정 신청	공단 각 지사별 장기요양센터
인정 조사	건강보험공단 소속 직원 방문 조사 실시 장기요양인정조사표(65개 항목, 25개 욕구 조사)
장기요양등급 판정	1차 판정: 컴퓨터 판정 – 점수 산정 2차 판정: 등급판정위원회 심의 판정 '장기요양인정서', '표준장기요양이용계획서' 통지
서비스 이용	서비스 계약: 재가, 시설

[그림 4-7] 서비스 이용 절차

① 장기요양인정 절차

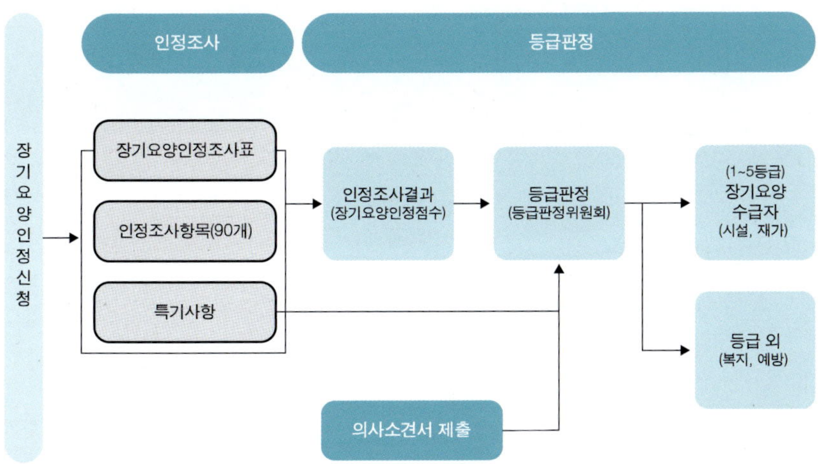

[그림 4-8] 장기요양인정 절차도

② 표준장기요양이용계획서

급여이용을 위해 표준장기요양이용계획서를 제공하며, 여기에는 수급자가 월 한도액 범위 내에서 급여를 원활히 이용할 수 있도록 수급자 개인별 기능상태 및 욕구를 반영하여 장기요양 적정급여를 작성한다.

〈표 4-20〉 재가급여(복지용구 제외)의 월 한도액(2023. 1. 1) (단위: 원)

구분	1등급	2등급	3등급	4등급	5등급	인지지원등급
월 한도액	1,885,000	1,690,000	1,417,200	1,306,200	1,121,100	624,600

〈표 4-21〉 시설급여 비용(2023. 1. 1) (단위: 원)

분류	등급	1일당 급여비용
노인요양시설 (요양보호사2,3명당 1인미만 경우)	1등급	81,750(78,620)
	2등급	75,840(72,600)
	3~5등급	71,620(66,950)
노인요양공동생활가정	1등급	68,780
	2등급	63,820
	3~5등급	58,830

〈표 4-21-1〉 치매전담형 시설급여(1일당)

분류분류	등급	1일당 급여비용	
		가형	나형
노인요양시설 내 치매전담실	2등급	89,540	80,590
	3~5등급	82,570	74,300
치매전담형 노인요양공동생활가정	2등급	79,110	
	3~5등급	72,940	

(6) 급여내용

- 재가급여: 가정을 방문하여 신체활동, 가사활동, 목욕·간호 등 제공, 주간보호센터 이용, 복지용구 구입 또는 대여
  - 방문요양, 방문목욕, 방문간호, 주야간보호, 단기보호, 기타 재가급여
    ※ 기타 재가급여(복지용구급여)
  - 노인장기요양보험 대상자에게 일상생활 또는 신체활동 지원에 필요한 용구(보건복지부장관이 정하여 고시)를 구입하거나 대여, 제품별 수가에 대한 본인부담금을 지불하고 사용
  - 급여비용의 연간 한도액은 현재 160만 원이며 이를 초과한 금액은 전액 본인부담
- 시설급여: 노인요양시설, 노인요양공동생활가정에 장기간 입소시켜 신체활동 지원 등 제공
- 특별현금급여(가족요양비): 수급자가 가족 등으로부터 방문요양에 상당한 장기요양급여를 받을 때 현금으로 비용을 지급하는 급여로서, 장기요양등급에 관계없이 월 15만 원을 지급(그 외 특례요양비와 요양병원간병비가 「노인장기요양보험법」에 명시되어 있으나 현재 시행되지 않음)

〈표 4-22〉 급여품목

구분	구입품목(9종)	대여품목(8종)
품목명	• 이동변기 • 목욕의자 • 성인용 보행기 • 안전손잡이 • 미끄럼방지 용품(미끄럼방지 매트, 미끄럼방지액, 미끄럼방지 양말) • 간이변기(간이대변기 · 소변기) • 지팡이 • 욕창 예방 방석 • 자세변환 용구	• 수동휠체어 • 전동침대 • 수동침대 • 욕창 예방 매트리스 • 이동욕조 • 목욕리프트 • 배회감지기 • 경사로

(7) 관리·운영

관리·운영할 기관을 별도로 설치하지 않고 「국민건강보험법」에 의하여 설립된 기존의 국민건강보험공단을 관리·운영기관으로 하며, 국민건강보험공단과 지방자치단체가 상호 역할을 분담한다.

(8) 재원

보험의 재원은 장기요양보험료, 국가부담, 본인일부부담에 의한다.

가. 장기요양보험료

- 장기요양보험료는 건강보험료와 통합하여 징수
- 2023년부터 산정방식 변경

$$장기요양보험료 = 건강보험료 \times \frac{장기요양보험료율(0.9082\%,\ 2023년도)}{건강보험료율(7.09\%,\ 2023년도)}$$

* 장기요양보험료율은 소득대비 0.91%, 건강보험료 대비 12.81%

나. 국가 및 지방자치단체 부담(「노인장기요양보험법」 제58조)

① 국가는 매년 예산 범위 안에서 당해 연도 장기요양보험료 예상수입액의 100분의 20에 상당하는 금액을 공단에 지원

② 국가와 지방자치단체는 대통령령으로 정하는 바에 따라 의료급여 수급권자의 장기요양급여비용, 의사소견서 발급비용, 방문간호지시서 발급비용 중 공단이 부담하여야 할 비용(제40조제1항 단서 및 제3항제1호에 따라 면제 및 감경됨으로 인하여 공단이 부담하게 되는 비용을 포함) 및 관리·운영비의 전액을 부담

다. 본인일부부담금

① 재가급여: 당해 장기요양급여비용의 100분의 15

② 시설급여: 당해 장기요양급여비용의 100분의 20

※ 「국민기초생활 보장법」에 따른 수급권자는 면제이며, 기타 의료급여 수급권자 등은 40~60%

3) 요양보호사

특별한 자격 없이 가정봉사원서비스나 시설의 간병서비스를 제공하던 인력에 대해서 노인장기요양보험의 실시와 더불어 자격 규정이 이루어졌는데, 「노인복지법」 개정에 의해 '요양보호사'가 신설되었고 이들이 재가 및 시설의 요양서비스를 담당하게 되었다.

「노인복지법」 제39조에 의하면 '노인복지시설의 설치·운영자는 보건복지부령으로 정하는 바에 따라 노인 등의 신체활동 또는 가사활동 지원 등의 업무를 전문적으로 수행하는 요양보호사를 두어야 한다'고 규정하고 있다.

요양보호사 자격은 인가된 요양보호사 교육기관에서 일정한 교육을 받고 시·도지사가 실시하는 요양보호사 자격시험에 합격하여야 하며, 요양보호사의 자격엔 학력, 연령의 제한은 없다.

요양보호사 업무는 장기요양이 필요한 노인에게 신체활동 및 가사활동 지원 서비스를 제공하는 것이며 교육시간은 신규의 경우 240시간으로 이론 80시간, 실기 80시간, 그리고 현장실습 80시간으로 구성되어 있다(표 4-23).

〈표 4-23〉 요양보호사 업무 규정

구분	업무
요양보호사 (기본 240시간)	노인 등의 신체활동 또는 가사활동 지원 등의 업무를 전문적으로 수행 (노인복지법 39조의2)

요양보호사 교육은 신규자인 경우 240시간이 기본이나, 간호사는 40시간, 사회복지사, 물리치료사, 직업치료사, 간호조무사는 50시간의 교육을 받아야 한다. 경력자인 경우는 경력인정기관에서 1년(1,200시간) 이상 경력을 인정받은 경우 실기시간이나 현장실습을 일부 감면받을 수 있다.

〈표 4-24〉 요양보호사 교육시간

구분		총시간	이론	실기	실습
신규자		240	80	80	80
국가자격(면허) 소지자	사회복지사	50	42		8
	간호사	40	32		8
	물리치료사, 작업치료사, 간호조무사	50	42		8

〈표 4-25〉 요양보호사 교육과정(2023.7.17.)

구분	과목	교육내용		이론	실기
이론강의 (126시간) / 실기연습 (114시간)	요양보호와 인권	요양보호대상자의 이해		2	2
		노인복지와 장기요양제도		7	
		인권과 직업윤리		6	6
		요양보호사 인권보호와 자기개발		6	3
	노화와 건강증진	노화에 따른 변화와 질환		18	3
		치매, 뇌졸중, 파킨슨질환			
		노인의 건강증진 및 질병예방			
	요양보호와 생활지원	의사소통과 정서지원		8	8
		요양보호기록과 업무보고		6	8
		신체활동지원	식사와 영양요양보호	6	7
			배설 요양보호	5	10
			개인위생과 환경요양보호	5	10
			체위변경과 이동요양보호	5	7
			안전과 감염 관련 요양보호	3	8
			복지용구사용	1	1
		가사 및 일상생활지원		4	8
	상황별요양보호기술	치매요양보호기술		26	17
		임종 요양보호기술		3	3
		응급상황대처 및 감염관리		15	13
	소계			① 126	② 114
현장실습 (80시간)	노인요양시설 실습	통합실습 I		40	
	재가요양서비스 실습	통합실습 II		40	
	소계			③ 80	
총 ① + ② + ③				총 320시간	

4) 장기요양 현황 및 과제

제도 시행 초기에는 보험급여 대상은 전체 노인인구의 약 3% 수준에서 시작하였지만 장기요양서비스에 대한 인지도 및 만족도 증가로 신청자 및 인정자가 계속적으로 증가하고 보험대상자 확대로 인해 급여대상자도 크게 증가하고 있다.

2021년 12월 말 기준, 장기요양보험 누적신청자 수는 1,281,244명이며, 총인정자는 953,511명(노인인구의 10.7%), 인정률은 86.9%이다. 인정자 중 1등급은 47,800명, 2등급은 92,461명, 3등급은 261,047명, 4등급은 423,595명, 5등급은 106,107명이다(표 4-26).

〈표 4-26〉 장기요양인정 현황 (단위: 명)

구분	2017	2018	2019	2020	2021
노인인구 (65세이상)	7,310,835	7,611,770	8,003,418	8,480,208	8,912,785
신청자	923,543	1,009,209	1,113,093	1,183,434	1,281,244
판정자 (등급내+등급외)	749,809	831,512	929,003	1,007,423	1,097,462
인정자 (판정 대비 인정률)	585,287	670,810	772,206	857,984	953,511
	(78.1%)	(80.7%)	(83.1%)	(85.2%)	(86.9%)
노인인구 대비 인정률	8.0%	8.7%	9.6%	10.1%	10.7%

구분	2021(12월말기준) (단위: 명)						
	계	1등급	2등급	3등급	4등급	5등급	인지지원 등급
인정자 계	953,511	47,800	92,461	261,047	423,595	106,107	22,501
일반	447,352	22,506	42,109	122,237	197,103	51,607	11,790
감경	345,298	17,064	35,272	97,946	150,860	36,984	7,172
의료급여	10,906	553	1,033	3,025	4,955	1,155	185
기초	149,955	7,677	14,047	37,839	70,677	16,361	3,354

주) 연도 말 현재 인정자격 유지자 기준(사망 건 제외)

자료: 보건복지부.「2021년 노인장기요양보험 통계연보」.

2021년 말 기준 장기요양보험 총급여비는 11조 1천146억 원이며, 공단부담금은 10조 957억 원으로 공단부담률은 90.8%를 나타냈다. 급여이용 수급자 1인당 월평균 급여비는 132만 2,679원으로 증가하였다(표 4-27).

〈표 4-27〉 장기요양보험 급여 실적

구분	2017	2018	2019	2020	2021
급여이용수급자(명)	578,867	648,792	732,181	807,067	899,113
급여제공일수(만일)	12,292	13,593	15,434	17,333	19,224
급여비(억원)	57,600	70,670	85,653	98,248	111,146
공단부담금(억원)	50,937	62,992	77,363	88,827	100,957
공단부담률(%)	88.4	89.1	90.3	90.4	90.8
급여이용수급자 1인당 월평균 급여비(원)	1,103,129	1,208,942	1,284,256	1,315,195	1,322,679
급여이용수급자 1인당 월평균 공단부담금(원)	975,496	1,077,291	1,159,922	1,189,071	1,201,390

* 급여이용수급자는 급여종류별, 인정등급별 중복을 배제한 수

* 공단부담률 = (공단부담금/급여비)*100

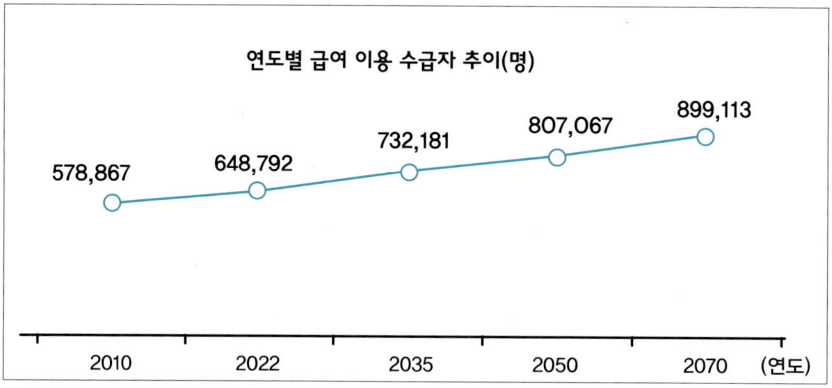

자료: 보건복지부. 「2021년 노인장기요양보험 통계연보」

[그림 4-9] 연도별 급여이용수급자 추이

2021년도 말 기준 장기요양기관 수는 26,547개소이며, 이 중 재가요양기관 20,618개소, 시설요양기관 5,929개소로 2020년 대비 재가기관은 5% 증가, 시설은 2.8% 증가하였다(표 4-28).

〈표 4-28〉 급여별 장기요양기관 현황

(단위: 개소)

구분	2017	2018	2019	2020	2021
계	20,377	21290	24,953	25,384	26,547
방문요양	11,662	12,335	15,305	15,412	16,214
방문목욕	9,357	9,665	11,121	11,086	11,506
방문간호	650	682	795	774	801
주야간보호	2,795	3,211	4,179	4,587	4,832
단기보호	218	179	162	148	163
복지용구	1,892	1,920	1,975	1,941	1,988
노인요양시설	3,289	3,389	3,604	3,850	4,081
노인요양공동생활가정	2,015	1,931	1,939	1,913	1,848

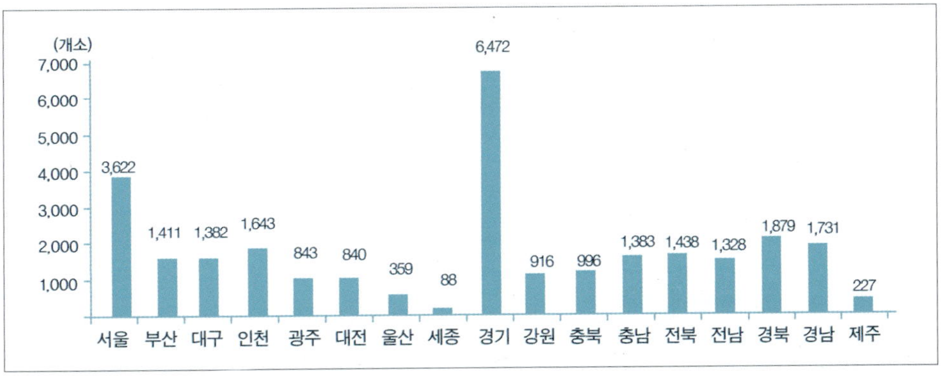

자료: 보건복지부. 「2021년 노인장기요양보험 통계연보」.

[그림 4-10] 2021년 시·도별 장기요양기관 현황

2021년 장기요양 보험료 부과액은 7조 8천886억 원으로 증가하였고, 1인당 월 평균 보험료는 7,413원이 되고 있다(그림 4-11).

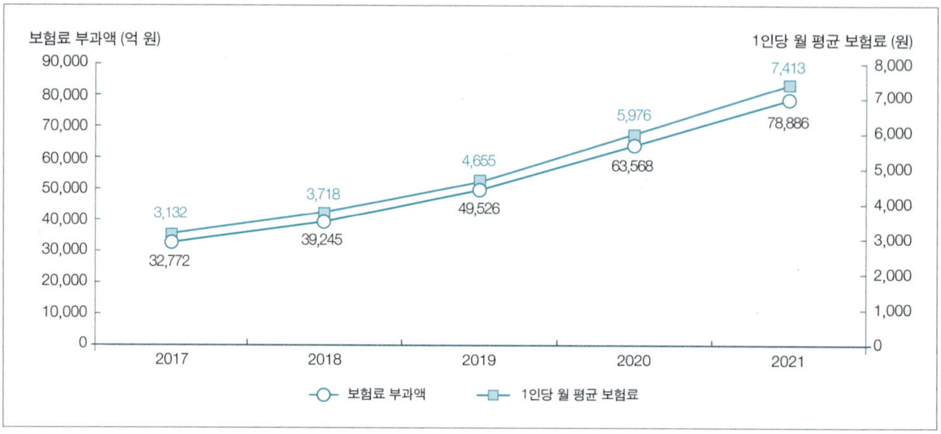

자료: 보건복지부,「2021년 노인장기요양보험 통계연보」

[그림 4-11] 장기요양보험료 부과액 및 1인당 월 평균 보험료 추이

장기요양인력도 계속 증가하고 있는데 2021년 말 기준 요양보호사가 507,473명, 사회복지사는 33,736명, 간호사 3,645명, 간호조무사 14,196명으로 2020년 대비 요양보호사 12.5%, 사회복지사 11.5%, 간호사 4.0%, 간호조무사 7.4% 증가하였다(표 4-29).

〈표 4-29〉 장기요양인력 현황

구 분		2017	2018	2019	2020	2021
계	사회복지사	18,535	22,305	26,395	30,268	33,736
	의사(촉탁포함)	2,198	2,210	2,358	2,312	2,349
	간호사	2,791	2,999	3,312	3,504	3,645
	간호조무사	9,845	10,726	12,054	13,221	14,196
	치과위생사	7	10	7	14	12
	물리(작업)치료사	2,024	2,122	2,350	2,558	2,723
	요양보호사	340,624	379,822	444,525	450,970	507,473
	영양사	1,160	1,132	1,131	1,136	1,147

자료: 보건복지부,「2021년 노인장기요양보험 통계연보」.

이렇게 노인장기요양보험제도의 도입으로 짧은 기간 동안 많은 성과를 거두고 있지만 앞으로 제도의 안정적 운영과 목표를 달성하기 위해서는 해결해 나가야 할 과제도 많다. 한국은 OECD 가입국 중 가장 급속한 고령화가 예견되고, 베이비붐 은퇴가 시작된 만큼, 장기요양보험의 수요는 증가할 것이다. 따라서 제도의 지속 가능성을 위한 제도 내실화와 함께 보장성 강화가 동시에 추진되어야 할 것이다.

04 노인맞춤돌봄서비스

돌봄이 필요한 고령노인과 독거노인이 증가하고 있는 반면, 가족의 돌봄기능은 크게 약화되고 노인의 사회적 관계망도 약화되고 있어 이들에 대한 사회적 돌봄의 필요성이 증가하고 있다. 노인장기요양보험의 도입으로 거동이 상당히 불편한 노인들은 등급판정을 통해 장기요양서비스를 받을 수 있게 되었지만 등급판정에서 제외된 경증의 노인들이나 고령, 독거노인들 중 취약계층의 경우 건강을 계속 유지하고 안정적인 삶을 영위하기 위해서는 지역사회에서의 돌봄서비스가 필요하다.

그동안 지자체별 보조사업으로 독거노인이나 장기요양 등급외의 저소득 노인들을 대상으로 다양한 돌봄사업들이 진행되어 왔는데, 사업의 유사성, 중복성 그리고 민간전달체계의 관리감독문제 등이 제기되었고, 서비스의 질제고의 필요성하에 기존의 사업들을 통합하여 체계적으로 정비하게 되었다. 2020년 보건복지부는 기존에 다양하게 전개되어오던 돌봄사업들을 '노인맞춤돌봄서비스'로 통합 개편하여 일상생활 영위가 어려운 취약노인에게 적절한 돌봄서비스를 제공할 수 있도록 하였는데, 주요 내용은 다음과 같다.

1) 서비스목적

일상생활 영위가 어려운 취약 노인에게 적절한 돌봄서비스를 제공하여 안정적인 노후 생활 보장, 노인의 기능·건강 유지 및 악화 예방에 목적을 둔다.

2) 서비스대상

65세 이상 기초생활수급자, 차상위계층 또는 기초연금수급자로서 유사중복사업 자격(노인장기요양보험 등급자, 가사간병 방문지원사업 이용자, 장애인활동지원사 이용자 등)에 해당되지않는 자로 아래의 대상이다.

- 독거, 조손, 고령부부 가구 등 돌봄이 필요한 노인
- 신체적 기능 저하, 정신적 어려움(인지저하, 우울감 등)등으로 돌봄이 필요한 노인
- 고독사 및 자살 위험이 높은 노인(특화서비스)

대상자는 대상자 선정도구를 통해 신체·정신·사회참여 영역의 취약요인을 조사하여 선정되며,정도에 따라 중점돌봄군과 일반돌봄군으로 나누어지며 서비스 제공시간 등이 달라진다.

(1) 중점돌봄군

- 신체적인 기능제한으로 일상생활지원 필요가 큰 대상
  - 월 16시간 이상~40시간 미만, 직접서비스 + 연계서비스(필요시) + 특화서비스(필요시), 주기적인 가사지원서비스 제공 가능

(2) 일반돌봄군

- 사회적인 관계 단절 및 일상생활의 어려움으로 돌봄 필요가 있는 대상
  - 월 16시간 미만, 직접서비스 + 연계서비스(필요시) + 특화서비스(필요시), 주기적인 가사지원서비스 제공 불가
    * 특수한 상황(수술 · 골절 등)이 있는 경우에 한정하여 가사지원서비스를 한시적으로 제공 가능

* 특화서비스 대상

– 사회관계 단절, 우울증 등으로 집중적인 서비스가 필요한 대상

3) 서비스신청 및 제공절차

- 신청권자: 본인, 신청자의 친족 및 이해관계인
- 신청서 제출: 서비스 대상자의 주민등록상 주소지의 읍 · 면 · 동 주민센터
- 서비스 신청에서 종결까지의 제공절차는 [그림 4-12]와 같다.

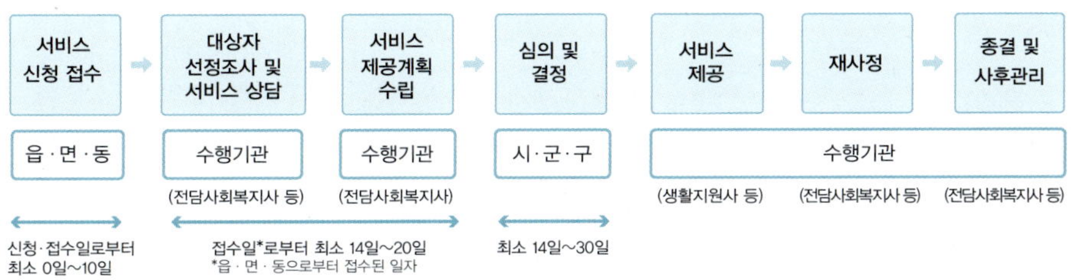

* 재사정 : 대상자 선정조사, 서비스 상담 및 서비스 제공계획 재수립 실시

[그림 4-12] 서비스 제공절차

4) 서비스 내용

서비스는 직접서비스와 연계서비스, 특화서비스가 있으며, 지접서비스에는 안전지원, 사회참여, 생활교육, 일상생활지원이 있다. 서비스는 서비스 제공계획에 따라 직접 또는 연계 제공 한다. 제공기간은 시 · 군 · 구 서비스 이용 자격 승인 익일로부터 1년이며, 1년 도래 전에 '재사정'을 통해 서비스 제공여부를 다시 결정한다.

〈표 4-30〉 노인맞춤돌봄서비스 내용

구분	대분류	중분류	소분류
직접서비스 (방문 · 통원 등) ※ 4개 분야	안전지원	▶ 방문 안전지원	– 안전 · 안부확인 – 정보제공(사회 · 재난안전, 보건 · 복지 정보제공) – 생활안전점검(안전관리점검, 위생관리점검) – 말벗(정서지원)
		▶ 전화 안전지원	– 안전 · 안부확인 – 정보제공(사회 · 재난안전, 보건 · 복지 정보제공) – 말벗(정서지원)
		▶ ICT 안전지원	– ICT 관리 · 교육 – ICT 안전 · 안부확인
	사회참여	▶ 사회관계 향상 프로그램	– 여가활동 – 평생교육활동 – 문화활동
		▶ 자조모임	– 자조모임
	생활교육	▶ 신체건강분야	– 영양교육 – 보건교육 – 건강교육
		▶ 정신건강분야	– 우울예방 프로그램 – 인지활동 프로그램
	일사생활지원	▶ 이동활동지원	– 외출동행
		▶ 가사지원	– 식사관리 – 청소관리
연계서비스 (민간후원자원)		▶ 생활지원연계	– 생활용품 지원 – 식료품 지원 – 후원금 지원
		▶ 주거개선연계	– 주거위생개선 지원 – 주거환경개선 지원
		▶ 건강지원연계	– 의료연계 지원 – 건강보조 지원
		▶기타서비스	– 기타 일상생활에 필요한 서비스 연계
특화서비스		– 개별 맞춤형 사례관리 – 집단활동 – 우울증 진단 및 투약 지원	

자료: 보건복지부, 2022년 노인맞춤돌봄서비스 사업안내

5) 서비스 추진체계

▶ 보건복지부(지침, 국고보조금 등 총괄)–시도(사업량 및 예산배정)–시군구(수행기관 선정,관리)–읍면동(신청접수 등)

▶ 중앙노인돌봄지원기관(독거노인종합지원센터)–노인맞춤돌봄서비스 광역지원기관 –노인맞춤돌봄서비스 수행기관(지역)

▶ 한국사회보장정보원: 노인맞춤돌봄시스템 관리

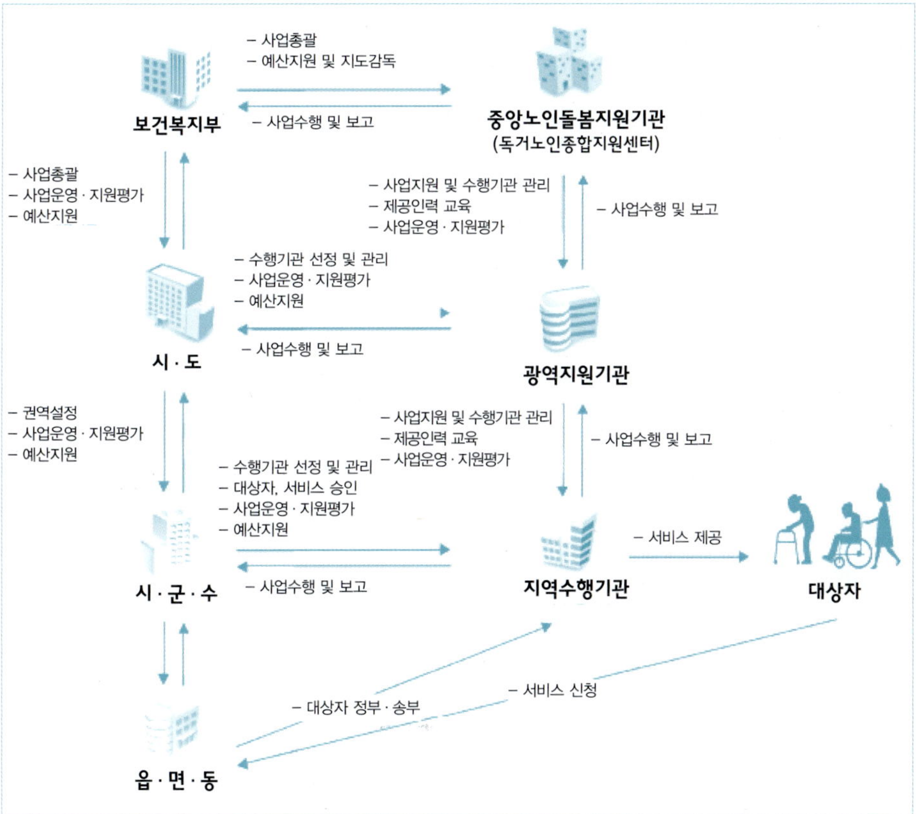

[그림 4–13] 서비스 수행체계

6) 서비스 수행기관

시·군·구는 지역 내 노인인구, 복지서비스의 인프라 등을 고려하여 노인맞춤돌봄서비스(특화서비스 포함) 권역을 설정하고 권역별 수행기관을 선정한다. 2021년도 수행기관은 〈표 4-31〉과 같다.

〈표 4-31〉 유형별 수행기관 수(2021) (단위: 개소)

계	노인복지관	사회복지관	장애인 복지관	재가노인 복지시설	협동조합	직영 (지자체)	사회서비스원	기타
645	182	95	2	235	25	11	7	88

자료: 보건복지부, 2022년 노인맞춤돌봄서비스 사업안내.

7) 수행인력

- 전담사회복지사: 대상자 신청조사, 제공계획수립, 모니터링, 재사정 및 종결, 생활지원사 관리 등, 평균 생활지원사 16명당 1인(2022년)
- 생활지원사: 서비스제공 계획에 따른 서비스제공 1인당 대상자 16명(2022년)
- 지원인력: 사회서비스형 노인일자리

8) 예산

- (지원근거) 「노인복지법」 제4조 및 「노인복지」 제27조의2
- (지원방식) 지자체 경상보조(서울 50%, 그 외 70%)
- 예산편성 및 집행은 관련 법령 및 노인맞춤돌봄서비스지침에 따라 그 절차와 기준을 준수: 「보조금 관리에 관한 법률」, 「사회복지법인 및 사회복지시설 재무·회계규칙」 등

〈참고 1〉 서비스 제공계획 수립 예

서비스 제공계획 수립 예시

- (서비스 제공빈도) 서비스계획의 계입목표를 달성하기 위한 적정수준의 서비스 제공주기·제공시간(제공빈도)을 설정, 제공주기와 제공시간은 중분류의 서비스를 기준으로 함

〈예시〉

서비스명		제공빈도	
대분류	중분류	제공주기	제공시간
안전지원서비스	방문 안전지원	주 2회	1회당 / 10분
사회참여서비스	사회관계 향상 프로그램	주 1~2회	1회당 / 60분
생활교육서비스	정신건강분야	주 1~2회	1회당 / 20분
일상생활지원서비스	가사지원	주 2회 이상	1회당 / 30분

- (서비스 제공방법) 생활지원사는 서비스를 제공하기 위해 가정에 방문하여 서비스를 제공하거나, 방문, 내방, 기타의 형태로 서비스를 제공할 수 있음

〈예시〉

서비스명			제공빈도	제공방법
대분류	중분류	소분류		
안전지원서비스	방문 안전지원	안전 안부확인	생활지원사가 직접 방문하여 안부확인을 실시하는 경우	방문
사회참여서비스	자조모임	자조모임	대상자들이 센터에 모여 자조모임을 진행하는 경우	내방
기타서비스연계	기타서비스연계	기타서비스연계	댁내 화재경보기 등을 설치의뢰한 경우	기타

〈참고 2〉 노인맞춤서비스 제공사례

안전지원	◎ **[안전지원]–[방문안전지원]–[안전 • 안부확인]** – ○○○○ 사회복지시설은 이용자 댁에 직접 방문하여 건강상태, 정서상태 등을 점검 • (서비스 목적) 이용자의 상태를 면밀히 확인하여 적절한 서비스 계획 및 제공 • (서비스 대상) 안전안부확인이 필요한 노인맞춤돌봄서비스 이용자 • (서비스 내용) 건강상태, 정서상태 등 이용자의 전반적인 안전점검 및 안부확인
사회참여	◎ **[사회참여]–[사회관계 향상 프로그램]–[평생교육활동]** – ○○○○ 재가복지시설은 방학기간 중 · 고등학교 빈교실(정보화교실)을 활용하여 이용자를 대상으로 정보화교육을 제공 • (서비스 목적) 온라인 콘텐츠 접근이 취약한 노인을 대상으로 정보화 교육을 진행하여 디지털 격차 축소 • (서비스 대상) 디지털 접근성이 취약한 이용자 00명 • (서비스 내용) ① 손쉬운 사용법, ② 온라인 프로그램 접근방법
생활교육	◎ **[생활교육]–[정신건강 분야]–[인지활동 프로그램]** – ○○○○ 종합복지관은 외부활동이 어려운 이용자를 대상으로 온라인 플랫폼을 이용하여 서비스 제공 • (서비스 목적) 소근육 활용에 좋은 종이접기 활동을 통해 잔존기능 유지에 도움을 주고자 함 • (서비스 대상) 노인맞춤돌봄서비스 이용자 00명 • (서비스 방법) 온라인 플랫폼을 활용하여 강사는 실시간으로 교육 진행, 생활지원사는 강사의 교육진행에 따라 이용자 참여 보조(생활지원사 사전 교육 진행) • (서비스 내용) ① 색깔 인시, ② 꽃, 나비 집기, ③ 다양하게 꾸미기
일상생활지원	◎ **[일상생활지원]–[가사지원]–[식사관리]** – ○○○○ 노인복지관은 식사준비에 어려움을 겪고 있는 이용자를 대상으로 식사준비를 지원 • (서비스 목적) 식사준비 교육을 통해 스스로 영양상태를 점검하고 셀프케어를 지원하고자 함 • (서비스 대상) 식사준비 지원이 필요한 노인맞춤돌봄서비스 이용자 00명 • (서비스 방법) 1. 경로식당의 유휴시간을 활용하여 소규모 교육 진행 2. 거동의 어려움을 겪는 이용자의 경우 생활지원사를 통한 전파교육 진행 • (서비스 내용) ① 화기다루기, ② 제철음식 안내, ③ 제철음식을 활용한 요리교실
연계서비스	◎ **[연계서비스]–[건강지원연계]–[건강보조지원]** – ○○○○ 시설은 난청을 겪고 있는 취약노인에게 '중앙노인돌봄지원기관(독거노인종합지원센터)'의 보청기 지원사업에 참여하여 보청기를 지원 • (서비스 목적) 난청을 겪고 있는 취약노인에게 보청기 지원을 통해 외부활동의 위험요소를 완화 • (서비스 대상) 난청이 심하고 경제적으로 취약한 이용자 00명 • (서비스 내용) ① 청력검사, ② 제작의뢰 및 수령, ③ 검수 및 최종지원

CHAPTER 03

노인과 취업

고령화사회가 급속히 진행되면서 앞으로 노인인력을 적극적으로 활용하는 정책이 필요하다는 주장이 제기되고 있는 반면, 한편에선 경제가 침체되면서 조기퇴직, 명예퇴직, 강제퇴직 등으로 일할 능력이나 의욕이 있는, 그리고 생계를 위해 일하기를 원하는 많은 중고령자가 직장에서 강제로 퇴직을 당하고 있다. 그뿐만 아니라 젊은 층의 높은 실업률로 인해 고령자들의 재취업은 점점 더 어려워지고 있으며, 어려운 노인들을 더욱더 빈곤으로 몰아가는 원인이 되고 있다.

노인취업은 노후의 소득보장의 수단이 되며, 동시에 삶의 보람, 건강 유지, 여가시간 등의 문제를 해결하는 수단이 된다. 노인취업은 다가오는 고령사회의 하나의 해법이라고도 할 수 있는데 인구의 고령화를 이미 경험한 선진국들은 노인들의 경제적 안정을 위해 중고령자의 고용유지 혹은 촉진 정책들을 적극적으로 시행하고 있으며, 다양한 고령자 취업 프로그램을 개발하고 있다.

앞으로 우리나라도 생산연령층의 감소로 노인인력의 활용을 적극 검토해야 하는 시대가 다가오고 있다. 본 장에서는 노인들에게 있어 일의 의미, 그리고 취업실태와 현재 시행되고 있는 노인취업정책 등을 살펴본다.

01 노년기의 일의 의미

1) 노년기의 일의 의미

Freud는 가장 성공적인 삶이란 "사랑하고 일하는 것이다"라고 했다. 이는 일생 동안 어떤 대상을 사랑하고, 자신이 원하는 일을 하면서 사는 것을 말하고 있다. 이처럼 일과 사랑은 삶의 가장 중요한 요소로서 성인기 삶의 핵심을 차지한다.

대부분의 남성들이 성인 초기와 중년기 동안에는 사랑을 기반으로 한 가족생활보다는 직업에 심리적 투자를 많이 하는데, 직업은 자아정체의 핵심이 되며 자존심과 성취 동기의 원천이 된다. 직업을 통해 얻은 수입, 특권, 사회적 지위, 경험은 삶의 양식과 태도, 성격, 그리고 삶의 만족도에도 큰 영향을 미친다.

그러나 나이가 들면서 일이 개인에게 주는 의미도 달라진다. Cohn(1979)은 직업 만족도와 삶의 만족도와의 관계를 분석한 연구에서 젊은 남성들에게 직업만족도와 삶의 만족도는 상관관계가 있었으나 노인에게는 별로 상관이 없다고 밝히고 있다. 더욱이 직업 만족도가 은퇴 직전에 절정에 이르기보다 급강하한다는 연구결과도 있다(Ekerdt & DeViney, 1993).

이는 노년기에 있어서의 일의 중요성이 젊은 시절보다 감소되며 의미가 달라진다는 것을 시사한다. 노년기에는 일에서 얻는 사회적 지위나 인정, 성공, 보수와 같은 외적인 보상의 중요성은 약화된다. 어떤 일이 젊은 시절 생존을 위해 소홀히 했던 자아의 측면들을 실현시켜 줄 수 있고 자신의 삶을 더욱 가치 있는 것으로 만들어 줄 수 있는 것일 때 그 일은 개인적 의미가 크다. 따라서 노년기의 일은 소득과 관련된 것만이 아니라 자신이 흥미를 느끼며 즐겁게 할 수 있고 적절한 활동 수준을 유지해 줌으로써 삶의 활력을 불어넣어 줄 수 있을 때, 그 일은 개인의 신체와 정신 건강을 향상시키는 데 의미 있는 일이 된다(김애순, 2004).

2) 노년기와 직업만족도

대체로 직업만족도는 30대와 40대를 거쳐 서서히 상승한다는 견해가 지배적인데, 이는 오랜 재직기간, 직무에서의 연장자 위치, 높은 직위로 인해 자신이 하는 일이 비교적 내적 동기(흥미, 자율성, 성장을 위한 자극 등)를 만족시켜 주기 때문으로 추정된다.

이는 역으로 나이가 들어도 이러한 제 조건이 갖추어져 있지 않고 내적 동기를 만족시키는 일에 종사하지 못할 경우 만족감이 적을 수 있음을 의미한다.

계속적으로 일하고 있는 전문직 노인들을 대상으로 한 연구에서 이들이 일에 만족하는 이유는 건강에 좋고, 자녀에게 의존하지 않아서 좋고 손자들에게 용돈을 줄 수 있고 소일거리가 있어서였다. 즉, 일을 함으로써 독립적이고 정신적으로 건강하게 살 수 있다는 데 만족하고 있었다(박숙자, 1999). 이것은 외적인 보상이 많고 적음을 중요시하기보다는 무료함을 덜어 주고 자립적이고 적절한 활동수준을 유지해 주는, 아직도 활동하고 있다는 것에 대한 만족감이라고 볼 수 있다.

3) 노년기와 직무능력

최근 기업의 구조조정에서 보듯이 중고령자들이 먼저 해고되고 재취업이 어려운 이유 중의 하나는 우리 사회의 노인에 대한 편견이라고도 할 수 있다. 젊은이들은 신뢰감이 없고 경험이 부족하지만 정력적이고 수행능력이 우수하며, 재훈련 효과가 있다고 생각하는 반면, 나이 든 사람들은 책임감이 있고 지식은 풍부하나 수행능력이 떨어지고 재훈련의 효과가 적으며 새로운 기술을 배우기 어렵다고 생각한다. 무엇보다 나이 든 사람을 꺼리는 이유는 다루기가 어렵고 시대에 뒤떨어진다는 생각 때문이다.

나이와 직무능력과의 관계를 밝힌 연구들은 일관성이 적다. 대체로 직무능력은 초년과 노년보다 중년기에 절정에 달한다는 것이 지배적이다. 그러나 직장생활 5년 이상을 한 사람과 초년생과는 수행능력에 뚜렷한 차이가 나타나지만 중견 경력자와 은퇴를 앞둔 사람과는 유의미한 차이가 없다는 주장이 있으며(Sterns & Miklos, 1995), 오히려 은퇴를 앞둔 근로자가 적어도 하나의 자질은 우수하다는 사실이 밝혀지고 있다.

실제로 나이와 직무능력과의 관계는 감각과 기억력, 지능, 학습능력 등 연령증가에 따른 인지능력의 변화와 관련이 있다. 즉, 나이가 들면 감각과 지각능력의 감퇴로 단순반응속도가 떨어지며, 기억력, 정보처리 능력의 감퇴로 새로운 것을 학습하는 능력이 떨어진다.

그러나 이러한 단순반응속도와 학습능력의 감퇴는 나이가 들어도 적절한 학습조건에서 재훈련을 통해 충분히 보상될 수 있다. 또한, 유동성 지능(공간수행능력)은 나이가 들면서 저하되나, 경험과 학습의 영향을 받는 결정화된 지능(판단력, 상식, 어휘력)은 60세까지도 증가한다. 따라서 속도를 요하는 작업이 기계로 대치되었을 때 나이 든 근로자들의 반응속도의 느림은 축적된 기술과 경험으로 보상될 수 있다(김애순, 2004).

따라서 노인의 작업능력이 떨어진다고 일률적으로 말하기 어려우며, 비록 젊은이들에 비해 떨어지더라도 그들에게 맞는 작업환경을 정비하여 그들의 경험과 능력을 적절하게 사용하여 활용한다면 젊은이들 못지않게 좋은 결과를 얻을 수 있을 것이다.

02 노인취업의 필요성

고령사회에서 노인인력의 활용은 개인의 복지적 측면은 물론, 사회적 측면에서도 중요한 과제이다. 노인인력 활용이 필요한 이유를 다음과 같은 관점에서 살펴볼 수 있다.

1) 노후의 소득보장

고령자들에 대한 소득보장정책의 일환으로 국가가 그들에게 취업 기회 부여를 위한 정책을 펴는 것은 매우 중요한 일이다. 현대사회에 있어서의 노인문제는 노화현상에서 오는 문제보다는 인간의 생계수단인 노동으로부터 배제당함으로써 일상생활을 영위해 나가는 데 필요한 소득을 얻을 수 있는 길이 막히고 있다는 것이 더욱 심각한 문제라고 할 수 있다. 노인들이 고령임에도 불구하고 취업을 원하는 배경에는 생계와 관련된 긴박한 사정이 있음을 간과해서는 안 된다.

현재 우리나라의 노인들은 다른 나라의 산업사회처럼 노령연금제도와 공적부조가 충분히 확립되지 않은 상태에서 과도한 자녀양육비 및 자녀결혼에 따른 비용을 지출하여 노후에 대한 준비를 거의 할 수 없었고, 대부분의 경우 자녀에게 생활비를 의존하고 있는 실정이다.

핵가족화로 인한 가족이나 자녀부양 기능의 약화와 자산 수입이 아닌 퇴직금, 연금 등 노후소득보장정책의 불안정으로 노인의 생계수단은 미흡하고, 종래의 가족 의존적인 부양태도가 약화되어 가족의 부양 기능이 저하되고 있기 때문에 국민연금제도와 기초생활보장제도의 성숙도가 낮은 현 상황 속에서 노인들에게 일자리는 소득창출의 중요한 역할을 한다고 할 수 있다.

2) 사회보장비용의 안정화

평균수명의 연장에 따른 사회보장 급여기간의 장기화, 조기퇴직으로 인한 사회보장비의 증대 등은 사회보장제도의 재정지출을 증가시키고 있다. 또한, 생산연령인구의 상대적 감소는 사회보험료 납부자의 감소를 가져와 재정수입을 감소시키고 사회보장재정을 악화시키고 있다. 따라서 사회보장재정의 안정화를 위해서도 노인들의 취업은 중요한 의미를 갖는다.

선진국의 경우 가중되는 복지재정 부담은 인구 고령화에 의한 노인복지 비용의 폭발적 증가가 주 원인이 되고 있으며, 높은 복지재정 지출로 그동안 개발되어 온 많은 복지 프로그램이 시행상의 어려움을 겪고 있다. 일본의 경우도 1950년대에는 생산인구 14명이 1명의 노인을 부양했으나 1985년에는 4.5명, 2015년에는 2.5명이 1명의 노인을 부양하게 되었고, 노인복지 프로그램 역시 높은 재정부담으로 한계에 도달해 수정이 불가피하게 되어 노인취업 확충을 위한 다양한 정책을 실시하고 있다.

현재 우리나라 국민연금의 설계구조에 의하면 연금재정은 9%의 보험료율을 계속 유지하는 경우 2033년경이면 당해 연도 재정수지가 적자로 변하고, 2057년경이면 연금적립기금이 소진될 것으로 예상된다. 한편, 현재의 연금수급연령은 60세이고 관행적인 퇴직연령이 55세인 점을 감안하면, 퇴직연령과 연금수급연령의 불일치로 노후소득보장의 기능조차 문제가 되고 있다. 55세 이후 정년 연장이나 재취업을 통해 연금의 계속 가입자가 된다면 연금기금 형성에도 기여하고 연금급여 시기도 연장되어 결국은 연금급여를 위한 사회적 비용을 절약할 수 있을 것이다.

3) 노인의 삶의 질: 취업권리

취업에 대한 노인들의 욕구는 소득을 확보하려는 경제적 측면뿐만 아니라 사회참여의 욕구도 포함하고 있으므로 노인에게 취업은 매우 중요한 의미를 지닌다. 또한, 노인들에게 취업에 대한 기회를 제공해 주는 것은 노후의 경제적인 자립생활은 물론 삶의 보람을 증진시키므로 사회적으로도 바람직하다.

취업의욕은 본인의 성격, 교육수준, 경제적 여유, 건강과 아울러 사회문화적 통념이 강한 영향을 미친다. 많은 사람이 그들의 삶을 통해서 오랫동안 일을 계속하면서 살아가고, 연령에 관계없이 그 직업이 의미 있다고 생각하는 사람은 직업에 남아 있기를 원한다.

인간은 누구나 생존을 위해서 일할 수 있는 권리를 보장받아야 한다. 고령임에도 불구하고 취업을 원하는 배경에는 생계와 관련된 긴박한 사정이 있을 수 있기 때문에 취업욕구를 갖고 있는 노인들의 문제는 사회적 관심의 대상이 되어야 한다.

우리나라 「헌법」에 보장된 생존권은 사회구성원에게 주어지는 국가의 은급이 아니라 이 사회에서 삶을 영위하는 자의 당연한 권리이다. 또한, 생존권은 단지 생명을 유지하는 정도가 아니라 문화적인 인간의 삶에 대응하는 정도의 것이 되어야 한다. 이러한 관점에서 보면 노인은 단지 부양대상이어서는 안 되며, 젊은 세대와 동등하게 이 사회에서 독립하여 자활할 권리가 있는 것이다.

노인의 노동권리를 법으로 보호하려는 경향은 이미 1948년 유엔총회에서 채택된 '노인인권선언(Declaration of the Old Age Rights)'에서 잘 나타난다. 이 선언은 노인의 생계보장의 권리, 사회 참여의 권리, 취로의 권리 등을 표방한다. 1961년 미국 백악관회의(White House Conference)에서 채택된 '고령시민헌장(Senior Citizen's Charter)'에서도 노인의 사회 참여와 취로의 권리를 선언하고 있다. 우리나라도 「헌법」에서 인간으로서의 존엄과 가치, 인간다운 생활을 할 권리, 사회보장수급권 등을 보장하고 있다. 「노인복지법」의 기본이념 조항(제2조)에서는 노인은 능력에 따라 적당한 일에 종사하고 사회적 활동에 참여할 기회를 보장받는다고 규정하고, 국가와 지방자치단체는 이 기본이념을 구현할 수 있도록 노력할 책임이 있으며 노인에게 적합한 직종의 개발·보호, 근로능력이 있는 노인에게 일할 기회를 제공할 것을 규정하고 있다. 고령자의 취업을 지원·촉진함을 목적으로 제정된 「고령자고용촉진법」에서도 국가와 사업주의 책무를 규정하고 정부의 고령자 취업 지원, 고령자의 고용촉진정책, 정년 연장 지원 등이 규정되어 있다. 이 법들에서의 권리가 구체적·강제적인 성격을 띠고 있지는 않으나, 노인취업을 노인의 권리로 보는 인식이 필요하다.

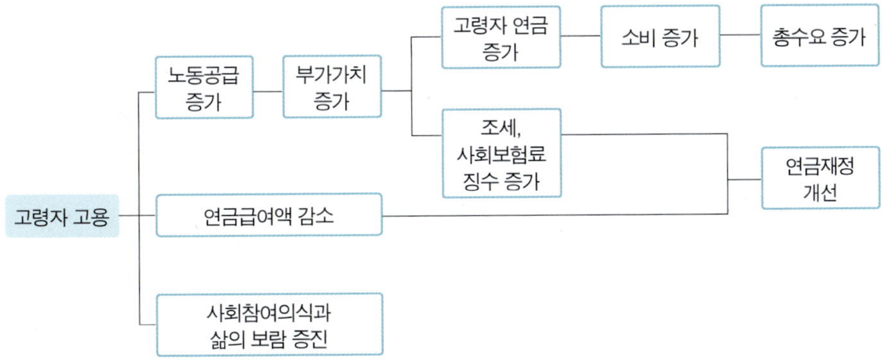

자료: 선우덕(2003). 「고령사회 노인인력의 효율적 활용방안」에서 재인용.

[그림 4-14] 고령자의 고용효과

03 노인의 취업 현황

1) 경제활동 참가 현황

2021년 65세 이상 노인의 고용률은 34.9%로 전년(34.1%) 대비 0.8%p 상승하였으며, 노인의 고용률은 15세 이상 인구 전체 고용률(60.5%)에 비해 낮은 수준이나 계속 증가하고 있다.

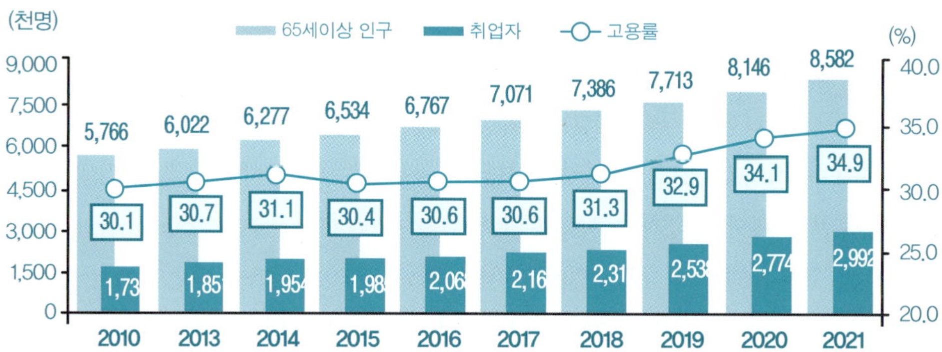

자료: 통계청, 「경제활동인구조사」.

[그림 4-15] 65세 이상 고용 현황

〈표 4-32〉 65세이상 경제활동 현황

(단위: %)

	65세 이상 인구	경제활동인구			고용률[1]	실업률[2]
			취업자	실업자		
2017	7,071	2,228	2,166	62	30.6	2.8
2018	7,386	2,381	2,311	70	31.3	2.9
2019	7,713	2,622	2,538	85	32.9	3.2
2020	8,146	2,879	2,774	105	34.1	3.6
2021	8,582	3,112	2,992	119	34.9	3.8
전체[3] (2021년)	45,080	28,310	27,273	1,037	60.5	3.7

주 1) 고용률 = 고령자(65세 이상) 취업자 수 ÷ 고령자(65세 이상) 인구 × 100

2) 실업률 = 고령자(65세 이상) 실업자 수 ÷ 고령자(65세 이상) 경제활동인구 × 100

3) 15세 이상 인구임

자료: 통계청, 「2022 고령자통계」.

2) 산업별/직업별 취업 현황

2021년 65세 이상 취업자의 산업별 비중은 사업 · 개인 · 공공 서비스 및 기타(44.0%), 농림어업(25%), 도소매, 음식숙박업(13.1%) 순으로 높았으며, 전체 취업자보다 노인의 종사 비중이 높은 산업은 농림어업, 사업 · 개인 · 공공 서비스 및 기타로 나타났다(표 4-33).

직업별 취업자 비중을 보면 단순노무 종사자(36.6%)로 가장 많고 다음으로 농림어업숙련종사자가(24.2%), 서비스 · 판매 종사자(16.8%) 순으로 나타났다(표 4-34).

〈표 4-33〉 산업별 취업자 분포(65세 이상)

(단위: 천 명, %)

	취업자	소계	농림어업	광·제조업	제조업	사회 간접자본 및 기타 서비스업	건설업	도소매·음식 숙박업	사업·개인·공공 서비스및 기타	전기·운수·통신·금융업
2017	2,166	100.0	27.4	6.8	6.6	65.8	3.3	16.1	39.7	6.7
2018	2,311	100.0	27.4	6.7	6.6	65.9	3.6	15.4	39.9	7.1
2019	2,538	100.0	25.6	6.4	6.3	68.0	3.7	14.6	42.8	7.0
2020	2,774	100.0	25.1	6.1	6.0	68.9	3.9	14.1	43.2	7.7
2021	2,992	100.0	25.0	5.7	5.7	69.3	4.3	13.1	44.0	7.8
전체 (2021년)	27,273	100.0	5.3	16.1	16.0	78.6	7.7	20.0	38.6	12.3

자료: 통계청, 「경제활동인구조사」 각년도.

〈표 4-34〉 65세 이상 직업별 취업자 분포

(단위: 천 명, %)

	취업자	소계	관리자·전문가	사무 종사자	서비스·판매 종사자	농림어업 숙련종사자	기능·기계조작 종사자	단순노무 종사자
2017	2,166	100.0	4.8	2.5	17.0	25.9	12.7	37.0
2018	2,311	100.0	5.1	3.0	17.0	26.0	13.2	35.7
2019	2,538	100.0	5.5	3.0	17.7	24.6	13.5	35.8
2020	2,774	100.0	5.3	3.4	17.5	24.2	13.5	36.0
2021	2,992	100.0	4.8	3.4	16.8	24.2	14.1	36.6
전체 (2021년)	27,273	100.0	21.9	17.4	21.4	5.1	19.7	14.4

자료: 통계청, 「경제활동인구조사」 각년도.

3) 취업욕구와 취업 이유

2022년 경제활동인구조사에 의하면(55~79세), 장래 근로하기를 원하는 비율은 68.5%(1,034만 8천명)로 전년 동월대비 0.4% 상승하였다. 근로 희망 사유로는 '생활비에 보탬'(57.1%), '일하는 즐거움'(34.7%) 순으로 많았으며, 성별로는 남자(77.3%)가 여자(60.4%)보다 장래에 일하기를 더 원했고, 근로 희망 사유는 남녀 모두 '생활비에 보탬'이 가장 많았다(표 4-35). 근로 희망연령은 73세로 나타났다(표 4-36).

〈표 4-35〉 취업의사 및 취업을 원하는 이유(55~79세)

(단위 : 천명, %)

		2022.5						
		55~79세	구성비	전년대비 증감	남자	구성비	여자	구성비
〈 전 체 〉		15,098	100.0	–	7,268	100.0	7,830	100
장래근로 원하지 않음		4,750	31.5	-0.4	1,652	22.7	3,098	39.6
장래근로 원함		10,348	68.5	0.4	5,615	77.3	4,733	60.4
취업희망동기	일하는 즐거움	3,595	34.7	1.5	2,101	37.4	1,494	31.6
	생활비에 보탬	5,912	57.1	-1.6	3,064	54.6	2,848	60.2
	사회가 필요로 함	216	2.1	-0.2	159	2.8	57	1.2
	건강유지	201	1.9	-0.1	118	2.1	82	1.7
	무료해서	425	4.1	0.3	173	3.1	252	5.3
	기 타	–	–	–	–	–	–	–

자료: 통계청(2022),「경제활동인구조사 고령층 부가조사」.

〈표 4-36〉 연령구간별 평균 근로 희망 연령(55~79세)

(단위 : 천명, %)

		55~79세	55~59세	60~64세	65~69세	70~74세	75~79세
2022. 5	장래 근로 희망자	10,348 (100.0)	3,415 (33.0)	3,180 (30.7)	1,971 (19.0)	1,132 (10.9)	650 (6.3)
	근로희망연령	73세	69세	72세	75세	79세	82세

자료: 통계청(2022),「경제활동인구조사 고령층 부가조사」.

4) 일자리 선택기준

2022년 장래 근로 희망자의 일자리 선택 기준은 일의 양과 시간대(28.9%), 임금수준(21.5%), 계속근로 가능성(16.4%) 순으로 높았으며, 성별로는 남자는 임금수준(23.4%), 여자는 일의 양과 시간대(35.9%)가 가장 많았다(표 4-37).

〈표 4-37〉 일자리 선택기준(55~79세)

(단위: %)

	2021.5				2022.5					
	장래근로 희망자	구성비	남자	여자	장래근로 희망자	구성비	남자	구성비	여자	구성비
〈 전 체 〉	10,059	100.0	5,464	4,595	10,348	100.0	5,615	100.0	4,733	100.0
임금수준	2,157	21.4	1,281	876	2,222	21.5	1,313	23.4	909	19.2
일의 양과 시간대	2,854	28.4	1,177	1,677	2,988	28.9	1,290	23.0	1,698	35.9
일의 내용	1,332	13.2	781	551	1,432	13.8	817	14.5	615	13.0
출퇴근거리 등 편리성	791	7.9	293	498	774	7.5	284	5.0	491	10.4
계속근로가능성	1,770	17.6	1,147	624	1,693	16.4	1,083	19.3	610	12.9
과거취업연관성	1,010	10.0	679	331	1,075	10.4	709	12.6	367	7.7
그 외[1]	145	1.4	107	39	165	1.6	121	2.2	43	0.9

자료: 통계청, 「경제활동인구조사 고령층 부가조사」 각 연도.

04 노인고용 및 일자리정책

현재 고령자 고용 및 재취업 프로그램은 크게 두 측면으로 나눌 수 있다. 하나는 노동시장에 참여할 수 있는 소위 55세부터 65세에 해당하는 중고령자들을 위한 정책으로 이들의 고용을 유지하고 촉진하는 정책이 고용노동부에 의해 고용정책의 일환으로 「고령자고용법」에 근거하여 실시되고 있다. 또 하나는, 노동시장에서의 고용이 어려운 고령노인들을 대상으로 복지적 차원에서 생계비 마련이나 용돈에 도움을 주는 일거리사업 등이 보건복지부에 의해 「노인복지법」에 근거하여 실시되고 있다. 구체적인 사업내용은 아래와 같다.

1) 「고령자고용법」에 의한 정책

고령자가 그 능력에 적합한 직업에 취업하는 것을 지원·촉진함으로써 고령자의 고용안정과 국민 경제 발전에 기여하기 위하여 1992년 7월 「고령자고용촉진법」이 제정되었으며, 2008년 3월 고령자에 대한 연령차별을 금지하는 내용이 신설되면서 명칭도 「고용상 연령차별 금지 및 고령자고용촉진에 관한 법률(약칭: 고령자고용법)」로 개정되었다(시행 2009. 3. 22). 이 법의 대상은 55세 이상의 고령자와 50~55세의 준고령자이며, 이들의 고용을 촉진하기 위해 기준고용률 제도, 정년지도, 고령자우선고용 직종선정 및 우선채용, 취업정보 및 취업알선 서비스 제공 등의 사업이 추진되고 있다.

(1) 기준고용률 제도

고령자 고용을 촉진하기 위해 「고령자고용법」(제2조제5항)에서는 300인 이상 사업장에 대해 '고령자 기준고용률'을 제시하여 일정 비율 이상의 55세 이상 고령근로자를 채용하도록 권장하고 있다. 종래의 300인 이상의 사업장에 동일하게 적용하던 3%의 기준고용률은 2003년 7월 시행령 개정으로 현재는 업종에 따라 각기 다르게 적용하고 있다. 즉, 고령자 고용이 어려운 제조업은 2%로 낮추고, 상대적으로 고령자를 선호하는 부동산임대업과 운수업은 6%로 상향하고, 그 외 업종은 3%를 그대로 유지하고 있다.

고령자 고용을 촉진하기 위해 기준고용률 이상으로 고령자를 추가로 채용하는 경우 조세감면 혜택을 주고 있으며, 초과 고용하는 고령자 수에 비례하여 예산 범위 안에서 일정 기간 고용지원금을 줄 수 있도록 규정하고 있다.

(2) 고령자 우선고용직종

우선고용직종은 「고령자고용법」 제15조, 제16조의 규정에 따라 고용노동부가 고시하는데 이에 따르면 사업주들은 고시된 직종에 대해서는 고령자(55세 이상) 및 준고령자(50세 이상)를 우선적으로 고용하도록 노력하여야 하며 국가, 지방자치단체, 정부투자, 출연기관 등 공공기관은 이들을 우선적으로 고용하여야 한다.

공공부분 우선고용직종은 경비원, 공원관리인, 주차장관리인 등 단순노무 직종 이외에도 인사노무관리자, 경영컨설턴트 등 사무직 퇴직자가 전직 경력을 활용할 수 있는 직종이다. 또한, 민간부분 우선고용직종은 고령자의 직업 영역이 다양화되는 추세를 반영하여 창고관리인, 검수원 등 단순노무 분야에서 공학기술자문가, 창업컨설턴트, ISO인증원 등 전문 분야까지 포함하여 선정되고 있다.

(3) 정년지도, 재고용 및 계속고용 장려

2013년 「고령자고용법」 개정으로 '사업주는 근로자의 정년을 60세 이상으로 정하여야 한다'(제19조의2)고 규정하였으며, 2017년부터 전 산업체에 적용하도록 하였고, 정년 연장 시 임금체계 개편에 대해 고용지원금 등을 지원할 수 있도록 하였다. 또한, 정년에 도달한 자가 그 사업장에 다시 취업하기를 원할 때 그 직무수행 능력에 맞는 직종에 재고용하도록 노력할 것을 권고하고 있으며, 정년퇴직자를 재고용하거나 정년퇴직자의 고용안정에 필요한 조치를 하는 사업주에게 장려금 지급 등을 지원할 수 있게 하였다(제21조의2).

(4) 고령자 취업알선

「고령자고용법」에서는 고령자의 취업지원을 위해 고령자에 대한 직업능력개발훈련, 고용정보센터의 운영, 고령자인재은행의 지정, 중견전문인력 고용지원센터를 지정하여 고령자의 취업을 알선하고 지도하고 있다.

'고령자인재은행'은 고령자의 취업능력을 강화하고 일자리 기회를 넓히기 위한 목적으로 1993년부터 YWCA 등 무료 직업소개사업을 수행하는 민간단체(비영리법인 및 공익단체)를 '고령자인재은행'으로 지정하여 고령자 취업알선 서비스를 제공하게 하고 운영비의 일부를 지원하고 있다. 현재 전국적으로 50개 기관이 지정되어 운영되고 있으며 취업알선과 상담기능의 강화를 위해 각 기관의 운영실적에 따라 사업비를 차등 지원하고 있고 업무능력 향상을 위해 취업알선에 대한 교육도 지원하고 있다.

'중견전문인력 고용지원센터'는 퇴직이나 전직을 희망하는 고급·중견전문인력에 대한 취업알선·상담을 통해 고용안정을 도모하고 전문인력 활용으로 중소기업 등의 경영 애로를 해소하는 데 기여함을 목적으로 설립되었다. 현재 한국경영자총협회를 중견전문인력 고용지원센터로 지정하여 취업알선, 구인업체의 고용상담 등의 사업비를 지원하고 있다.

중견전문인력 고용지원센터에서는 현재 과장급 이상으로서 퇴직, 전직을 희망하는 경력자들을 70여 개 직종으로 분류하여 인력풀을 구성하여 운영하고 있으며, 구인·구직알선 및 고용상담 서비스를 제공하고 있다.

2) 「노인복지법」에 의한 노인일자리사업

「노인복지법」 제23조에 근거하여 보건복지부에서 실시하고 있는 노인취업 관련 사업으로는 노인일자리사업, 노인취업지원센터 지원, 시니어클럽 지원, 노인일자리박람회 개최 등이 실시되고 있다.

(1) 노인일자리 및 사회활동지원 사업

「노인복지법」 제23조(노인 사회참여 지원), 제23조제2항(노인일자리 전담기관의 설치·운영 등), 「저출산·고령사회기본법」 제11조(고용과 소득보장), 제14조(여가·문화 및 사회활동의 장려)에 근거하여 실시되고 있는 노인일자리사업은 중앙정부(보건복지부)와 지방정부가 사업 수행기관에 참여 비용을 지원함을 통해 창출되는 일자리로 2004년부터 시작하여 지속적으로 확대되고 있다.

이 사업은 일을 통한 적극적 사회참여, 소득보충 및 건강증진 등으로 노인문제 예방 및 사회적 비용을 절감하고, 노인인력 활용에 대한 사회적 인식 개선 및 민간 참여 도모를 목적으로 한다. 2011년 「노인복지법」 개정으로 노인의 능력과 적성에 맞는 일자리 지원사업을 전문적·체계적으로 수행하기 위한 노인일자리 전담기관을 설치·운영할 수 있도록 하였으며, 현재 전담기관으로 노인인력개발기관, 노인일자리지원기관, 노인취업알선기관을 규정하였다.

보건복지부는 이 사업의 관리를 위해 2005년 한국노인인력개발원을 설립하였으며, 개발원은 상시 사업관리, 성과관리, 수요조사, 지역협의체 구성하여 운영하고 있다.

사업 유형에는 공공형(공익활동), 사회서비스형, 민간형(시장형사업단, 취업알선형, 고령자친화기업, 시니어인턴십 등)이 실시되고 있다.

참여대상은 공익활동은 만 65세 이상인 자로 기초연금수급자만 가능하며, 유형별 참여 자격, 기간, 활동지원비 등은 다음과 같다(표 4-38).

〈표 4-38〉 노인 사회활동 및 일자리사업 유형

유형		내용	세부사업	근무시간 및 활동비
공공형	공익활동	노인이 사기만족과 성취감 향상 및 지역사회 공익 증진을 위해 참여하는 활동	노노케어, 취약계층지원, 공공시설봉사, 경륜전수 활동 등 봉사활동성격	만 65세 이상 기초연금수급자 – 11개월(여건에 따라 단력 운영) – 월 30시간 이상(일 3시간 이내) – 월 27만 원
사회서비스형		노인의 경력과 활동역량을 활용하여 사회적 도움이 필요한 영역(돌봄,안전 등)에서 서비스를 제공하는 일자리	가정 및 세대사업(보육교사보조, 급식지원, 귀가지원 등) 취약계층전문서비스 공공전문서비스(모니터링, 시설점검원, 행정업무지원 등) 노인일자리 담당업무지원등	만 65세 이상 – 10개월 – 주 15시간, 월 60시간 이상 – 월 최대 712,800원(주휴수당 포함)
사회서비스형 선도모델		외부자원을 이용한 사회서비스분야 신노년 세대 맞춤형 일자리		만 60세 이상 –참여노인 1인당 최대 32만원*5개원 (연간 최대 160만원)

유형		내용	세부사업	근무시간 및 활동비
민간형	시장형 사업단	참여자 인건비 일부를 보충 지원하고 추가 사업 수익으로 연중 운영하는 노인일자리	공동작업장 운영 사업, 식품 제조 및 판매, 공산품 제작 및 판매, 매장 운영, 지역 영농, 운송(택배) 등	만 60세 이상 – 사업단별 계약서상 정한 시간 및 급여에 따름
	취업 알선형	수요처의 요구에 의해서 일정 교육을 수료하거나 관련된 업무 능력이 있는 자를 해당 수요처로 연계하여 근무기간에 대한 일정 임금을 지급받을 수 있는 일자리	관리사무 종사자, 교육 관련 종사자, 서비스 종사자, 판매 종사자, 농림어업 숙련 종사자 등 – 시험감독관, 주유원, 주례사, 가사도우미, 건물관리, 경비 등	만 60세 이상 –근무시간 및 급여: 근로계약서상 정한 근무시간 및 급여에 따름 수행기관 사업비 지원
	시니어 인턴십	만 60세 이상자의 고용촉진을 위해 기업에 인건비를 지원하여 계속고용을 유도하는 사업	인턴 경기취업유지형 세대통합형	인건비 지원 – 인턴 지원금, 채용 지원금, 장기취업유지 지원금 수행기관 사업비 지원
	고령자 친화 기업	고령자가 경쟁력을 가질 수 있는 적합한 직종에서 다수의 고령자를 고용하는 기업 설립 지원	식품 제조 및 판매 사업, 일상생활지원 서비스, 베이커리류 제조, 세탁 및 드라이크리닝, 시설관리서비스 등	기업 및 기관의 근로계약에 의함 – 개소당 1~3억 원 지원

자료: 한국노인인력개발원(www.kordi.or.kr) 참조.

노인일자리사업은 2020년 총 1,297개 수행기관에서 10,527 사업단을 통해 사업이 추진되었다. 활동별로는 공익활동이 5,945사업단(549,828명)으로 가장많았고 다음으로 시장형이 2,124사업단(68,729명)으로 많았다(표 4-39).

노인일자리사업은 지자체,노인복지관, 시니어클럽, 대한노인회 등에서 실시하고 있는데, 노인복지관 271개, 대한노인회 201개, 시니어클럽 187개 순으로 많았으며, 추진실적은 시니어클럽이 누적 참여자수 256,449명으로 가장 높았다(표 4-40).

〈표 4-39〉 2020년 노인일자리사업 실적 현황 (기준: 2020. 12. 31., 단위: 개, 명, %)

구분		확정내시 목표사업량 (A)	배정 사업량	사업단	누적 참여자수 (명)	중도 포기자수 (명)	추진실적4) (B)	추진율 (B/A)*100 (%)
2020년 전체		740,100	746,060	10527	840,673	86,444	769,605	104
공공형	공익활동	543,350	549,828	5,945	623,215	69,114	554,101	100.8
	노노케어		78,844	881	87,013	8,180	78,833	
	취약계층지원		12,929	214	14,756	1,614	13,142	
	공공시설봉사		442,231	4,271	502,891	57,548	445,343	
	경륜전수활동		15,949	579	18,443	1,695	16,748	
	재능나눔	30,000	30,000	604	32,664	1,954	30,710	102.4
사회서비스형	사회서비스형	37,000	37,336	1,264	45,764	4,140	45,764	112.5
	아동청소년 서비스 지원		20,155	482	24,368	2,119	24,368	
	가정 서비스 지원		151	17	189	6	189	
	장애인 서비스 지원		1,638	85	2,014	218	2,014	
	노인 서비스 지원		10,534	471	12,932	1,386	12,932	
	상담 및 컨설팅 지원		397	47	544	47	544	
	기타		4,461	162	5,717	364	5,717	
민간형	시장형사업단	60,000	61,390	2,124	68,729	10,695	68,729	114.5
	취업알선형	50,000	49,896	336	53,439	–	53,439	106.9
	시니어인턴십	17,500	15,360	159	15,547	604	15,547	88.8
	고령자친화기업	2,250	2,250	45	1,315	–	1,315	58.4

자료: 한국노인인력개발원(2022). 노인일자리사업 정보시스템 2020.

〈표 4-40〉 수행기관 유형별 추진실적 (기준: 2020. 12. 31., 단위: 개, 명, %)

구분	기관수[1]	배정사업량[2]	추진실적[3]				
				공익활동	사회서비스	시장형 사업단	취업알선형
합계	1,297	663,450	684,944	554,101	45,764	68,729	16,350
	(100)	(100)	(100)	(100)	(100)	(100)	(100)
지자체	148	105,427	103,364	101,679	631	1,054	0
	(11.4)	(15.9)	(15.1)	(18.4)	(1.4)	(1.5)	(0.0)
시니어클럽	187	238,625	256,446	165,808	27,907	53,935	8,799
	(14.4)	(36.0)	(37.4)	(29.9)	(61.0)	(78.5)	(53.8)
대한노인회	202	101,414	102,723	91,945	6,251	3,320	1,207
	(15.6)	(15.2)	(15.1)	(17.1)	(6.2)	(7.6)	(5.3)
노인복지관	271	101,414	102,723	91,945	6,251	3,320	1,207
	(20.9)	(15.3)	(15.0)	(16.6)	(13.7)	(4.8)	(7.4)
종합사회복지관	189	41,809	40,366	37,598	1,545	1,030	193
	(9.3)	(3.9)	(3.9)	(4.3)	(4.1)	(1.1)	(1.0)
지역문화원	13	1,451	1,513	1,397	102	0	14
	(1.0)	(0.2)	(0.2)	(0.3)	(0.2)	(0.0)	(0.1)
기타	167	48,640	50,587	37,450	4,605	3,425	5,107
	(12.9)	(7.3)	(7.4)	(6.8)	(10.1)	(5.0)	(31.2)

주 1) 기관수는 사업별 중복을 제외함

2) 배정사업량에는 지자체 예산으로 추진하는 사업이 포함되어 있어 확정시 사업량과 차이가 있음.

3 추진실적은 공익활동의 경우 누적참여자수–중도포기자수로 산출하여, '사회서비스형', '시장형사업단', '취업알선형'은 누적참여자수로 산출함.

자료: 한국노인인력개발원(2022). 노인일자리사업 정보시스템 2020.

〈표 4-41〉 예산지원기준(2022년)

유 형		참여자 1인 예산지원 기준				국고 보조
		활동비(월)	부대경비(연)	참여기간	계	
공익형 (공익활동)		270천원	180천원	평균11개월	3,150천원	50% (서울 30%)
사회서비스형		594천원	1,991천원	10개월	7,931천원	
민간형	시장형사업단	2,670천원		연중	2,670천원	
	취업알선형	–	(지자체보조) 150천원	연중	150천원	

* 시장형사업단, 취업알선형의 경우 사업비로 활용

** 주휴 및 연차 수당 연 1,485천원 포함

자료: 2022년 노인보건복지사업안내.

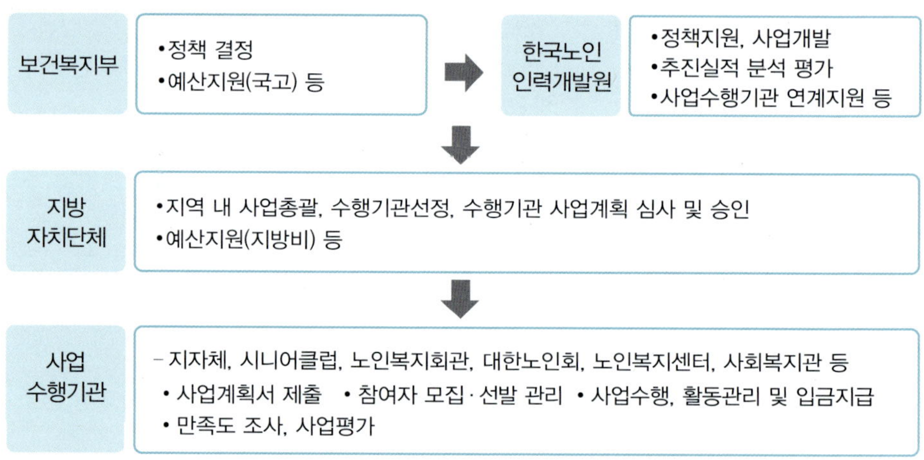

[그림 4-16] 노인일자리 사업 추진체계

(2) 노인취업지원센터

1981년부터 보건복지부령에 의하여 실행되어 오던 노인능력은행을 노인취업알선센터로 확대·개편하여 실시해 왔다. 현재는 노인취업지원센터란 명칭으로 대한노인회의 시·도 연합회 및 시·군·구 지회가 운영하고 있고 복지부가 일부 비용을 지원하고 있다. 현재는 노인취업지원기관으로서의 전문성 강화와 노인일자리전담기관으로서의 역량을 강화하는 데 목표를 두고 있다.

주요 사업내용은 ① 취업상담 및 알선, 사후관리, 취업지원 관련 기관과의 연계, ② 노인 구인처 개발, ③ 취업희망 노인을 위한 교육 프로그램 개발 및 시행, ④ 공동작업장 운영활성화 지원, ⑤ 자원봉사활동 등 사회참여활동과 연계, ⑥ 노인취업 지원사업에 대한 홍보, ⑦ 지역사회 내 노인취업 정보 네트워크 구축 등이다.

(3) 시니어클럽

시니어클럽은 노인들의 사회적 경험과 지식을 활용할 수 있는 다양한 일자리를 개발하고, 이에 참여할 수 있는 여건을 조성하여 노인의 삶의 질을 향상시킨다는 목적으로 「노인복지법」 제23조에 근거하여 실시되고 있는 노인일자리 전담기관이다. 또한, 시니어클럽은 노인의 사회적 경험 및 지식을 활용할 수 있는 다양한 노인 적합형 일자리를 개발하고 이에 참여할 수 있도록 여건을 조성하여 노인의 삶의 질 향상을 도모하는 사업이다. 2013년 「노인복지법」 개정으로 노인일자리지원기관이 노인복지시설로 전환되었고 시니어클럽도 노인복지시설로서 일정한 시설과 인력을 확보하여 운영하게 되었다.

(4) 노인일자리박람회

노인일자리사업의 일환으로 각 시·도에서 개최되고 있는 노인일자리박람회는 2004년 7개 시·도에서 시작되어 2005년부터는 전국 16개 시·도로 확대되었다. 노인인구의 급증으로 노인일자리 수요가 증가함에 따라 노인인력 활용에 대한 사회적 분위기를 확산시키고 공공 및 민간 영역으로 노인인력이 재진입할 수 있는 기회를 제공하고 있다. 노인일자리박람회 개최는 시·도 또는 시·군·구가 주관하고 보건복지부가 지원하는 사업이며, 60세 이상이면 누구나 참여할 수 있다.

CHAPTER 04

노인과 주거

사람은 나이가 들수록 생활 영역이 축소되고 대부분의 시간을 집에서 보내게 되므로, 노인에게 있어 주택은 가장 중요한 생활공간이라고 할 수 있다. 선진국의 경우 이미 길어진 노년기에 노화로 환경에의 적응능력이 떨어지고 대부분의 시간을 주거환경 내에서 보낸다는 점에 착안하여 노인을 위한 주거환경에 관심을 갖고 다양한 주택을 개발하여 왔다.

주거보장이란 개인 자신의 독립성을 유지하면서 안전하고 안락한 일상생활을 유지할 수 있는 공간을 확보하고 유지할 수 있도록 주택의 건설과 공급, 그리고 이와 관련한 서비스를 통해 지원하여 주는 제반 사회적 노력을 의미한다.

따라서 노년기의 신체적·심리적·사회적 노화와 경제적 특성 등을 고려한 노인주거정책은 노인복지의 주요한 과제이며, 노인이 지역사회와 교류하면서 안전하고 안락한 일상생활을 할 수 있는 공간을 확보하여 건강과 자립을 유지할 수 있도록 돕는 것이다.

01 노년기의 주거보장

1) 필요성

주거생활의 안정은 인간의 기본생활인 의식주 중에서 가장 큰 비중을 차지한다. 노인주거보장은 주거비 부담을 위해 경제적으로 지원하는 정책과 더불어 주생활의 안정과 정신적 안정을 제공하는 정책이 필요하다. 체력 약화로 인한 이동 및 일상생활의 불편, 거주지 고착 성향, 경제력 감퇴 등을 고려할 때 노인주거안정의 문제는 정신적, 육체적으로 많은 영향을 미치는 중요한 문제라고 할 수 있다. 특히, 저소득 노인의 경우 주거에 대한 경제적 부담은 물론 가정해체 및 소외감, 건강 악화 등의 악순환이 우려되므로 적절한 노인주거정책이 필요하다.

노년기의 주거에 대한 사회적 대책이 필요한 이유를 다음과 같이 요약할 수 있다(박차상 외, 2003).

① 노인은 경제적으로 수입의 한계가 있으며 주택을 확보하는 데 필요한 비용을 충분히 마련하기 어렵다. 따라서 노인주택은 노인의 경제상태를 고려하여야 하며, 특히 저소득층의 경우 주택수당이나 저렴한 비용으로 주거공간을 확보할 수 있도록 하는 지원이 필요하다.

② 노년기는 사회생활이 축소되고 주택이 생활의 중심이 된다. 퇴직 등 사회적 관계의 축소로 사회접촉의 기회 등이 줄어들게 되므로 이를 배려한 사회적제 관계를 유지할 수 있도록 하는 주택정책이 필요하다.

③ 노인들은 신체기능의 저하와 질병 등으로 인한 생활상에 장애를 갖기 쉬우며 그 결과 많은 안전사고의 위험도 높아진다. 따라서 노년기의 주택은 이러한 특성을 고려하여 안전하고 쾌적한 구조와 환경조성이 필요하며, 보건, 의료 및 사회복지서비스와의 연계가 고려되어야 한다. 특히, 오늘날 자녀와 별거

를 원하거나 노인단독가구 수가 크게 증가하고 있는 시점에서 노인의 욕구를 충족시키고 노인들이 자립적인 생활을 영위할 수 있게 하는 주거정책이 요구된다.

2) 주거보장의 원리

위와 같은 필요성을 배경으로, 노인주거보장은 다음과 같은 원리하에 추구되어야 한다.

❖ 계속거주의 보장

노인이 장기간 거주하여 익숙해진 주택에 계속 거주하는 것이 바람직하다. 그러나 경제적 부담 때문에 주택을 축소하여 이주해야 하는 경우 가능한 한 가족, 이웃과의 지속적인 교류가 가능하고 익숙한 생활이 지속될 수 있도록 지역사회 내의 주택으로 이전할 수 있도록 해야 한다. 또한, 장기간 살아온 주택에서 가능한 한 계속 살아가기 위해서는 노인기에 맞는 주택개조 등에 대한 사회적 서비스가 필요하다.

❖ 최저기준의 주거공간

인간의 자립과 존엄성을 지키기 위한 최저한의 주거공간 확보가 이루어져야 한다.

❖ 거주기회 평등의 보장

노인과 장애인의 경우 일반인보다 주택을 빌리거나 임대하기 어려운 경우가 많다. 노인 누구라도 거주하고 싶은 곳에 거주할 수 있도록 거주기회의 평등이 보장되어야 한다.

❖ 정상화의 실현

건강한 사람도, 장애인도, 젊은이도, 노인도 모두 함께 살아가는 것이 정상사회이다. 노인이 생활상의 장애를 극복하고 자립하여 살아갈 수 있도록 주택 및 지역사회 환경의 개선이 필요하며, 이를 통해 노인들이 익숙해진 지역사회에서 계속적으로 살아갈 수 있도록 하는 것이 중요하다.

❖ 자립의 실현

주택개조나 주거환경의 적절한 개선에 의해 가능한 한 타인의 도움 없이 스스로 생활할 수 있는 범위를 넓히도록 주택개선이 필요하며, 이에 대한 적절한 사회적 지원이 필요하다.

02 노년기의 주거실태

1) 노인가구의 변화

통계청에 의하면 2022년도 65세 이상 노인가구는 519만 5천 가구로 전체 가구의 24.1%가 되고 있다. 노인가구는 계속 증가하여 2050년에는 우리나라 전체가구의 반이 노인가구가 될 전망이다. 가구 유형별로는 1인 가구가 36.1%, 부부가 35.2%, 부부와 미혼자녀 가구가 9.2%, 한부모와 미혼자녀가 5.5%가 되고 있으며, 1인 가구는 계속 증가하여 2050년에는 노인가구의 41%가 될 전망이다(표 4-42).

〈표 4-42〉 노인가구유형(65세 이상) (단위: 천가구, %)

	총가구	노인 가구[1)]	비중	노인 가구 유형 및 구성비									
				부부	구성비	부부+ 미혼자녀	구성비	부(모)+ 미혼자녀	구성비	1인 가구	구성비	기타	구성비
2000	14,507	1,734	11.9	573	33.1	184	10.6	79	4.5	544	31.4	354	20.4
2010	17,495	2,923	16.7	985	33.7	286	9.8	149	5.1	991	33.9	512	17.5
2020	20,731	4,640	22.4	1,610	34.7	443	9.6	259	5.6	1,618	34.9	710	15.3
2022	21,579	5,195	24.1	1,829	35.2	480	9.2	287	5.5	1,875	36.1	723	13.9
2030	23,180	7,654	33.0	2,746	35.9	669	8.7	435	5.7	2,861	37.4	943	12.3
2040	23,866	10,290	43.1	3,688	35.8	811	7.9	592	5.8	4,023	39.1	1,176	11.4
2050	22,849	11,375	49.8	3,958	34.8	812	7.1	658	5.8	4,671	41.1	1,276	11.2

자료: 통계청, 「장례가구추계 2020~2050」.

2) 노인가구의 주거 실태

우리나라 노인들의 주택 점유 형태를 보면, 먼저 노인가구의 경우 전반적으로 일반가구보다 자가 거주율이 높다.

한국보건사회연구원의 노인실태조사(2020년)에 의하면 노인가구의 자가 거주율은 79.8%로 가장 높으며, 다음으로 보증금이 있는 월세가 7.1%로 높았다(표 4-43).

〈표 4-43〉 노인가구 자가 거주율 (단위: %, 천 가구)

계	자가	전세	보증금 있는 월세	보증금 없는 월세	무상	계
전체	79.8	9.8	7.1	0.5	2.8	100.0 (10,097)
동부	77.6	11.9	7.4	0.5	2.6	100.0 (7,651)
읍면부	86.4	3.4	6.1	0.5	3.5	100.0 (2,446)

자료: 한국보건사회연구원. 「2020년도 노인실태조사」.

거주하고 있는 주택의 유형은 단독주택이 35.3%로 계속해서 줄고 있는 반면(2011년 55.7%, 2014년 51.7%), 아파트는 48.4%로 계속 증가하고 있다. 도시지역은 54.8%가 아파트에 살고 있고, 읍면부의 경우는 65.9%가 단독주택에 거주하고 있어 도시는 아파트, 농어촌지역은 단독주택이 노인의 대표적 주거환경이 되고 있다(표 4-44).

〈표 4-44〉 노인의 지역별 주택 종류 (단위: %)

구분	단독주택	아파트	연립, 다세대	기타	계
2017	48.8	35.1	14.6	1.6	100.0
2020	**35.3**	**48.4**	**15.1**	**1.2**	**100.0**
동부	25.5	54.8	18.2	1.6	100.0
읍면부	65.9	28.5	5.6	0.1	100.0

자료: 한국보건사회연구원. 「2020년도 노인실태조사」.

노인의 주거환경은 이전에 비해 많이 나아지고 있음을 볼 수 있다. 노인을 배려한 설비를 갖춤이 19.8%로 이전 조사에 비해 크게 증가하였고, 생활하기에 불편하지는 않지만 노인을 배려한 시설이 없는 경우(71.3%), 생활하기 불편한 구조(8.9%)는 이전 조사보다 감소하였다(표 4-45).

〈표 4-45〉 노인 주거시설의 생활편리성 (단위: %, 명)

구분	생활하기 불편한 구조	생활하기 불편한 구조는 아니지만 노인배려시설 없음	노인을 배려한 설비를 갖춤	계
2017	18.8	78.5	2.7	100.0(10225)
2020	8.9	71.3	19.8	100.0(10,097)
동부	7.3	72.6	20.0	100.0(7,651)
읍면부	13.8	67.3	18.9	100.0(2,446)

자료: 한국보건사회연구원. 「2020년도 노인실태조사」.

3) 노인가구의 주거의식

60세 이상 노인 중 현재 자녀와 동거율은 30.8% 이며, 동거 이유는 '본인이 독립적으로 생활하기 불가능해서'가 31.6%, '자녀의 독립생활 불가능'이 30.3%가 되고 있다(표 4-46).

반면, 같이 살지 않는 경우의 이유는 '독립생활이 가능해서(31.8%)', '따로 사는 것이 편해서(32.8%)' 가 많으며, 독립생활이 가능하면 가능한 따로 살려고 하는 경향이 증가하고 있다.

< 같이 살지 않는 이유>

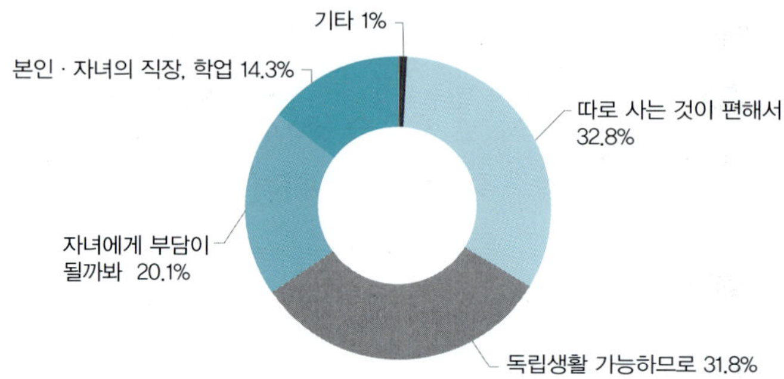

〈표 4-46〉 자녀와 동거 여부 및 이유(60세 이상, 주된 이유) (단위: %)

연도	동거	이유						비동거	이유					
		본인의 독립생활 불가능	자녀의 독립생활 불가능	손자녀 양육	함께 살고 싶어서	학생 또는 미성년 자녀	기타		본인의 독립생활 가능	자녀에게 부담 될까봐	따로 사는 것이 편해서	본인, 자녀의 직장, 학업	자녀와의 불화	기타
2017	30.6	29.8	36.6	19.7	30.7	1.6	3.4	69.4	31.4	18.7	29.4	17.9	2.1	0.5
2021	30.8	31.6	30.3	9.1	36.1	0.9	1.0	69.2	31.8	20.1	32.8	14.3	–	1.0

자료: 통계청. 「2021년 사회조사결과」.

한편 향후 자녀와 같이 살고 싶은지에 대한 조사에서는 '같이 살고 싶지 않다'가 77.2%가 되고 있으며, 같이 살고 싶지 않은 경우 살고 싶은 곳으로는 '자기 집'이 90.3%로 높게 나타났다(표 4-47).

〈표 4-47〉 향후 자녀와 동거 의향 및 살고 싶은 곳(60세 이상) (단위: %)

연도	계	같이 살고 싶음	같이 살고 싶지 않음	살고 싶은 곳			
				소계	자기 집	양로, 요양시설	기타
2017	100.0	22.2	77.8	100.0	87.4	12.6	0.0
2021	100.0	22.8	77.2	100.0	90.3	9.6	0.1

자료: 통계청. 「2021년 사회조사보고서」.

점차 자녀와의 동거율이 떨어지고 있는 가운데, 노후를 자기 집에서 보내고 싶어 하는 노인들이 증가하고 있음을 볼 때, 노인이 자기가 살던 집에서 가능한 한 오래 살 수 있도록 주택과 연계된 다양한 노인보건복지서비스의 개발과 확충이 이루어져야 할 것이다.

03 노인주택과 주거환경

노인주택(senior housing)은 노인에게 필요한 시설 및 서비스 기능을 갖춘 복합시설로서 노인이 집단적 또는 단독으로 필요한 시설이라고 할 수 있다.

노인주택은 노화에 따른 신체적·정신적·경제적 특성을 고려한 주택으로 생활상의 장애를 제거하고 노화에 의한 만성 퇴행성 질환에 대응하는 보건, 의료 및 사회복지서비스와의 연계가 필수적이다. 또한, 문화, 오락, 교양 등 사회참여의 기회와 사회적 제 관계를 유지할 수 있도록 지역사회와 항상 교류 가능한 지역사회에 위치하여야 한다.

선진국들의 경우 노인들을 위한 다양한 노인주택을 계획하여 개발하고 있는데 주요 유형을 살펴보면 다음과 같다.

1) 노인주택의 유형

(1) 노인전용주택

노인에게 편리한 구조와 시설을 갖춘 주택을 정부 또는 민간단체에서 건설하여 보급하고 있으며 서구에서 널리 시행되고 있다.

(2) 공동사용주택(shared housing)

비혈연관계에 있는 2인 이상의 노인이 공동부담하여 주택을 사용하는 것으로 각 개인은 침실을 독립적으로 사용하고 거실, 부엌, 식당과 같은 영역은 공동으로 사용하는 형태이다. 혼자 사는 경우 고독과 소외감 등을 극복할 수 있다.

(3) 에코주택(echo house, 자녀인접형)

노부부가 평생 살아 오던 주택을 자녀에게 상속하여 자녀, 손자가 그 집에 살도록 하고 그 집이 위치한 대지에 노인을 위해 지은 작고 이동 가능한 조립식 주택이다. 자녀와 함께 삶으로써 갖는 정서적, 가정적 장점을 살리고 서로의 독립성도 보장할 수 있다.

(4) 액세서리주택(accessory apartment), 3세대 동거형

노인세대와 자녀세대가 한 지붕 밑에서 동거하되 세대별로 분리된 구조를 가진 주택이다.

(5) 퇴직노인촌락(retirement community)

미국과 호주에서 보편화된 노인주거시설의 집합지역이다. 노인촌 또는 실버타운으로 불리고 있으며, 주로 환경이 좋은 곳에 노인을 위한 주거시설을 처음부터 계획하여 지어 분양·임대하고 있다. 이곳에 입주하는 노인들은 소득수준이 비교적 높은 퇴직자들이 대부분이다. 노인을 위한 의식주 및 문화시설, 기본 의료시설을 구비한 종합 주거시설이 집단으로 모여 형성된 지역으로 주거시설은 독립주택이나 서비스 주택이 중심이고 요양시설이 같이 있는 곳도 많다.

(6) 노인집합주택(congregate housing)

가사일이 부담스럽고 활동상의 어려움이 시작되는 시기에 완전한 독립생활은 어려우나 간호 치료가 필요하지 않은 수준의 노인들이 다양한 서비스에 접근할 수 있는 주거형태이며, 주로 영국에서 볼 수 있는 주택이다.

❖ 노인전용 아파트

노인전용의 아파트로 특별한 서비스는 없는 것이 일반적이다.

❖ 보호형 노인집합주택

일반적으로 세대 단위의 독립된 생활공간을 사용하면서 공동주방, 공동식당의 시설을 갖추고 일상생활에 필요한 서비스를 제공하는 주택인데, 아파트와 생활서비스의 혼합식 주거시설이다.

❖ 보호주택(sheltered housing)

일반노인이나 약간의 장애가 있는 노인에게 편리하게 설계된 아파트나 연립주택으로, 평소에는 독립적인 생활을 영위하다가 건강상 문제가 있을 때 긴급호출서비스나 지역의료 연계서비스 등을 제공받는다. 관리인(warden)을 두어 보호주택을 관리하고 있다.

(7) 요양원(nursing home)

집중적인 의료서비스를 필요로 하는 노인을 위한 시설로 전문적인 간호와 의료서비스가 제공되는 시설이다.

2) 노인주택의 구조 및 환경

노화에 의해 신체적·정신적 기능이 저하하고 있는 노인에게 있어 주거환경은 보다 나은 생활을 보내는 데 중요한 요건이 된다. 신체적·정신적 기능이 저하하거나 장애가 있다 하더라도 주거환경의 정비에 의해 자립생활을 보낼 수 있다. 즉, 목욕탕이나 화장실에 손잡이를 부착하거나 바닥의 차이를 없애어 다른 사람의 도움 없이 스스로 행동할 수 있는 범위를 넓힌다. 노인주택에 있어 고려해야 할 측면을 물리적·정서심리적·사회적·환경적인 면으로 정리해 보면 〈표 4-48〉과 같다.

〈표 4-48〉 노인주택에서 고려해야 할 측면

구분		형태
물리적	보행	보행이 어렵기 때문에 경사로를 만들고 문턱을 없앰
	침실	화장실, 목욕탕, 부엌과 가까운 곳에 배치
	물	화장실, 욕실 바닥은 미끄러지지 않는 재료와 손잡이, 비상벨 설치
	선반	신장이 작아지므로 선반, 세탁기 등은 낮은 곳에 위치
	계단	손잡이 난간의 설치가 필요함
	손잡이	문 손잡이, 수도꼭지는 길게 상하로 이동하는 것이 좋음
	색채	노란색과 주황색 계통이 잘 보임
	가재도구	연령의 증가에 따라 통합능력이 감소되므로 복잡한 도구를 피함
	환경	채광이 잘 드는 남향, 실내온도는 22~24℃를 유지
정서심리적		소외감을 느끼지 않도록 거실 가까이에 노인 침실을 마련
		공간의 부족으로 방을 함께 사용할 때는 가급적 노인 위주로 배려
		노인은 자신의 소지품에 애착이 강하므로 소지품 보관을 위한 공간 마련
사회적	노인 분리형	긍정적: 노인 동년배끼리 이해를 향상시킬 수 있음 부정적: 낙인문제 발생
	노인 통합형	긍정적: 사회적 다양성 경험 부정적: 세대 차이로 갈등과 고독의 문제 발생
환경적		교통이 편리한 곳에 설립
		의료시설, 노인복지시설, 생활편의시설의 접근이 용이한 곳에 설립

3) 유니버설디자인

미국 노스캐롤라이나 주립대학교의 로널드 메이스(R. L. Mace) 소장이 중심이 되어 주장한 전략으로 연령과 능력에 관계없이 모든 생활자에게 적합한 디자인이라고 정의하고 있다.

유니버설디자인은 개선이나 특별한 디자인이 아니라, 나이와 신체 크기, 능력, 장애수준과 관계없이 고령자나 장애인, 임산부, 어린아이 등 모든 사람이 이용할 수 있는 유용한 제품, 건물, 공단을 디자인하는 것을 말한다. 이전의 장벽 없는 디자인(barrier-free design), 접근 가능한 디자인(accessible design), 적용 가능한 (adaptive design), 세대를 초월한 디자인(trans generational design)의 개념이 포함되어 있다.

유럽에서는 'design for all' 영국에서는 'inclusive design'이라는 유사한 개념을 사용하고 있으며, '모든 사람을 위한 디자인'이란 명확한 관점을 가지고 있다(임병우 외, 2015, 재인용).

❖ 유니버설디자인의 일곱 가지 원칙

① 누구나 공평하게 이용할 수 있을 것
② 사용하는 데 자유도가 높을 것
③ 사용법이 간단하고 쉽게 알 수 있을 것
④ 필요한 정보를 쉽게 이해할 수 있을 것
⑤ 자칫 실수나 위험으로 연결되지 않는 디자인일 것
⑥ 무리한 자세를 취하지 않고 적은 힘으로 편안하게 사용할 수 있을 것
⑦ 접근하기 쉬운 공간과 크기를 확보할 것

04 노인주거보장정책과 과제

1) 주거보장의 방향

노인주거보장의 기본방향은 '노인의 주거안정을 통한 활력 있는 노후생활 지원'이라고 할 수 있다. 즉, 노인의 주거안정과 활력지원정책으로 구분할 수 있으며 주거안정을 위해서는 주택의 적절성, 접근성, 그리고 주거비 부담의 완화가 필요하다(윤주현 외, 2004).

노인주택에 적절한 주택기준과 최저주거기준을 제공하고, 기준미달 해소를 위해 주택개량 및 공공주택을 공급할 필요가 있다. 주택의 접근성 제고는 일반적인 안전시설(미끄럼 방지, 바닥 단차 없애기, 광폭 출입구)을 모든 주택에 적용하도록 하고 편의시설 건축기준을 마련하며 일정한 노인용 편의시설 등을 노인주택에 설치

하도록 한다. 주거비 부담의 완화를 위해 저렴한 노인주택 공급 확대와 주거비 보조가 필요하다.

또한, 활력 있는 노후생활을 위해서는 의료 및 생활서비스의 제공, 사회참여 활동이 주거생활과 연계되어야 한다. 즉, 노인주택의 공급 시 인근의 의료시설과 연계되도록 하고, 노인복지관 등의 지역사회복지시설과 연계하여 건강한 노인들의 여가활동, 자원봉사활동, 직업교육과 취업알선 등의 서비스를 제공한다.

노인주택정책은 계층별, 건강상태별로 차등화가 필요하다. 즉, 경제적으로 자립능력이 있는지, 신체적으로 스스로 돌볼 능력이 있는지의 여부에 따라 구별해야 한다.

경제력 있는 노인에 대해서는 민간주택시장에서 해결하도록 하되 노인주거시설 설치를 의무화하고 복지서비스와 연계하도록 한다. 그리고 경제력이 없는 노인, 특히 돌볼 가족이 없거나 독거노인, 노인부부 가구 등에 대해 국가의 우선적인 주거정책이 필요하다.

건강상태에 따라 안전하고 쾌적한 자립생활을 영위할 수 있는 주택구소와 환경조성이 필요하다. 노인의 개별적 건강상태에 따라 요구되는 주택은 [그림 4-17]과 같다.

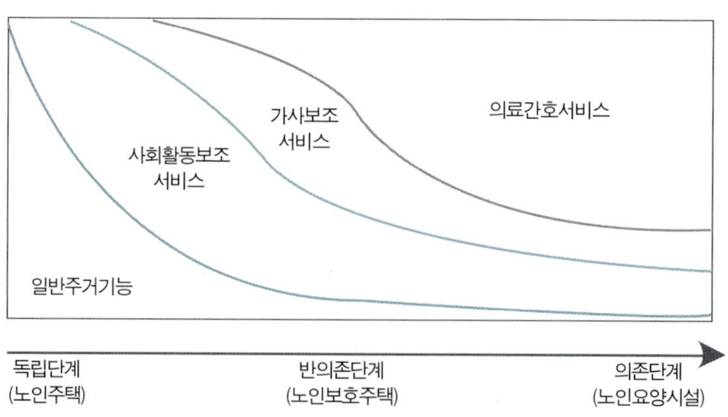

자료: 이연숙(1995). 노인을 위한 주거환경.

[그림 4-17] 노인주택과 서비스

2) 해외정책동향

고령화를 일찍 경험한 선진국들의 주거정책을 살펴보면 대체적으로 주택의 양적 공급에서 주택의 질에 대한 관심으로, 저소득층과 장애인들에 대한 관심에서 노인에 대한 관심으로 변화해 왔음을 알 수 있다.

고령화사회에 직면하여 노인이 직접 주택정책의 대상이 되기 시작하였고 일차적으로는 육체적, 경제적 약자인 노인을 대상으로 하는 노인주택, 복지시설, 의료시설과 연계한 주거시설, 동거자녀에 대한 인센티브 등의 정책이 나타났다.

한편, 의료비의 과다한 정부부담과 점차 노인을 의존적으로 만드는 경향이 있다는 문제점, 편리와 효율성을 제공하는 시설로는 정서적 만족감을 충족시킬 수 없다는 문제가 지적됨에 따라 노인의 자립의지와 의사결정권을 중시하는 형태로 주거정책이 추진되었다. 따라서 노인이 지금까지 거주해 오던 친숙한 주택에서 필요한 사회복지서비스를 받고 생활하다가, 몸이 불편해져서 더는 주택생활을 하기 어려울 경우 필요한 요양서비스가 제공되는 시설로 입소할 수 있는 종합적인 정책이 추진되고 있다.

사회통합은 이론적으로 바람직하지만 물리적인 통합은 현실적으로 성공하고 있지 못함을 여러 사례에서 볼 수 있다. 즉, 3세대 동거주택이 성공적이지 못했고 프로그램도 활성화되지 못했으며, 노인가구나 일반가구 모두가 같은 건물에 사는 것을 별로 원치 않는 것을 알 수 있었다. 따라서 주거생활은 별도로 하되 원하는 경우에 서로 교류 가능한 생활 프로그램에서 사회통합을 추구하는 방안을 고려해 볼 필요가 있다.

노인주택 공급의 재정부담 문제에 대해 미국, 일본 모두 민간 자본 및 서비스를 통한 노인주택 공급의 확대를 도모하고 있다. 즉, 민간이 노인에게 편리한 주거시설과 서비스를 제공하고, 지역 서비스와 연계시키는 등 민간 비영리단체의 활동 비중이 크다고 할 수 있다. 그러나 이는 임대료 보조 지원이 있어야 운용이 가능하며, 노인의 소득을 고려한 임대료 수준 정책과 부족분에 대한 재정의 보조가 있어야 원활하게 운용될 수 있다.

3) 노인주거정책 현황과 과제

「노인복지법」 제8조에 '국가 또는 지방자치단체는 노인의 주거에 적합한 기능 및 설비를 갖춘 주거용 시설의 공급을 조장하여야 하며, 그 주거용 시설의 공급자에 대하여 적절한 지원을 할 수 있다'고 규정하고 있지만 이에 대응한 아무런 조치도 없어 선언적 규정에 불과한 실정이다.

「노인복지법」과 관계없이 1987년 대한주택공사에서 서울시 상계동에 국내 최초로 3세대 동거형 아파트 360세대를 공급하여 좋은 평가를 받았으나, 이후 적절한 지원정책 등의 부족으로 더 이상 확대보급이 되지 않고 있다.

1988년에 실시된 저소득층을 위한 영구임대아파트는 저소득층 노인 등에게도 지원되고 있으며, 1995년부터 집단가정(group home) 형태인 노인의 집이 운영되고 있다. 이는 한 개의 주택에 3~7명의 노인이 함께 생활하면서 공동난방, 공동취사에 따른 경비절감과 월세 부담을 해소하고 노인들의 소외감과 고독감을 완화하기 위한 목적으로 실시되었으나 아직은 활성화되지 못하고 있다.

이 외에 노인과 동거하는 세대주의 주택 신축, 매입, 개량 자금을 융자해 주는 주택자금할증제도, 무주택자녀의 노인 부양 시 주택분양우선권부여제도, 노인동거 가족에 대한 각종 세제해택 등을 제공하여 자녀들의 동거부양을 촉진하고 있으나, 주거보장정책으로서의 실효성은 그다지 크지 않다.

고령화사회의 진전 속에 특히 자녀와 별거하는 노인들이 증가하고 있는 현실에서 노인들의 노후의 삶의 질을 향상시킬 수 있는 노인들을 위한 주거정책에도 관심을 기울여야 할 시기이다.

그동안 우리나라의 노인을 위한 주거정책은 주로 저소득 노인들에게 주택을 공급하고 자녀에 의한 노인동거부양을 촉진하는 데 초점을 두었다. 따라서 노인들의 신체적 및 경제적 특성을 고려한 노인 계획주거의 개념에 대한 인식이 미흡하고 이로 인하여 노인에게 적합한 주택의 건설과 공급이 거의 이루어지고 있지 않다.

고령사회를 맞이하여 앞으로 우리나라도 경제 및 건강특성에 따른 주거수요에 대응할 수 있는 다양한 유형의 노인주택을 개발하고 공급해 나가야 한다.

중산층 이상의 노인을 위한 주택으로 노인전용주거시설이나 노인아파트, 실버타운 등의 개발이 필요하며, 이의 보급을 촉진하기 위한 지원정책과 적절한 지도·감독제도가 마련되어야 한다. 또한, 중산층 이하 서민층 노인들이 저렴한 요금으로 입주하여 생활할 수 있는 노인복지주택이나 노인전용주거시설을 확충할 수 있도록 적극적인 정부의 지원정책이 요구된다. 그뿐만 아니라 현재 거주하고 있는 주택을 노인의 신체적 특성을 고려하여 적절하게 개조할 수 있게 하는 지원정책도 필요하다.

또한, 노인을 부양하는 가족에 대한 세제혜택이나 분양권 등의 정책을 보다 적극적으로 지원하여 자녀동거를 촉진하는 데 보다 효과적인 제도가 되도록 해야 할 것이며, 3세대 동거주택 모형이나 선진국의 에코주택 등 한국적 정서와 문화적 특성에 맞는 주택을 개발하여 보급해 나가는 것도 앞으로 중요한 과제라고 할 수 있다.

CHAPTER 05

노인재가복지 및 입소시설

01 노인재가복지시설

재가복지의 개념은 시설복지에 대칭되는 개념으로 일본에서는 재택(在宅)이란 용어가 사용되고 있으며, 커뮤니티케어(comunity care), 지역복지의 개념으로도 설명될 수 있다.

재가노인복지사업은 정신적, 신체적인 이유로 독립적인 일상생활을 수행하기 곤란한 노인과 노인부양가정에 필요한 각종 서비스를 제공함으로써, 노인이 지금까지 살던 가정과 지역사회에서 가족 및 친지와 더불어 건강하고 안정된 노후생활을 영위할 수 있도록 함과 동시에 노인부양 가족의 부담을 덜어 주기 위함을 목적으로 하고 있다.

1) 역사

우리나라의 재가복지사업은 1980년 중반부터 노인에 대한 시설보호중심에서 가정과 지역사회에서의 보호의 필요성이 인식되면서 시작되었다.

가정봉사원파견사업은 1987년 3월 '한국노인복지회'를 중심으로 시범사업으로 실시하면서, 노인상담시설운영 항목으로 국고지원을 시작하였다. 1989년부터는 '은천노인상담소'를 추가하여 재가노인봉사사업 항목으로 국고 지원이 시작되었다.

또한, 1991년 복지부 자립지원과에서 '재가복지봉사센터의 설립·운영지침'을 마련하였고 1992년부터 144개소 재가복지봉사센터에 국고지원이 시작되었다.

1996년부터는 재가노인 수발을 위한 전문교육을 위해 가정봉사원교육시설에 국고지원이 시작되었고 유급 봉사원에 대한 실비가 지원되기 시작되었다. 또한, 단기보호시설 10개소에 대한 지원도 이때부터 시작되었다.

재가복지사업의 법적 근거는 1989년 「노인복지법」 개정으로 '가정봉사사업', '재가노인'이란 용어가 사용되기 시작하였고, 1993년의 「노인복지법」 개정으로 '재가노인복지사업'의 규정이 명문화되었으며, 재가노인복지사업으로 가정봉사원파견사업, 주간보호사업, 단기보호사업이 법적으로 명시되어 본격적으로 사업이 실시되게 되었다.

2005년도부터는 지방이양화 정책의 추진에 따라 재가노인복지사업도 지방이양사업으로 추진되게 되었으며, 2007년 '노인장기요양보험'이 도입됨으로써 그동안의 재가노인복지사업의 내용도 큰 변화를 가져오게 되었다. 가정봉사원파견사업은 노인장기요양사업의 방문요양사업이 대신하게 되었고, 방문간호, 방문목욕 등을 포함하는 재가노인복지사업들이 크게 증가하게 되었다.

2) 현황

(1) 사업내용

노인장기요양보험의 재정과 더불어 2007년 「노인복지법」이 개정되었으며, 현재 노인재가복지사업에는 방문요양서비스, 주야간보호서비스, 단기보호서비스, 방문목욕서비스, 방문간호서비스, 기타 서비스 등이 있다(「노인복지법」 제38조).

- 방문요양서비스: 가정에서 일상생활을 영위하고 있는 노인(재가노인)으로서 신체적·정신적 장애로 어려움을 겪고 있는 노인에게 필요한 각종 편의를 제공하여 지역사회 안에서 건전하고 안정된 노후를 영위하도록 하는 서비스
- 주야간보호서비스: 부득이한 사유로 가족의 보호를 받을 수 없는 심신이 허약한 노인과 장애노인을 주간 또는 야간 동안 보호시설에 입소시켜 필요한 각종 편의를 제공하여 이들의 생활안정과 심신기능의 유지·향상을 도모하고, 그 가족의 신체적·정신적 부담을 덜어 주기 위한 서비스
- 단기보호서비스: 부득이한 사유로 가족의 보호를 받을 수 없어 일시적으로 보호가 필요한 심신이 허약한 노인과 장애노인을 보호시설에 단기간 입소시켜 보호함으로써 노인 및 노인가정의 복지증진을 도모하기 위한 서비스
- 방문목욕서비스: 목욕장비를 갖추고 재가노인을 방문하여 목욕을 제공하는 서비스
- 방문간호서비스: 간호사 등이 의사, 한의사 또는 치과의사의 지시서에 따라 재가노인의 가정 등을 방문하여 간호, 진료의 보조, 요양에 관한 상담 또는 구강위생 등을 제공하는 서비스
- 그 밖의 서비스: 그 밖에 재가노인에게 제공하는 서비스로서 보건복지부령이 정하는 서비스(시행규칙 제26조의2)

(2) 이용 및 비용

지금까지 시행되어 왔던 저소득층의 노인들을 대상으로 하던 가정봉사원 파견사업은 모든 노인을 대상으로 하는 방문요양서비스로 전환되었고 요양보호사에 의해 서비스를 제공하게 되었다.

재가노인복지시설의 이용 대상은 「노인장기요양보험법」에 의한 장기요양급여 수급자이거나 심신이 허약하거나 장애가 있는 65세 이상의 자(이용자 부담으로 운영되는 시설의 경우는 60세 이상)이며, 시설이용은 당사자 간의 계약에 의해 이용할 수 있다.

이용 비용은 장기요양급여 수급자인 경우 노인장기요양법에 의한 수가가 적용

되어 등급에 따라 정해진 본인부담(재가 15%, 시설 20%)을 해야 하며, 요양급여 수급자가 아닌 경우 기초수급권자는 국가 및 지방자치단체가 전액 부담하고, 일반의 경우 본인이 전액 부담한다.

(3) 직원배치

방문요양서비스의 경우 필요인력은 시설장, 사회복지 1인, 요양보호사 15인 이상이 필요하다. 주야간보호서비스의 경우(10인 이상)는 시설장, 사회복지사 1인, 간호사나 간호조무사 1인, 요양보호사 7명당 1인이 필요하며, 단기보호서비스의 경우는 4명당 1인의 요양보호사가 필요하다. 재가노인지원시설은 사회복지사 1인이 필요하다(「노인복지법 시행령」, 2018. 2).

〈표 4-49〉 재가노인복지시설의 직원배치기준

<table>
<tr><th colspan="2">구분</th><th>시설장</th><th>사회복지사</th><th>간호사 또는 간호조무사</th><th>물리치료사 또는 작업치료사</th><th>치과위생사</th><th>요양보호사</th><th>사무원</th><th>조리원</th><th>보조원(운전사)</th></tr>
<tr><td colspan="2">방문요양</td><td>1명</td><td>1명 (수급자 15명 이상)</td><td></td><td></td><td></td><td>15명 이상 (농어촌 지역 5명 이상)</td><td></td><td></td><td></td></tr>
<tr><td colspan="2">방문목욕</td><td>1명</td><td></td><td></td><td></td><td></td><td>2명 이상</td><td></td><td></td><td></td></tr>
<tr><td rowspan="2">주야간 보호</td><td>이용자 10명 이상</td><td>1명</td><td>1명 이상</td><td colspan="2">1명 이상</td><td rowspan="2"></td><td rowspan="2">이용자 7명당 1명 (치매 전담실 4명당 1명 이상)</td><td>1명 (이용자 25명 이상)</td><td>1명</td><td>1명</td></tr>
<tr><td>이용자 10명 미만</td><td>1명</td><td></td><td colspan="2">1명 이상</td><td></td><td>1명</td><td></td></tr>
<tr><td rowspan="2">단기 보호</td><td>이용자 10명 이상</td><td>1명</td><td>1명 이상</td><td>이용자 25명당 1명</td><td>1명 (이용자 30명 이상)</td><td rowspan="2"></td><td rowspan="2">이용자 4명당 1명 이상</td><td></td><td>1명</td><td></td></tr>
<tr><td>이용자 10명 미만</td><td>1명</td><td></td><td>1명</td><td></td><td></td><td>1명</td><td></td></tr>
<tr><td colspan="2">재가노인지원</td><td>1명</td><td>1명</td><td></td><td></td><td></td><td></td><td>1명</td><td></td><td></td></tr>
<tr><td colspan="2">방문간호</td><td>1명</td><td></td><td>1명 이상</td><td></td><td>1명 이상 (구강위생 제공 시)</td><td></td><td></td><td></td><td></td></tr>
</table>

자료: 「노인복지법 시행규칙」 제29조(2021. 6. 30).

(4) 시설현황

2007년 노인장기요양보험의 실시로 재가노인복지시설은 크게 증가하여 2021년 12월 기준 총 재가노인시설은 9,984개이며, 방문요양 4,156개소, 주야간복지서비스 2,618개소, 단기보호서비스 69개소, 방문목욕서비스가 2,415개소이며, 특히 주야간보호서비스와 방문목욕서비스가 크게 증가하고 있다.

〈표 4-50〉 재가노인복지시설 현황 (단위: 명)

구분	2017		2019		2021	
	시설 수	입소정원	시설수	입소정원	시설수	입소정원
소계	3,216	28,898	4,821	53,831	9,984	87,434
방문요양서비스	1,001	0	1,513	0	4,156	0
주야간보호서비스	1,174	27,934	1,816	53,087	2,618	86,921
단기보호서비스	80	964	78	744	69	513
방문목욕서비스	609	0	942	0	2,415	0
방문간호서비스	10	0	60	0	158	0
복지용구지원서비스	0	0	0	0	208	0
재가노인지원서비스	342	0	412	0	360	0

주) 노인복지법에 의거 설치신고된 시설현황 자료임.
자료: 보건복지부. 「2021년 노인복지시설현황」.

○○주간보호시설 프로그램 사례

■ 서비스내용

- 상담(이용 상담, 가족생활상담, 정보제공 상담)
- 일상생활지원서비스(생활지도 및 동작훈련, 중식/간식 제공)
- 송영서비스
- 위생지원서비스(신변처리기능 지원, 목욕, 이미용)
- 기능회복서비스(진료 및 건강상담, 투약, 혈압 측정, 물리치료)
- 정서적 지지서비스(음악, 미술, 원예, 운동, 레크리에이션, 종이접기, 인지회상치료)
- 가족지원서비스(가족운영간담회)

• 특별행사(생신잔치, 야외나들이, 어버이날 · 노인의날 행사, 명절행사, 현장학습, 작품전시회)
• 기타(자원봉사자 활동, 홍보, 후원활동)

■ 일일활동내용

~10:30	만남의 시간(송영서비스 완료)				
10:30~11:00	Tea-time, 출석체크 및 일일 OT, 아침체조				
11:00~12:00	레크리에이션	무용치료	미술치료	운동치료	음악치료
12:00~13:00	점심식사 / 양치지도 / 투약 / TV시청 및 자유노래방				
13:00~14:00	물리치료 및 장수재활체조, 산책				
14:00~15:00	음악P/G	인지회상P/G	비디오시청P/G	원예치료	종이접기
15:00~15:30	간식, 기초 건강체크				
15:30~16:00	일일마감 및 귀가 준비				
16:00~	송영서비스				

○○치매단기보호시설 프로그램 사례

■ 서비스내용

• 상담 · 보호서비스(내방, 전화 상담 및 보호서비스)
  - 치매노인 및 가족에 적절한 서비스 및 정보제공
  - 체계적인 보호와 관리 경제적 부담 경감
• 보건 · 의료 서비스(급식/의료 서비스 및 위생 서비스)
  - 노인의 잔존기능 유지와 노인성 질환의 합병증 예방과 사고 예방
• 위생적인 일상생활 관리와 적절한 영양 공급으로 건강 유지 도모
• 정신 · 재활서비스(재활서비스, 기능회복서비스)손상된 신체적 기능 회복과 일상생활 수행 능력 유지
• 능력에 맞는 활동으로 기능회복과 재활 도모
• 행사 프로그램(생일파티, 송년회)
• 자원봉사자 교육 및 관리
• 사회적응 훈련(현장체험)
• 기타

■ 일일활동내용

시 간	프로그램	세부내용
07:00~	기상	세면, 배설상태 파악 및 자립훈련, 옷 입기, 침상정리, 아침운동
08:00~	아침식사	식사보조, 손 씻기, 배설자립케어
09:00~	건강관리	투약, 활력증상 측정 및 상담
10:00~	건강체조	스트레칭 체조 실시
10:30~	간식	차와 다과시간
11:00~	프로그램 진행	종이접기, 작업 · 운동치료, 교양활동, 놀이치료, 회상치료
12:00~	점심식사 및 투약	개인별 보조, 배설관리 및 자립훈련, 구강케어 및 투약관리
13:30~	프로그램 진행	음악, 미술, 원예, 레크리에이션
14:30~	개별치료 및 서비스 실시	이미용, 목욕(부분목욕 포함), 물리치료
15:30~	간식	과일 및 과자 등 시식
16:00~	산책	옥상 및 야외산책, 건강관리 체조
17:00~	씻기	손 씻기 등 청결지도, 회음부 및 피부간호
17:30~	저녁식사	식사보조, 구강간호지도
18:30~	투약	투약 및 건강관리
19:30	개별시간	TV시청 및 사유시간
21:00	취침	수면 유도

02 노인복지 입소시설

1) 노인복지시설의 의의

노인복지시설은 노인의 질병이나 장애 또는 주택, 경제, 가족관계 등의 생활조건상의 곤란과 가족의 부양능력의 제한으로 인하여 가정에서 계속 생활할 수 없는 경우에 대안적 노인주거형태로서 노인이 주거하면서 건전한 노후생활을 계속해서 보장받을 수 있는 시설이다(현외성 외, 2000).

고령화사회의 진전 속에 가정의 부양기능이 더욱 약화되면서 독거노인세대와 노인부부만의 세대, 특히 가정에서 적절한 돌봄을 받을 수 없는 만성 질환노인, 거동이 불편한 노인, 치매노인 등 장기 보호를 필요로 하는 노인들이 증가하면서 시설보호의 필요성과 중요성이 다시금 부각되고 있다. 특히, 노인의 부양기능이 약화되고 있는 현대사회에서 시설보호는 요보호 노인에 대한 생존권의 확보로써 가정대체적 기능과 적절한 요양보호서비스를 제공하는 전문적 기능이 요구되고 있다.

우리나라의 노인복지는 시설보호에서 시작되었다고 할 수 있다. 조선시대의 '기로소'가 효시라고 할 수 있는데 현대적 의미의 양로시설로는 1921년 서울 동작동에 설치된 천주교양로원이 최초의 시설이며 1927년 서울시 청운동에 세워진 청운양로원이 두 번째이다(권중돈, 2004). 그 이후 해방될 때까지 6개의 시설이 설치·운영되었고 한국전쟁을 겪으면서 양로시설도 증가하여 1956년엔 37개소로 증가하였다. 1981년 「노인복지법」 제정에 의해 시설도 제도화되었고 1997년 「노인복지법」 전면개정으로 노인주거복지시설, 노인의료복지시설로 분리되었고, 현재 노인주거시설은 양로원, 노인공동생활가정, 노인주택이 있고 노인의료복지시설에는 요양원, 노인요양공동생활가정이 있다.

2) 노인복지 입소시설의 유형

노인복지시설에서 제공되어져야 할 포괄적 기능은 노인의 질병 및 건강관리, 보람 있는 생활 및 문화 사회활동 관리로 크게 대별할 수 있는데, 질병관리와 생활관리의 구성비율에 따라 노인복지시설의 종류와 형태가 구분된다.

일반적으로 시설서비스라고 할 때는 지역에 거주하는 노인이 아닌 입소노인을 대상으로 한 시설로, 「노인복지법」에 의하면 노인주거복지시설과 노인의료시설을 말한다. 그동안 노인주거복지시설과 노인의료복지시설은 경제력의 유무에 따라 무료, 실비, 유료로 구분되었으나, 「노인복지법」 개정에 의해 양로시설과 요양시설로 통합되었다.

(1) 노인주거복지시설

❖ 종류

「노인복지법」에 의하면 노인주거복지시설에는 양로시설, 노인공동생활가정, 노인복지주택이 있다(「노인복지법」 제32조).

① 양로시설: 노인을 입소시켜 급식과 그 밖에 일상생활에 필요한 편의를 제공함을 목적으로 하는 시설로 10명 이상을 대상으로 하며 1인당 연면적 15.9m2 이상의 공간을 확보하여야 한다.

② 노인공동생활가정: 노인들에게 가정과 같은 주거여건과 급식, 그 밖에 일상생활에 필요한 편의를 제공함을 목적으로 하는 시설로 5인 이상 9명 이하의 소규모시설로 1인당 연면적 15.9m2 이상의 공간을 확보하여야 한다.

③ 노인복지주택: 노인에게 주거시설을 분양 또는 임대하여 주거의 편의 · 생활지도 · 상담 및 안전관리 등 일상생활에 필요한 편의를 제공함을 목적으로 하는 시설로 30세대 이상이다.

* 「노인복지법」 개정(2015. 1. 28. 공포)으로 분양형 노인복지주택은 2015. 7. 29.부터 폐지하되, 이 법 시행 전에 「건축법」에 따라 허가받거나 「주택법」에 따라 사업계획이 승인된 노인복지주택은 개정 전의 규정에 따름

❖ 이용대상

① 양로시설 · 노인공동생활가정: 다음에 해당하는 자로 일상생활에 지장이 없는 노인이다.

- 「국민기초생활 보장법」 제7조제1항제1호에 따른 생계급여 수급자 또는 같은 항 제3호에 따른 의료급여 수급자로서 65세 이상의 자
- 부양의무자로부터 적절한 부양을 받지 못하는 65세 이상의 자
- 본인 및 본인과 생계를 같이 하고 있는 부양의무자의 월 소득을 합산한 금액을 가구원 수로 나누어 얻은 1인당 월평균 소득액이 통계청장이 「통계법」 제17조제3항에 따라 고시하는 전년도의 도시근로자 가구 월평균 소득을 전년도의 평균 가구원 수로 나누어 얻은 1인당 월평균 소득액 이하인

자로서 65세 이상의 자(실비보호대상자)

- 입소자로부터 입소비용의 전부를 수납하여 운영하는 양로시설 또는 노인공동생활가정의 경우는 60세 이상의 자

② 노인복지주택: 단독취사 등 독립된 주거생활을 하는 데 지장이 없는 60세 이상인 자

❖ 시설기준

시설별 \ 구분		침실	사무실	요양보호사 및 자원봉사자실	의료 및 간호사실	체력단련실 및 프로그램실	식당 및 조리실	비상재해대비시설	화장실	세면장 및 샤워실(목욕실)	세탁장 및 세탁물건조장
양로시설	30명 이상	○	○	○	○	○	○	○	○	○	○
	30명 미만 10명 이상	○	○		○	○	○	○	○	○	
노인공동생활가정		○	○			–	○	○	○	○	
노인복지주택		침실 1, 관리실 1(사무실 · 숙직실 포함), 식당 및 조리실 1, 체력단련실 및 프로그램실 1, 의료 및 간호사실 1, 식료품점 또는 매점 1, 비상재해대비시설 1, 경보장치 1									

❖ 직원배치기준

시설별 \ 직종별		시설의장	사무국장	사회복지사	의사(한의사포함) 또는 촉탁의사	간호사 또는 간호조무사	요양보호사	사무원	영양사	조리원	위생원	관리인
양로시설	30명 이상	1명	1명	1명	1명 이상	입소자 50명당 1명	입소자 12.5명당 1명	1명 (입소자 100명 이상)	1명 (1회 급식인원 50명이상)	2명 (입소자 100명 초과시 1명추가)	입소자 50명당 1명	
	10~30명 미만	1명	1명			1명	입소자 12.5명당 1명			1명	1명	
노인공동생활가정		시설장 1명 입소자 4.5명당 사회복지사, 간호사 · 간호조무사 또는 요양보호사 1명 이상										
노인복지주택		1명		1명								1명

(2) 노인의료복지시설

❖ 종류

노인의료복지시설은 기존의 요양시설과 전문요양시설을 일원화한 노인요양시설과 노인요양공동생활가정으로 구분된다(2011년 개정으로 노인전문병원 삭제).

① 노인요양시설: 치매 · 중풍 등 노인성 질환 등으로 심신에 상당한 장애가 발생하여 도움을 필요로 하는 노인을 입소시켜 급식 · 요양과 그 밖에 일상생활에 필요한 편의를 제공함을 목적으로 하는 시설로 입소정원 10명 이상으로 1명당 연면적 23.6m2 이상의 공간을 확보하여야 한다.

② 노인요양공동생활가정: 치매 · 중풍 등 노인성 질환 등으로 심신에 상당한 장애가 발생하여 도움을 필요로 하는 노인에게 가정과 같은 주거여건과 급식 · 요양, 그 밖에 일상생활에 필요한 편의를 제공함을 목적으로 한다. 입소정원은 5명 이상 9명 이하이며 1명당 연면적 20.5m2 이상의 공간을 확보해야 한다.

❖ 이용대상

① 노인요양시설 · 노인요양공동생활가정: 다음에 해당하는 자로서 노인성 질환 등으로 요양을 필요로 하는 자

- 「노인장기요양보험법」에 따른 장기요양급여수급자
- 기초수급권자로서 65세 이상의 자
- 부양의무자로부터 적절한 부양을 받지 못하는 65세 이상의 자
- 입소자로부터 입소비용의 전부를 수납하여 운영하는 유료시설의 경우는 60세 이상 자
- 입소대상자의 배우자는 65세 미만(유료시설 60세 미만)인 경우에도 입소대상자와 함께 입소 가능

❖ 시설기준

<table>
<tr><th colspan="2">구분
시설별</th><th>침실</th><th>사무실</th><th>요양보호사실</th><th>자원봉사자실</th><th>의료 및 간호사실</th><th>물리(작업)치료실</th><th>프로그램실</th><th>식당 및 조리실</th><th>비상재해대비시설</th><th>화장실</th><th>세면장 및 목욕실</th><th>세탁장 및 세탁물 건조장</th></tr>
<tr><td rowspan="2">노인요양시설</td><td>입소자 30명 이상</td><td>○</td><td>○</td><td>○</td><td>○</td><td>○</td><td>○</td><td>○</td><td>○</td><td>○</td><td>○</td><td>○</td><td>○</td></tr>
<tr><td>입소자 10~30명 미만</td><td>○</td><td colspan="3">○</td><td>○</td><td>○</td><td>○</td><td>○</td><td>○</td><td>○</td><td colspan="2">○</td></tr>
<tr><td colspan="2">노인요양공동생활가정</td><td>○</td><td colspan="4">○</td><td colspan="2">○</td><td>○</td><td>○</td><td colspan="3">○</td></tr>
</table>

❖ 직원배치기준

<table>
<tr><th colspan="2">직종별
시설별</th><th>시설의 장</th><th>사무국장</th><th>사회복지사</th><th>의사(한의사 포함) 또는 촉탁의사</th><th>간호사 또는 간호조무사</th><th>물리치료사 또는 작업치료사</th><th>요양보호사</th><th>사무원</th><th>영양사</th><th>조리원</th><th>위생원</th><th>관리인</th></tr>
<tr><td rowspan="2">노인요양시설</td><td>30명 이상</td><td>1명</td><td>1명 (입소자 50명 이상)</td><td>1명 (입소자 100명 초과 시 1명 추가)</td><td>1명 이상</td><td>입소자 25명당 1명</td><td>1명 (입소자 100명 초과 시 1명 추가)</td><td>입소자 2.5명당 1명 (치매전담실은 2명당 1명)</td><td>1명 (입소자 50명 이상)</td><td>1명 (1회 급식인원이 50명 이상)</td><td>입소자 25명당 1명</td><td>위생원 1명 (입소자 100명 초과 시 1명 추가)</td><td>1명 (입소자 50명 이상)</td></tr>
<tr><td>10명 이상</td><td>1명</td><td colspan="2">1명</td><td>1명</td><td>1명</td><td></td><td>입소자 2.5명당 1명</td><td></td><td></td><td>1명</td><td></td><td></td></tr>
<tr><td colspan="2">노인요양공동생활가정</td><td colspan="3">1명</td><td></td><td colspan="2">1명</td><td>입소자 3명당 1명 (치매전담형은 2명당 1명)</td><td></td><td></td><td></td><td></td><td></td></tr>
</table>

(3) 노인복지시설 현황

2021년 12월 현재 노인복지시설은 노인주거복지시설이 337개소, 노인의료복지시설이 5,821개소로 주거시설은 감소하고 있는 반면 노인의료복지시설은 계속 증가하고 있다(표 4-51).

〈표 4-51〉 연도별 노인주거 및 요양시설 현황 (단위: 개소, 명)

종류	시설	2021		2020		2019		2018		2017	
		시설 수	입소정원	시설 수	입소정원	시설 수	입소정원	시설 수	입소정원	시설 수	입소정원
합계		85,228	321,500	82,544	297,167	79,382	266,325	77,395	231,857	76,371	219,476
노인주거복지시설	소계	337	19,383	352	20,497	382	21,674	390	19,897	404	19,652
	양로시설	192	9,962	209	11,619	232	13,036	238	12,510	252	12,562
	노인공동생활가정	107	930	107	953	115	954	117	998	119	1,092
	노인복지주택	38	8,491	36	7,925	35	7,684	35	6,389	33	5,998
노인의료복지시설	소계	5,821	214,683	5,725	203,075	5,529	190,820	5,287	177,318	5,242	170,926
	노인요양시설	4,057	199,134	3,844	186,289	3,595	174,015	3,390	160,594	3,261	153,785
	노인요양 공동생활가정	1,764	15,549	1,881	16,786	1,934	16,805	1,897	16,724	1,981	17,141

자료: 보건복지부. 「2022년 노인복지시설현황」.

「노인복지법」에 의한 노인복지시설 구분(「노인복지법」 제31조, 2021. 12)

- 노인주거복지시설: 양로시설, 노인공동생활가정, 노인복지주택
- 노인의료복지시설: 노인요양시설, 노인요양공동생활가정
- 노인여가복지시설: 노인복지관, 경로당, 노인교실
- 재가노인복지시설: 방문요양, 주야간보호, 단기보호, 방문목욕, 그 밖의 서비스로 보건복지부령이 정하는 서비스
- 노인보호전문기관: 노인학대예방센터
- 노인일자리전담기관: 노인인력개발기관, 노인일자리지원기관, 노인취업알선기관
- 학대피해노인 전용쉼터

CHAPTER 06

노인과 실버산업

01 실버산업의 개념

세계적으로 복지의 민영화 경향과 인구 고령화의 진행 속에 복지산업이 성장하고 있으며, 특히 증가하는 노인들의 다양한 욕구에 부응하는 노인복지산업이 크게 발달하고 있다.

실버산업(silver industry)이란, 노인의 흰머리를 은발(silver)에 비유하여 나온 단어로 노인의 부정적 이미지를 없애기 위해 일본의 민간업체에서 고안된 이름으로 노인을 대상으로 하는 산업을 의미하며, 실버비지니스 또는 실버서비스 등으로도 사용되고 있다. 영어권의 경우 실버산업과 같은 용어로는 elderly market, senior market, mature market 등으로 사용되고 있다. 또한, 한자어로는 親孝産業, 親老産業으로 표현되기도 하며, 노인중심의 편리성과 안전성이 고려되어야 한다는 관점에서 고령친화적(高齡親和的) 산업 등의 표현도 사용되고 있으며, 우리나라에서도 2006년 「고령친화산업진흥법」이 제정됨으로써 '고령친화산업'이란 용어가 공식적으로 사용되게 되었다.

일본 후생성은 '실버산업은 60세 이상의 노인을 대상으로 민간기업이 시장원리에 의해 상품이나 서비스의 공급을 행하는 산업'이라고 정의하고 있다.

우리나라의 경우 1980년 중반부터 실버산업이란 말이 사용되어 왔으나, 아직 실버산업의 용어는 법적으로나 행정적으로 정의되어 있지는 않다.

실버산업은 노인산업이라고 할 수 있는데 보다 넓은 의미에서 보면 앞으로 노인이 될 중년층에 대한 노후대책을 위한 금융상품이나 생활설계 등 모든 상품이나 서비스까지 포함할 수 있다. 그러나 일반적으로 우리가 실버산업이라고 할 때는 '노인을 소비대상으로 하여 기업체가 중심이 된 민간부문이 시장원리에 입각하여 상품이나 서비스를 공급하는 산업의 한 형태'라고 정의할 수 있다.

요약하면, 실버산업이란 구매력 있는 중산층 이상의 노인을 대상으로 주택을 비롯하여 건강과 케어, 노인 관련 일상용품, 노인교육 및 여가 서비스를 제공하여 노인의 삶의 질을 향상시키고 노인의 욕구를 해결하려는 시장경제원리의 영리사업이라고 할 수 있다.

02 실버산업의 배경

1) 고령사회의 도래

실버산업의 가장 큰 발전요인은 노인인구의 증가라고 할 수 있으며, 우리나라도 이미 알려진 바와 같이 사상 유례없는 인구 고령화가 진행되고 있다. 즉, 실버산업의 대상 인구가 증가하고 있으며, 특히 구매력 있는 노인의 수가 증가하고 그들은 보다 수준 높은 서비스를 요구함에 따라 이에 대응한 노인산업이 증가하고 있다.

미국의 실버산업계는 베이비붐 세대에 초점을 맞추고 상품을 개발하여 마케팅을 하고 있는데 실제 50대 이상 노인들이 국민의 개인 재산액의 4분의 3을 차지하고, 금융자산의 77%, 소비자 소비의 40%를 차지하고 있어 실버산업의 발전을 촉진시키고 있다.

특히, 고령노인의 증가는 당연히 보호를 필요로 하는 노인의 수를 증가시키고 있으며, 이들에 대한 케어서비스나 건강서비스, 노인용품이나 장비 등의 필요성을 증가시키고 있다.

2) 가족의 부양기능의 약화

가족구조의 변화와 여성의 사회진출의 증가, 부양에 대한 전통적 가치관의 변화 등은 가족의 노부모부양기능을 약화시키게 되었으며, 가족의 부양을 대신할 서비스의 수요가 증가하고 있으며, 이에 부응한 서비스가 기업 등에서 개발되게 되었다.

3) 노인 단독세대의 증가

장남부부가 노부모와 함께 사는 전통적인 가족 구조에서 오늘날 노인 혼자서 또는 노부부만 생활하는 형태가 증가하고 있다. 노인단독가구의 증가는 노인의 주거와 생활을 보장할 수 있는 사회적 서비스의 필요성이 대두되고 이를 해결하기 위한 실버산업의 육성은 불가피하다.

그동안의 연구들에 의하면, 부부동거와 독거노인의 경우 건강이 악화될 때 유료요양시설과 실버타운의 입주를 희망하는 비율이 높아지고 있음을 볼 수 있다.

4) 국가재정의 한계

1970년 이후 복지국가를 표방하던 선진국들은 경제침체와 더불어 복지국가의 위기에 봉착하였고 1980년대 이후 복지비용의 축소나 억제 등의 경향으로 전환되면서 최저한의 생활보장 이상의 복지욕구는 경제시장에서 해결하도록 하는 정책기조가 진행되고 있다.

우리나라의 경우 노인복지에 대한 국가예산은 상당히 부족한 편이지만 이러한 국제적 추세 속에 국가재정의 확대는 크게 기대하기 어려우며, 증가하는 노인들의 다양한 욕구들을 민간에 의한 실버산업에 의해 많은 부분 충족시켜 나가야 할 것이다.

03 실버산업의 특징

전통적인 개념에서 보면 실버산업은 개인의 경제적 능력에 입각하여 이윤추구를 목적으로 상품을 공급하는 것으로 사회복지의 영역으로 보기 어려우나, 복지국가 위기 이후 선진국에서 사회복지영역에서의 국가책임의 축소, 민간영역의 확대, 또한 복지공급의 다양한 주체의 참여 등의 정책이 확대됨에 따라 영리를 추구하는 기업도 복지영역에 참여함으로써 실버산업이 복지영역에서 차지하는 비중이 확대되고 있다.

실버산업의 특징은 첫째, 실버산업의 공급 주체는 민간부분인데 민간이라 하더라도 서비스 내용, 경영규모, 사업 등에 따라 다양한 형태의 공급 주체가 관여하고 있다. 즉, 주식회사, 합자회사, 유한회사 등 민간기업과 개인, 재단법인, 사회복지법인, 조합, 종교법인 등 여러 형태가 참여하고 있다.

둘째, 실버산업은 영리를 추구하는 사업이지만 그것이 복지영역의 일부라는 측면에서 영리성과 복지성의 적절한 조화가 요구된다.

실버산업을 운영하는 과정에 민간부분이 가지는 효율성과 창의성 등이 시장원리에 입각하여 최대한 발휘되어야 하는 한편, 실버산업이 갖고 있는 사회복지성, 공익성이 균형 있게 유지되어야만 한다.

셋째, 실버산업은 그 대상이 신체적, 사회적, 경제적으로 취약하고 정보면에서도 취약하기 때문에 노인들의 권리나 인권을 보장하도록 노력해야 하며 이를 위한 제도적 장치가 필요하다. 시장원리에 입각한 산업이지만 복지성의 균형을 위해 노인들의 권리나 인권이 침해되지 않도록 적절한 정부의 규제가 요구된다.

넷째, 실버산업 전반엔 큰 시장규모가 예측되지만 분야별로 보면 기본적으로 수요기반 산업이다. 노인의 소득과 재산, 연령, 건강상태에 따라 다양한 욕구에 대응하는 세분화된 소형시장의 집합적 성격이 강하다. 다품종 소량생산의 중소기업에 적합하다고도 할 수 있다. 또한, 보건, 의료, 복지는 물론 금융과 생활서비스 등을 한꺼번에 제공하는 one-stop 서비스에 대한 수요가 선호된다. 또한, 여성노인의 수적 우세에 따른 여성노인의 소비패턴을 고려한 재화 및 서비스의 개발도 필요하다(전만복, 2004).

04 실버산업의 시장규모

급속한 고령화로 65세 이상 세계 인구가 2020년 7억명에서 2050년 15억명으로 두 배 이상 증가할 전망으로, 노인을 대상으로 상품 또는 서비스를 제공하는 실버시장이 성장하고 있다. 우리나라도 최근 베이비붐세대(1955~1963년)의 은퇴가 가속하면서 내수시장의 주요고객이 장년층과 노년층으로 확대되고 관련 시장이 커지고 있다. 소비성향이 낮은 기존의 고령세대와는 달리 현재의 시니어는 외식, 오락, 여가, 문화활동에 소비지출이 높아 앞으로 주요 소비층으로 다가올 전망이다.

한국보건산업진흥원(2015)의 자료에 의하면 고령친화산업의 시장규모(금융업 제외)는 2012년 약 27조원에서 2020년 72조 규모로 성장할 것으로 전망하였고, 구체적인 세부산업별 성장률은 요양시설부문이 16%, 화장품이 15.3%로 가장 높게 전망하였다.(표 4-52).

〈표 4-52〉 고령친화산업 시장규모 (단위: 억원, %)

구분	2012		2015		2020		연평균 성장률
	시장규모	비중	시장규모	비중	시장규모	비중	
의약품	37,791	13.8	54,010	13.8	97,937	13.4	12.6
의료기기	12,438	4.5	17,827	4.5	32,479	4.5	12.8
식품	64,016	23.4	93,609	23.8	186,343	24.2	13.5
화장품	6,945	2.5	10,645	2.7	21,690	3.0	15.3
고령자용품	16,689	6.1	18,770	4.8	22,907	3.1	4.0

구분	2012		2015		2020		연평균 성장률
	시장규모	비중	시장규모	비중	시장규모	비중	
요양	29,349	10.7	46,533	11.9	100,316	13.8	16.6
주거	13,546	5.0	14,209	3.6	14,301	2.0	0.7
여가	93,034	34.0	137,237	34.9	262,331	36.0	13.8
계	273,809	100.0	392,839	100.0	728,305	100.0	13.0

자료: 한국보건산업진흥원. 고령친화산업 시장동향(2015).

한국은 1955~1963년에 태어난 베이비붐 세대가 고령층에 본격 진입하고 있다.

2025년에 노인인구 20%를 넘어 초고령사회로 들어설 전망으로 국내 실버산업 시장 규모는 2020년 72조 원에서 2030년 168조 원 규모로의 성장이 예상된다.

우리나라의 베이비붐 세대는 한국의 급속한 경제성장과 대중소비를 경험한 세대로 일제강점기와 한국전쟁 등을 경험한 기존 세대와는 달리 높은 문화적 개방도와 소비성향을 가진 것으로 파악되고 있다. IT기술이 접목된 기기와 서비스를 활용할 수 있는 세대로서 향후 IT접목 융합기기나 서비스에 대한 수요가 높을 것으로 예상되고 있다(한국무역협회 국제무역통상연구원, 2022).

〈 한국 고령화 추이〉

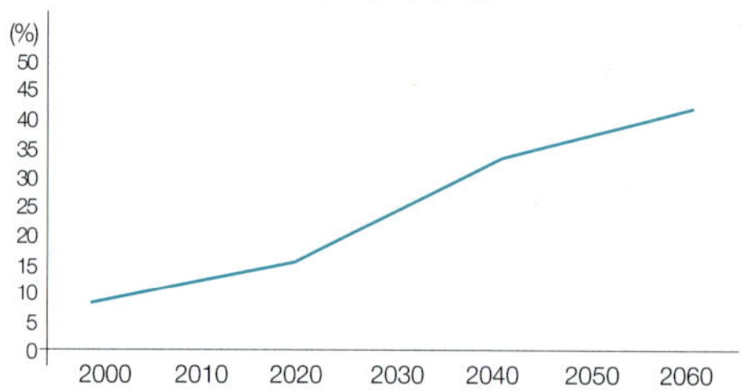

자료: 통계청.

한국 실버시장 규모〉

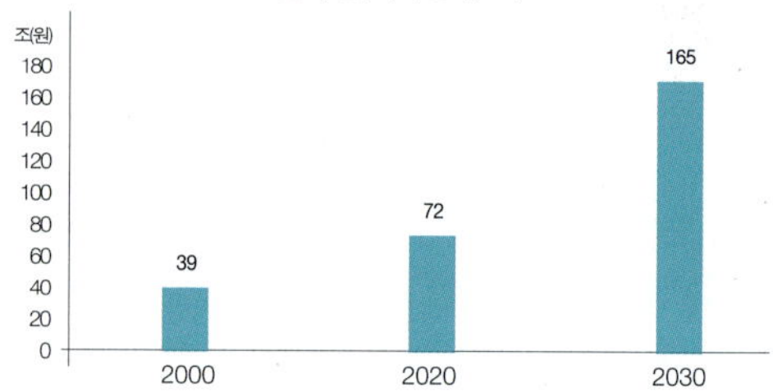

주: *는 전망치

자료: 한국보건산업진흥원.

[그림 4-18] 한국의 실버시장규모 전망

한국무역협회 국제무역통상연구원(2022)의 주요국의 실버시장 현황분석에 의하면, 미국은 2025년 실버시장 규모가 약3조 5000억달러에 달하고, 일본은 2025년 8000억달러를 돌파할 것으로 전망하고, 중국은 2030년에 3조달러 수준에 들어갈 것으로 전망하고 있다(표 4-53).

〈표 4-53〉 주요국가 실버시장 전망

	미국	일본	중국	한국
예상시점	2025년	2025년	2030년	2030년
예상규모	3조5천억달러	8천억달러	3조달러	168조원 (약1282억달러)

미국의 실버시장은 2025년 약 3조 5천억 달러가 될 것으로 추정된다. 2030년 약 8천만 명의 베이비붐 세대(1946~1965년생) 모두가 65세 이상 고령층에 진입하며, 이들은 자녀 세대인 밀레니얼 세대나 Z세대보다 자산과 연금소득이 많아 은퇴 이후에도 높은 소비력을 보이고 있다. 실제 55세 이상 인구가 미국 전체 소비시장에서 차지하는 비중이 2020년 42%에 달하고 있다. 이들은 의약 및 건강관리 산업 등의 주요 수요층으로 해당 분야 산업을 이끄는 핵심 동력으로 부상하고 있다.

일본은 2025년 고령화율이 30%에 이를 것으로 추산되고 가계 소비에서 60대 이상이 차지하는 비율이 꾸준히 상승해 2030년 47%에 달할 것으로 예상된다.

자산축적에 의한 양호한 소비여력, 액티브 시니어(active senior)의 증가 등으로 고령층 소비성향이 상승할 전망이며, 2025년 실버시장의 규모가 8천억 달러를 넘을 것으로 예상하고 있다. 일본의 실버시장은 일상생활, 주거, 의료, 여행 등 다양한 분야에서 고령자의 수요를 반영한 제품 및 서비스가 활성화되어 있는데, 특히 생활용품 시장은 사용자의 건강상태나 연령과 상관없이 모든 사람이 사용하기 편리하도록 설계된 '유니버설디자인'이 확대되고 있으며 고령층을 고려한 제품이 주류가 될 정도로 탄탄한 시장규모를 형성하고 있다.

중국은 역사상 3번의 베이비붐 세대가 있었으며, 2차 베이비붐 세대(1962~76년생)에 태어난 인구가 고령층에 편입되기 시작하면서 빠르게 고령화가 이루어질 전망이다(2021년 14%, 2035년 20%).

중국의 고령층의 증가는 미용·건강·패션분야에 대한 구매력 상승, 온라인 쇼핑 비중 증가 등 실버산업 시장에 변화를 가져오고 있으며, 중국 고령층의 구매력은 2030년 26조 7천억 위안에서 2050년 106조 7천억 위안으로 확대될 전망이다.

05 실버산업의 유형

실버산업의 분야는 대단히 다양하지만 대체로 다음과 같이 나누어 볼 수 있다.

1) 주거 관련 서비스

도시나 근교의 노인선용수택, 아파트, 노인촌락, 유료 양로원이나 유료 요양원 등 노인들의 주거와 관련한 사업이다.

주거와 관련하여 노인들은 주택을 소유하고 싶은 욕구와 주택을 관리하고 싶지 않은 욕구가 동시에 있는데 이러한 성향에 대응한 것이 노인주택이라고 할 수 있다.

연구에 의하면, 노인들은 자신이 거주하는 주택에 대해 애착을 갖고 개인적인 의미를 부여하기 때문에 자신만의 공간에서 주거 만족도가 더욱 높으며 편안함을 선호하는 경향이 있다. 따라서 이와 같은 욕구에 따라 내 집과 같은 다양한 노인주택은 실버산업으로서의 전망이 밝은 분야이다(홍숙자, 2002).

최근 노인주택과 관련한 산업에 실버타운이라는 용어를 사용하고 있는데, 실버타운의 용어는 현재 우리나라에서 법적으로나 행정적으로 규정된 용어는 아니다.

실버타운은 원래 미국이나 호주에서 보편화된 노인주거시설의 집합 지역 유형으로 양로시설, 요양시설, 오락시설 등이 한 지역에 모여 설치되고 노인들이 이주하여 노인들의 독특한 주거지역을 형성한 것이다.

실버타운은 노인들의 의식주 및 기본의료관리를 주목적으로 체류하는 통합형 목적의 노인주거시설로 그 규모와 형태는 다양하다. 특히, 대규모 실버타운은 아파트, 공동주택 등의 독립주거시설과 연속 보호시설, 요양원, 치매센터 등의 보호시설이 집합을 이루어 상호 연계 및 협력관계를 유지하며 Community, Village, County, Town 등의 명칭을 사용하고 있다(이인수, 2003).

〈표 4-54〉 실버타운 입지유형별 장·단점

입지유형	장점	단점
도시형	• 도시 내 기본 공공시설과 의료시설의 이용 가능 • 자녀 및 친지와의 교류, 생활편의시설활용 및 기타 도시기능의 활용	• 자기부담이 크고 부지확보 곤란 • 건물의 고층화가 불가피 • 입주가격의 상승 • 자연환경 접촉 불가
도시 근교형	• 도시형보다 토지가격 저렴 • 넓은 면적의 부지확보 가능 • 도시로의 전출입 용이	• 도시 내의 편익시설 이용이 다소 곤란
리조트형	• 자연경관이 수려 • 부지가격이 저렴 • 종합개발 시 지역사회발전 기대	• 충분한 도시기능을 누릴 수 없음 • 시설의 고립감 • 부지조성 비용 상승 • 부대서비스 설치 부담
전원형	• 전원풍경 만끽 • 화훼단지, 농원 등 경작활동 참여 가능	• 부대서비스 시설 설치 부담

우리나라의 경우 실버산업이 이제야 시작되는 시점에서 이러한 유형의 실버타운은 아직은 찾아보기 힘들며, 현재 많이 세워지고 있는 유료 노인주거시설이나 유료 요양시설, 유료 노인주택 등의 형태에서 실버타운이란 용어가 사용되고 있는 실정이다.

실버타운은 하드웨어와 소프트웨어로 구성된다. 하드웨어는 주거시설 및 병원과 연계된 의료시설과 문화시설이고, 소프트웨어는 일상생활서비스, 건강관리서비스, 문화활동서비스 등으로 구성된다. 일상생활서비스는 급식, 생활보조, 편익서비스이고 건강관리서비스에는 응급의료체계, 건강검진사업 등이 포함되며, 문화활동서비스는 취미, 오락, 학습, 레저, 스포츠 활동 등이다.

실버타운은 입지유형에 따라 도시형, 도시근교형, 리조트형, 전원형으로 구분되며, 사업방식별로는 입주금을 일시에 지불하고 서비스 비용은 별도로 지불하는 종신형(이용권형), 연금보험의 수혜자가 직접 입주하는 종신형(연금형), 입주보증금 지불 후 임대형태로 계약하는 임대형, 입주자가 주거시설의 소득원을 취득하는 분양형으로 구별할 수 있다(전만복, 2004).

〈표 4-55〉 사업방식별 유형의 장·단점

분류	장점	단점
종신형 (이용권)	• 부동산 소유에 따른 세금이나 개보수 등의 번거로움에서 해방 • 입주금+월 사용료의 지불에 따른 생활 보장	• 설치 주체가 시설운영을 계속할 수 없는 경우 거주권에 대한 보장 없음 • 임의계약에 불과
종신형 (연금형)	• 입주 후 추가비용의 부담이 없음	• 장래 인플레 등의 변동을 반영할 수 없고 입주자에게 추가 비용 징수가 불가능해 사업상 위험이 큼
임대형	• 계약해제가 자유로움 • 입수 조기에 많은 부담 없음	• 입주자의 소득 감소 시 지속적 입주생활이 어려움
분양형	• 전원풍경 만끽 • 화훼단지, 농원 등 경작 가능	• 부대서비스 시설 설치 부담

자료: 전만복(2004).

2) 케어 관련 서비스

고령이 되면서 노인은 신체적·정신적으로 쇠약해지고, 식사나 목욕, 세탁, 외출 등에 있어서 도움을 필요로 하게 된다. 거동이 불편한 노인을 위한 가정방문 간호서비스, 가정방문 요양서비스, 목욕서비스, 주간보호, 단기보호 등의 재가서비스가 필요하다.

민간 주도의 방문간호시설, 방문요양시설, 주간보호시설, 단기보호시설 등에 대한 체계적인 지원 방안을 강구하여 재가복지서비스의 공급을 확대하고 질적 수준을 제고할 수 있는 민간참여 활성화 정책이 필요하다.

3) 건강 관련 서비스

노인의 건강과 관련된 서비스는 의료·간호 분야의 서비스와 가정건강관리 분야로 나눌 수 있는데 의료·간호 분야에는 노인병원이나 요양소, 상담소, 물리치료소 등이 있고, 가정건강관리 서비스는 가정방문을 통해 주사와 투약, 재활치료, 물리치료, 식이요법 등을 해 주는 서비스이다.

또 정기적인 노인전용 건강검진과 같은 건강 관련 서비스도 요구된다. 노인의 만성 질환에 해당하는 질병, 즉 고혈압, 당뇨, 뇌졸중, 치매, 심장 질환, 신경통, 관절염 등에 해당하는 노인성 질환에 따른 정기적인 상담과 검진 서비스도 상품화될 수 있다.

4) 안전 관련 서비스

장애가 있는 노인이나 노화로 인한 심신의 쇠약으로 거동이 어려운 노인을 위한 서비스로 휠체어가 쉽게 다닐 수 있도록 문턱을 없애는 보수 공사나 욕실에서 미끄러짐을 방지하기 위한 설비의 시공 등 노인의 안전과 관련된 서비스를 총칭한다.

특히 노인단독세대의 증가에 따라 노인의 신변의 안전을 보장하고 긴급한 상황이 발생했을 때를 대비하여 구호시스템의 개발도 좋은 건강 관련 실버산업의 상품이 될 수 있다. 이를테면 노인이 갑자기 쓰러진다거나, 집 안에 침입자가 있다거나, 즉시 간호를 받아야 하는 상황이 발생했을 때 긴급구호를 위한 펜던트를 작동시키면 가족 또는 가까운 친지, 그리고 상황에 따라 인근 병원 또는 파출소와 연계되어 곧바로 구급차와 의료요원이 당도하는 서비스도 좋은 예가 될 수 있다. 또한, 치매노인의 증가에 따라 노인의 위치 추적 탐지기 등의 서비스도 노인의 안전 관련 서비스라고 할 수 있다.

5) 금융 관련 서비스

개인연금서비스, 부동산 관리 및 부동산 대출, 은행과 보험회사, 투자신탁 등에서 노후 생활에 필요한 소득관리를 위해 노후연금 등을 개발하고 있으며, 부동산 신탁 등을 통해 노인들의 재산을 관리하는 사업들이 있다.

금융 분야의 대상은 현재의 노인만이 아니라 노후를 준비하는 예비노인의 욕구도 중요하다. 이들의 금융에 대한 욕구를 보면, ① 노후의 생활비 및 여가생활을 충분히 할 수 있는 현금의 보장 욕구, ② 의료비 등 갑작스러운 목돈사용에 대비한 욕구, ③ 여유자산의 운용 및 관리 욕구, ④ 자녀 등에 대한 자산상속, 증여 설계와 관련된 욕구 등이 있다. 이러한 욕구에 대응한 다양한 금융 관련 상품 및 서비스가 국내 금융기관들에 의해 제공되고 있는데, 노인전용예금상품(실버우대전용예금 등), 주택연금, 개인연금, 실버건강보험, 자산관리 및 상속설계 서비스 등 노인전용 상품과 서비스가 크게 증가하고 있다.

6) 교육 관련 서비스

노인인구의 증가는 노년의 삶이 단순한 생존의 차원이 아닌 삶의 질적 향상을 요구하고 있다. 연장된 노년기의 삶의 질 향상이란 측면에서 노후에 직면하는 문제에 대처하기 위해서는 통합적인 노년기 준비교육이 필요하다.

노인이 되면서 은퇴에 의한 사회적 단절 등에 따른 여러 가지 변화에 대응하는 것은 쉬운 일이 아니다. 환경변화에 적응하기 위해서는 사전에 은퇴 이후의 삶에 대한 교육적 준비를 통해 보다 양질의 삶을 누릴 수 있다.

7) 여가 관련 서비스

길어진 여가시간을 잘 활용하여 보람 있는 생활을 영위하고 생활의 즐거움을 찾을 수 있도록 다양한 노인여가 프로그램이 필요하다. 평균수명의 증가로 '인생은 60부터'라는 슬로건 아래 은퇴 이후를 풍요롭고 새로운 삶의 출발로 삼아 즐거운 인생을 살고 싶어 하는 욕구의 증대에 따라 여가 관련 실버산업은 전망이 밝다고 할 수 있다.

건강과 즐거움을 위한 노인 스포츠나 레크리에이션, 노인을 위한 여행, 각종 취미클럽의 운영, 자원봉사활동의 주선, 수집가 클럽 등은 좋은 여가 프로그램으로 상품화될 수 있다.

노인여가 프로그램과 시설 개발에 대해 정부의 정책적 지원방안이 마련되어야 하는데 민간 위주의 노인대상 레저, 관광, 노인호스텔, 노인대학 및 노인문화센터 등 건립 활성화를 위한 세제상, 금융상의 민간자본의 투자 유인 제도가 수립되어야 할 것이다.

8) 복지용구 및 일상생활용품 서비스

노인을 위한 지팡이, 안경, 점자 기기, 보청기나 휠체어, 보행기 등과 같은 재활보조기구, 요실금 방지를 위한 성인용 기저귀, 노인을 위한 특수 의자, 안전 도어, 자동 걸레 등 노인의 생활을 편리하고 편안하게 만들어 주는 각종 노인일상생활용품의 개발이 필요하다.

이외에도 노인의류 분야, 식품 및 음료 분야, 정보 관련 분야, 자동차 분야 등에서도 노인을 위한 상품이 개발되고 있다.

〈표 4-56〉 실버산업 분류

분야	내용
주거 관련 분야	유료노인홈, 치매성 노인전용 노인홈, 노인맨션, 노인아파트 등
개호서비스 관련 분야	재택개호서비스, 입욕서비스, 급식서비스, 침구 세탁 등 요개호 노인을 대상으로 한 서비스
복지기기 관련 분야	노인용 침대, 입욕장치, 욕창방지매트, 종이기저귀 등
금융 관련 분야	노후 대비를 위한 연금, 보험, 신탁, 재산관리 등의 금융 분야
의료 관련 분야	노인병원, 제약, 의료서비스, 의료기기 중 노인의 건강과 관련한 시설, 용품 및 서비스
레저 관련 분야	스포츠, 레저, 교양, 취미활동
일상생활 관련 분야	고령자의 일상생활에 필요한 생활기기, 건강식품, 건강기기 등 생활 분야

자료: 일본 후생성.

06 실버산업의 전망

고령사회가 급격히 다가오면서 실버산업에 대한 수요도 급격히 증가할 전망이다.

정부는 우리나라가 2000년 고령화사회로 접어든 데 이어 2018년 고령사회, 그리고 2025년 초고령사회를 앞두는 등 급속한 고령화 추세가 위협 요인이지만, 새로운 수요를 창출하는 기회 요인도 된다고 진단하고 고령친화산업을 육성하기위한 고령친화산업전략을 발표하였다.

즉, 고령친화산업의 활성화를 위해 정부는 8대 산업부문에서 19개 전략 품목을 선정하여 집중적으로 육성키로 발표하였다. 전략산업은 ① 요양산업(재가요양서비스), ② 기기산업(재택원격진단 건강정보시스템, 한방의료기기, 간호지원시스템), ③ 정보산업(홈케어, 정보통신보조기기, 노인용 콘텐츠 개발), ④ 여가산업(고령친화 휴양단지), ⑤ 금융산입(역모기지세노, 자산관리서비스), ⑥ 주택산업(고령화용 주택개조, 고령자용 임대주택), ⑦ 한방산업(한방보건관광, 한방기능성식품, 노인용 한방화장품, 노인성 질환 한약제제 개발), ⑧ 농업(고령친화 귀농교육, 전원형 고령친화 농업테마타운, 은퇴농장) 등이다(고령화 및 미래사회위원회, 2005).

특히 민간부문의 참여를 유도하기 위해 정부는 「고령친화산업지원법」을 추진해 왔으며, 2006년 12월 「고령친화산업 진흥법」이 제정되어 앞으로 실버산업이 발전할 수 있는 기반을 마련하였다.

고령친화산업 진흥법(2006. 12. 28/2007. 6.부터 시행)

1. 목적(제1조)

이 법은 고령친화산업을 지원, 육성하고 그 발전 기반을 조성함으로써 노인의 삶의 질 향상과 국민 경제의 건전한 발전에 이바지함을 목적으로 함

2. 주요 내용

가. 고령친화산업의 정의

'고령친화산업'이라 함은 고령친화제품 등을 연구 · 개발 · 제조 · 가공 · 제공 · 유통 또는 판매하는 산업임

'고령친화제품'은 노인을 주요 수요자로 하는 제품 및 서비스이며, 노인 복지용구나 의료기기, 주택, 요양서비스, 금융자산관리, 정보기기 및 서비스, 여가, 문화, 건강지원서비스, 농업용품 또는 영농지원서비스, 기타 등이 있음

나. 고령친화산업 전문인력 양성 추진

정부는 고령친화산업 육성을 위하여 해당 분야의 전문인력을 양성하여야 하고 대학, 고령친화산업 관련 연구소 · 기관 또는 단체를 전문인력 양성기관으로 지정하여 필요한 교육 및 훈련을 실시할 수 있음

다. 고령친화산업 표준화

관계 중앙행정기관의 장은 고령친화제품 등의 품질 향상과 호환성 확보 등을 위하여 표준화 사업을 추진할 수 있음

라. 고령친화산업지원센터의 설립 및 지정

관계 중앙행정기관의 장은 고령친화산업의 효율적인 지원을 위하여 고령친화산업지원센터를 설립 또는 지정할 수 있음

마. 고령친화산업 우수제품 및 우수사업자의 지정 · 표시와 그 지원

관계 중앙행정기관의 장은 고령친화산업 우수제품 또는 우수사업자를 지정할 수 있고 지정받은 우수제품 및 우수사업자는 지정되었음을 나타내는 표시 부착이 가능하며, 정부는 우선구매 등 지원할 수 있음

PART 05

노년기의 정신건강

CHAPTER 01

노인과 정신건강

노년기에 겪는 신체적·심리적·사회적 변화는 노년기의 정신건강에 많은 영향을 미치는데 이러한 변화에 개인이 얼마나 탄력적으로 대처하는가는 노년기의 삶의 질을 결정하는 중요한 요인이 된다. 본장에서는 노년기에 겪는 스트레스와 적응 문제, 우울증, 자살에 대해 살펴본다.

01 노년기의 적응

1) 노년기의 스트레스

나이가 들면서 우리에게 스트레스의 원인이 되는 문제가 달라진다. Folkman과 Lazarus (1980)는 35~45세의 젊은 성인과 65~74세의 미국 노인을 비교한 결과, 젊은이의 경우는 주로 돈, 직업, 가사, 가족관계, 우정의 문제로 스트레스를 받았지만 노년에는 건강문제, 질병, 기능이나 능력의 감퇴, 그리고 가까운 사람의 상실과 가족 간의 갈등으로 괴로워하고 있었다. 김애순(1987)의 연구에서도 30~50대 여성에게 가장 스트레스를 주는 사건은 결혼 및 가족관계, 경제와 관련된 것이었고 58~94세 노인이 가장 스트레스를 받는 것은 건강이었으며 가족관계, 돈, 죽음, 대인관계 순이었다.

일반적으로 젊은 성인들은 이러한 스트레스 상황을 통제할 수 있다고 평가하는 데 비해 노인은 이러한 상황을 주로 상실이나 위협으로 지각하고 자신의 통제력을 낮게 평가하는 경향이 있다. 특히, 건강문제는 위협적으로, 가족관계, 죽음, 대인관계는 상실로 지각하는 경향이 있다(김애순, 2004).

2) 대처양식의 변화

나이가 들면서 스트레스에 대한 대처양식도 달라지는데, Gutmann(1964)의 연구에 의하면 나이가 들수록 자아통제 방식이 능동에서 수동으로 신비적으로 변화해 간다고 주장한다. 즉, 젊은 시절에는 스트레스에 대해 적극적·능동적으로 통제하려고 하나 나이가 들면 점차 외부세계에 맞추어 자아를 변화시키고 매사를 남의 도움에 의지하려는 수동성이 증가한다. 또한, 초자연적인 힘에 의지하려는 신비적 행동이 증가한다.

또한, Folkman과 Lazarus(1980)는 나이가 들수록 '문제 중심 대처'보다 '정서 중심 대처'가 증가한다고 주장하고 있다. '문제 중심 대처'란 문제를 직면하고 계획적으로 해결하려고 노력함으로써 스트레스를 완화시키는 경우이다. 이에 비해 '정서 중심 대처'는 부정, 회피, 거리 두기, 긍정적 재평가 등 상황에 대한 평가나 개인의 사고방식을 변화시킴으로써 정신적 안정을 얻는 경우이다. 이러한 대처양식은 신체적·심리적으로는 부정적일 수 있지만 상황이 통제 불가능할 경우에는 적응에 유리하다.

3) 노년기의 적응유형

어느 나라나 늙어 가는 모습은 매우 유사하다. 주름이 잡히고, 흰머리가 나고, 활력이 떨어진다. 그러나 심리적으로 노화현상을 수용하고 적응해 가는 양상은 사람마다 매우 다르다. 어떤 사람은 노화의 위협에 사로잡혀 불평과 불만 속에서 사는 반면에, 어떤 사람은 노화에서 오는 어려움에도 불구하고 평안함과 고상함을 지니고 마지막 삶을 즐기는 사람도 있다.

Reichard 외(1962)는 은퇴한 87명의 남성들을 대상으로 노년의 적응유형을 다음과 같이 다섯 가지로 구분하였다.

① 성숙형: 인생의 성공과 실패, 노화현상들을 담담하게 수용하거나 실패와 불운보다는 성공과 행운에 더욱 비중을 두고 감사하는 사람들이다. 이들은 과거에 대한 후회나 미래에 대한 두려움이 없으며 현실에 만족한다. 비교적 정신적 갈등이 없으며 아직 사회적으로 매우 활동적이다.

② 은둔형: 자신의 삶을 긍정적으로 평가하나 사회적 책임과 역할에서 벗어나 홀가분하게 생각한다. 이들은 대인관계를 싫어하는 상당히 수동적인 사람들로 말년에 조용히 지내게 된 것을 좋은 기회로 생각한다.

③ 무장형: 노화로 인해 찾아오는 달갑지 않은 변화를 최소화하기 위해 적극적으로 노력하는 사람들이다. 이들은 활동수준이 높고 죽을 때까지 할 일이 있고 바쁠수록 사기도 높고 즐거운 사람들이다.

④ 분노형: 자신의 인생이 젊은 시절의 꿈이나 욕망대로 이루어지지 않은 것을 비통해하며 절망과 회한에 사로잡힌 사람들이다. 이들은 실패의 원인을 불행한 시대, 경제사정, 가족 등 외적인 면에 투사한다.

⑤ 자학형: 자신의 인생을 실패로 보고 애통하지만 그 원인을 자신의 탓으로 돌리고 자신을 혐오한다. 이들은 늙음을 수용하지 않고 우울해하며 자신의 무가치함과 불행감을 느낀다.

성숙형, 은둔형, 무장형은 성공적으로 노화해 가는 사람들이라고 할 수 있으나 나머지는 퇴행적 노화라고 할 수 있다. 대체로 성공적 노화는 인생의 성공과 실패를 담담히 수용하는 것이 특징이며 삶의 만족도가 높다. 그리고 이들은 후세대를 배려하는 관용성과 지혜를 소유하고 있으며 다가올 죽음에 대한 두려움이 없다. 그러나 퇴행적 노화는 자신의 삶과 늙음을 수용하지 못하고 절망과 회한, 미련에 사로잡혀 있는 것이 특징이다. 타인이나 후손을 배려하는 마음이 적고 자신의 욕구에 집착해 있으며 다가올 죽음을 두려워한다(김애순, 2004).

02 노년기의 우울증

우울증은 노년기에 나타나는 가장 흔한 정신 질환의 하나라고 할 수 있다. 우리나라 노인 5명 중 1명은 우울증을 겪고 있다는 보고를 통해서도 우울증이 노인에게 있어 흔한 정신 질환임을 알 수 있다.

우울증에 관한 연구들을 보면 대체로 여성의 9~26%와 남성의 5~12%가 생애의 한 시점에서 임상적 우울 증세를 나타낸다고 한다. 인생의 발달주기로 보면 30대를 전후한 시기에 우울증의 발병 비율이 높아지다가 그 이후 낮아지고, 노년기가 되면서 다시 증가하는 양상을 보인다. 1985년 일리노이주 주민을 대상으로 한 연구에서 이를 증명하고 있는데, 이 연구를 보면 우울증은 젊었을 때 높았다가 55세가 될 때까지 점차 감소하였다. 그리고 이를 기점으로 우울증세가 잠시 소강상태에 있다가, 은퇴의 시기인 60대와 70대, 그리고 80대로 편입되면서 급속도로 상승하였다(심응철, 2001).

시빌레의 신화

쿠마이 땅에 시빌레라는 무녀가 살았다. 아폴론이 어여삐 여겨 예언 능력을 주었다. 또한, 소원도 들어주었다. 그녀의 소원은 그녀가 손아귀에 움켜쥔 모래알 수만큼의 생일을 맞이하는 것이었다. 그녀는 수백 년을 살게 되었지만 어리석게도 청춘도 함께 내려달라고 빌지 못한 이유로 노쇠하고 병든 몸으로 수백 년을 살았다. 결국에 그녀가 바라는 것은 얼른 죽는 것이었다.

신체적 · 정신적 질병, 빈곤, 실업, 무위, 사기 등의 범죄에의 노출 등의 문제에 시달리는 고단한 노년의 삶, 이것은 이제 소수 노인의 문제는 아니다.

1) 노인 우울증의 특징

노년기 우울증이 젊은 성인에서 발병하는 우울증과 본질적으로 차이가 있지는 않지만 임상적으로 다음과 같은 독특한 특징이 있다.

첫째, 노인 우울증 환자들의 경우 우울하거나 슬픈 감정의 직접적인 표현은 적은 편이다. 대신에 신체적인 증상을 많이 호소하고 일상에서 에너지의 저하, 집중력의 저하, 아침에 일찍 깨거나 수면 중에 자주 깨는 등의 수면장애, 체중 감소 등으로 표현되는 경우가 많다. 그러므로 실제 우울증이 있으면서도 주관적, 객관적으로 이를 쉽게 인지하지 못하고 방치하며, 정신과 이외의 치료적 접근을 하는 경우도 많이 있다. 피해망상 등의 정신병적 증상의 발현이 다른 연령층보다 더욱 빈번하고 과도한 죄책감이나 무가치함, 절망감 등을 보이는 경우도 있고 알코올 중독에 빠지는 경우도 있다. 이러한 경우에는 자살의 위험이 상당히 극대화된다.

둘째, 인지기능의 저하가 흔하게 동반된다. 노년에서 인지기능이 저하되는 질병으로 대표적인 것이 바로 치매이다. 노년기 우울증에서도 치매와 유사한 인지기능의 저하가 동반되기도 하는데, 참 의미의 치매는 아니다 하여 가성치매라고 부르고 있다. 노년기 우울증에 동반된 가성치매가 임상적으로 중요한 이유는 진성치매와는 달리 우울증의 치료를 통해 저하된 인지기능이 완전히 회복될 수 있다는 것이다.

셋째, 내과 및 신경계 질환이 있는 상황에서 잘 동반된다. 갑상샘 질환이나 심장 질환 등에서 우울증이 잘 유발됨은 이미 알려진 사실이다. 알츠하이머형 치매나 뇌혈관 질환 등에서도 우울증이 잘 동반된다. 동반된 우울증은 신체 질환을 더욱 악화시키고 좋지 못한 결과를 초래하기도 한다. 원래의 신체 질환에만 중점을 두고 심리적인 문제 또는 감정적인 문제를 간과하는 경우를 임상에서 자주 본다.

노년기 우울증은 매우 흔한 병이며 전문적인 치료로 좋은 효과를 볼 수 있다. 그러나 치료하지 않으면 삶을 황폐하게 만들고 자살 등의 최악의 결과를 초래한다. 노년기 우울증은 아름답고 향기로운 노년의 삶으로 가는 길에 매우 위험하고 불쾌한 장애물임에 틀림없다. 우리는 단순히 오래 살기만을 바라지는 않는다. 오래 오래 그러면서도 즐겁고 건강하게 살기를 바란다. 따라서 노년기의 우울증을 관심 있게 살펴보아야 한다.

〈표 5-1〉 노인 우울증과 일반 우울증의 비교

구 분	노인 우울증	일반 우울증
증상	• 슬픔의 표현이 적음 • 신체적 증상으로 표현되는 경향 • 신체 질환에 대해 호소 • 최근에 발생된 지나친 호소 • 자해적 행동	• 계속되는 우울, 공허감, 불안감 • 절망적 느낌, 염세적 사고 • 죄책감, 무가치 혹은 무력감 • 의욕 및 흥미 상실 • 불면 혹은 과다한 수면
증상	• 가성치매 • 치매에 동반된 우울증 • 행동장애 • 비정상적 성격성향의 강화 • 뒤늦게 발생한 알코올 의존	• 식욕 감소, 체중 감소, 과식이나 체중 증가 • 힘이 없고 피로하며 몸이 처지는 기분장애, 만성 통증 등 • 죽음이나 자살에 대한 생각, 자살기도 • 집중력 및 기억력 저하 • 두통, 소화기능 문제 등 계속되는 신체증상

(1) 우울증의 주요 증상

〈표 5-2〉의 주요 우울증상 8개 중 5개 이상이면 우울증 환자로 진단할 수 있고, 증상이 2~4주간 지속되면 치료가 필요하다.

〈표 5-2〉 주요 우울증상

증상	내용	증상	내용
① 수면	불면증, 과다수면	⑤ 집중력	집중력 감퇴, 복잡한 사고, 느린 사고
② 흥미	활동이나 일, 취미활동, 사회생활에 대한 흥미 상실	⑥ 식욕	식욕감퇴, 체중 감소 혹은 체중 증가
③ 죄책감	죄책감, 자기비난	⑦ 정신운동	정신운동 저하, 초조성 우울
④ 활력	활력 저하, 피로감	⑧ 자살	반복적 자살, 죽음에 대한 생각

2) 우울증의 원인

(1) 생물학적 이론

생물학적 이론에서는 우울증의 원인을 신경전달물질의 불균형이나 불충분한 공급으로 설명한다. 신경전달물질(neurotransmitters)은 신경, 즉 뇌세포를 연결하는 화학성분이다. 대부분의 신경전달물질 수준은 연령의 증가에 따라 감소하기 때문에 어떤 연구자들은 노인의 우울증은 생화학적인 문제일 수 있다고 가정한다(Gerner & Jarvik, 1984). 그러나 신경전달물질과 우울증과의 관련성은 아직 분명하지 않다.

우울증이 뇌 반구의 비정상적 기능에 기인한다고 주장하는 학자도 있다. 뇌기능을 측정하는 검사에 의하면 우울증이 있는 사람의 경우 반구에 이상과 손상이 있음이 보고되고 있다.

우울증은 특히 노인에게 있어 신체적 질병과 관련한다. Salzman과 Shader(1979)는 노인의 건강쇠약은 종종 우울증의 증상을 더욱 악화시킨다고 주장한다. 즉, 건강이 쇠약해지면 죄의식, 울음, 신경질, 불안, 그리고 의존적 표현을 더 보편적으로 하게 된다. 치매, 뇌종양, 뇌졸중, 갑상샘 기능 부전증, 심장혈관 질환과 같은 신체질병은 종종 우울증상을 포함하고 있다.

(2) 심리사회적 이론

우울증 원인에 대해 지금까지 널리 인정되고 있는 학설은 어떤 심리적 충격적인 사건에 기인한다는 것이다.

우울증에 관한 심리사회적 이론의 가장 일반적 주제는 상실(loss)이다. 사별은 상실의 가장 대표적 유형이지만 개인적으로 중요한 어떤 것의 상실 역시 상실감을 유발할 수 있다.

Gaylord와 Zung(1987)은 불행감이나 우울증을 유발하는 여덟 가지 유형으로 ① 사랑하는 사람의 상실, ② 건강이나 신체적 매력의 상실, ③ 직업이나 보호자로서의 역할 상실, ④ 개인 소유물의 상실, ⑤ 생활방식의 상실, ⑥ 계획이나 사업의 실패, ⑦ 집단 내에서의 회원의 상실이나 위상 상실, ⑧ 애완동물의 상실을 설명하고 있다.

한편, 부정적인 생활의 사건이 우울증을 야기할 수 있다. 심각한 부정적 사건은 종종 슬픈 감정과 불행감을 유발한다. 직장과 가족 내에서 경험하는 사건의 변화가 자기에 대한 회의를 가져오고 이는 차례로 불행감을 야기한다. 그러나 또 다른 연구들은 특별한 사건이 아마도 심각한 우울증은 야기시키지 않는다고 제시한다(Gaylord & Zung, 1987). 즉, 기분이 저조한 상태는 정신적으로 충격적인 사건 후에 일반적으로 나타나는 것이며 이러한 느낌을 경험할 때 우울한 사람이라고 분류하는 경향이 있으나 이는 심각한 임상적 우울증으로 말하기에는 충분하지 않다.

정신분석이론에서는 내면화를 언급하는데, Freud는 우울증을 매우 심도 깊은 고통스러운 절망, 외부 세계에 대한 관심의 차단, 사랑할 능력의 상실, 그리고 심각한 자기비하를 야기시키는 자아존중감이 줄어드는 상태로 보았다. Freud에 의하면 상실은 내면화되고 다른 사람을 향해 느낀 불쾌감이 자기 자신에게 초점이 맞추어지게 된다. 그래서 정신분석적 용어에서 우울증은 내부로 향해진 '자아존중감의 상실'로 우울증에 관한 정신분석이론에서 매우 중요한 부분이다.

또 다른 접근법인 행동주의와 인지주의이론에서는 내적 신념체계를 강조하는데 이는 사람들이 통제할 수 없는 사건을 어떻게 해석하는지에 초점을 둔다. 이 이론은 예상치 못한 통제할 수 없는 사건의 경험이 무력감을 심어 주는데, 이것이 곧 우울증을 야기시킨다는 것이다. 이 접근법에 의하면 우울한 사람은 그들의 곤경에 대해 그들 자신에게 책임이 있으며 상황이 더 좋아질 것 같지 않으며 그들의 전체 삶이 수라장이라고 믿는다.

우울증의 심리학적 원인을 발견하려는 많은 연구가 있음에도 불구하고 아직까지 명확한 설명은 이루어지고 있지 않다. 단지 우울증이 있는 사람들에게 상실에 대한 어떤 경험과 어떤 신념체계가 종종 발견된다는 사실이다(심응철, 2001).

3) 우울증의 현황

세계보건기구(WHO)는 21세기에 인류를 괴롭히는 질병 중 하나로 우울증을 꼽고 있다.

노인들은 배우자와 사별했거나 자녀들과의 별거에서 오는 고립감, 만성적 질병 등으로 인해 우울증에 빠지기 쉽다. 노인자살자 중 80% 정도가 우울증과 연관되었다고 추정되고 있으며, 최근 우리나라에서도 우울증 노인환자가 크게 증가하고 있다.

우울감 경험률은 연령에 관계없이 전반적으로 남성보다는 여성에게 높게 나타났다. 특히, 70세 이상에서 우울감 경험률이 가장 높게 나타나 나이가 많아질수록 우울감 경험률은 높아지는 것을 알 수 있다(표 5-3).

〈표 5-3〉 연령별, 성별 우울감 경험률(2021) (단위: 명, %)

우울증상 경험자	19세 이상	65세 이상	70세 이상
인원수(명)	5,631	1,756	1,221
전체 인구 대비 비율(%)	11.2	12.8	13.6
남성(%)	8.4	8.5	7.2
여성(%)	14.1	16.3	18.3

주) 우울감 경험률:
(최근 1년간 연속적으로 2주 이상 일상생활에 지장이 있을 정도로 슬프거나 절망감 등을 느낀 응답자 수÷조사대상자 수)×100

자료: 질병관리청. 「2021 국민건강영양조사」.

2020년 노인실태조사에서도 65세 이상 응답자의 13.5%가 우울증상이 있었는데, 성별로는 여자(15.5%)가 남자(10.9%) 보다 높았고, 고연령일수록 우울증상이 높았다. 그리고 유배우자(10.7%)보다는 무배우자(19.2%)가, 가구형태별로는 독거노인가구(18.7%)가 높은 우울증상을 보이고 있다(표 5-4).

〈표 5-4〉 노인의 우울증상 (단위: 명, %)

구분	특성별	응답자수	우울증상
	소계	9,930	13.5
지역별	동부	7,518	13.1
	읍면부	2,413	14.6
성별	남자	4,281	10.9
	여자	5,649	15.5
연령별	65–69	3,337	8.4
	70–74	2,319	12.3
	75–79	2,262	15.6
	80–84	1,426	18.7
	85이상	587	24.0
결혼상태	배우자있음	6,704	10.7
	배우자없음	3,226	19.2
가구형태별	노인독거	1,985	18.7
	노인부부	5,847	10.4
	자녀동거	1,935	16.8

자료: 한국보건사회연구원,「2020년도 노인실태조사」.

경제력 상실, 신체기능 저하, 각종 내·외과적 질환, 사별과 같은 사건들이 노년기에 우울증을 유발시키고 있으며, 사회적으로 독거노인의 증가, 가족갈등의 증가, 노인에 대한 부정적 고정관념 등이 영향을 미치고 있다고 할 수 있다.

노인우울증의 증가는 전통적 가족관계의 급속한 붕괴, 이에 대한 사회적 대책 미비와 사회적 안전망의 부재에 기인한다고도 할 수 있다. 따라서 노인들의 고독감, 소외감, 우울감, 삶의 의욕 상실 등 정신적·심리적 고통에 대한 대책 마련이 필요하다. 특히, 노인 우울증은 조기에 발견해서 치료하면 쉽게 낫지만 그대로 방치할 경우 다른 질환으로 이어져 신병비관과 자살로 연결되므로 노인들의 우울증이 조기에 발견되고 치료될 수 있도록 가족과 사회의 관심과 주의가 요구된다.

노인우울척도

다음을 읽고 자신에게 적합하다고 느끼는 것을 표시하시오.

* 각 1점으로 5점이 넘으면 우울증 의심* 예=0점, 아니오=1점(단, 2, 7, 8, 11, 12는 예=1점, 아니오=0점으로 채점함)

1	당신은 평소 자신의 생활에 만족하십니까?	예/아니오
2	당신은 활동과 흥미가 많이 저하되었습니까?	예/아니오
3	당신은 앞날에 대해 희망적입니까?	예/아니오
4	당신은 대부분의 시간을 맑은 정신으로 지냅니까?	예/아니오
5	당신은 대부분의 시간을 행복하다고 느낍니까?	예/아니오
6	당신은 지금 살아 있다는 것을 아름답다고 생각하십니까?	예/아니오
7	당신은 가끔 낙담하고 우울하다고 느낍니까?	예/아니오
8	당신은 지금 자신의 인생이 매우 가치 없다고 느낍니까?	예/아니오
9	당신은 인생이 매우 흥미롭다고 느낍니까?	예/아니오
10	당신은 활력이 충만하다고 느낍니까?	예/아니오
11	당신은 자주 사소한 일에 마음의 동요를 느낍니까?	예/아니오
12	당신은 자주 울고 싶다고 느낍니까?	예/아니오
13	당신은 아침에 일어나는 것이 즐겁습니까?	예/아니오
14	당신은 결정을 내리는 것이 수월합니까?	예/아니오
15	당신의 마음은 이전처럼 편안합니까?	예/아니오

03 노인자살

노인들이 겪는 고독, 소외감, 상실감 등은 현대사회에서 더욱 관심을 가져야 할 문제라고 할 수 있다. 사회로부터, 젊은이로부터, 가족으로부터의 소외감은 심한 경우 자살로 이어진다.

1) 노인자살 추이

2020년 우리나라 총 자살 건수는 13,195건으로 자살률(인구 10만 명당 자살자 수)은 25.7명이며, 전년도에 비해 1.2명 감소하였다(표 5-5). 65세 이상의 자살률도 최근 감소하고 있으나 전체 평균보다 2배 정도 높게 나타나고 있고, 특히 남자의 경우 여자에 비해 3배 정도 자살률이 높게 나타나고 있다(표 5-6).

〈표 5-5〉 자살률 추이 (단위: 명)

연도	2016	2017	2018	2019	2020
자살자수	13,092	12,463	13,670	13,799	13,195
사망률(10만명당)	25.6	24.3	26.6	26.9	25.7
65세 이상	53.3	47.7	48.6	46.6	41.7

자료: 보건복지부. 「2022 자살예방백서」.

〈표 5-6〉 65세 이상 자살현황(2020) (단위: 명)

성별	자살자수	백분율	자살률
남	2,371	69.9	67.4
여	1,021	30.1	22.1
계	3,392	100.0	41.7

자료: 보건복지부. 「2022 자살예방백서」.

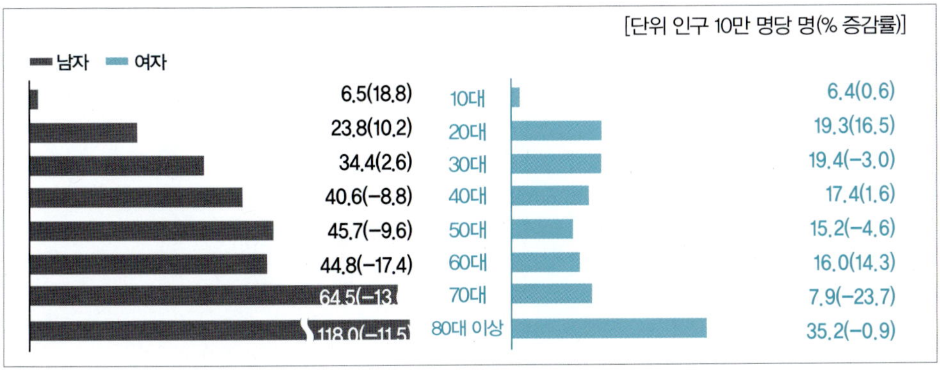

자료: 통계청. 2019~2020년 사망원인통계.

[그림 5-1] 성별 ,연령대별 자살률(2020)

2020년 연령별 자살률 현황을 살펴보면, 연령대가 올라갈수록 높아지고 있다. 20대의 자살률은 21.7명이었으며, 30대와 40대는 각각 27.1명, 29.2명, 50대와 60대는 각각 30.5명, 30.1명으로 나타났다. 그리고 70대는 38.8명, 80대 이상에서는 62.6명으로 최고치를 기록했다.

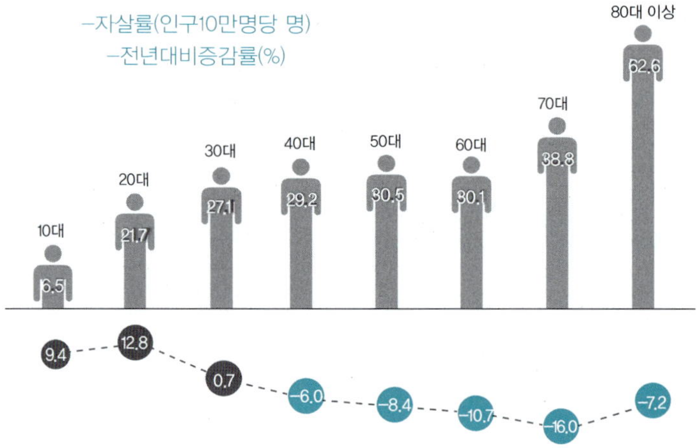

자료: 보건복지부. 「2022 자살예방백서」.

[그림 5-2] 2020년 연령별 자살 현황 비교 – 사살률

OECD 국가들과 비교할 때 우리나라 자살률이 평균보다 상당히 높으며, 특히 60대 이후의 자살률은 세계 1위로 우리나라 노인의 다수가 살아가는 데 많은 어려움을 겪고 있음을 알 수 있다.

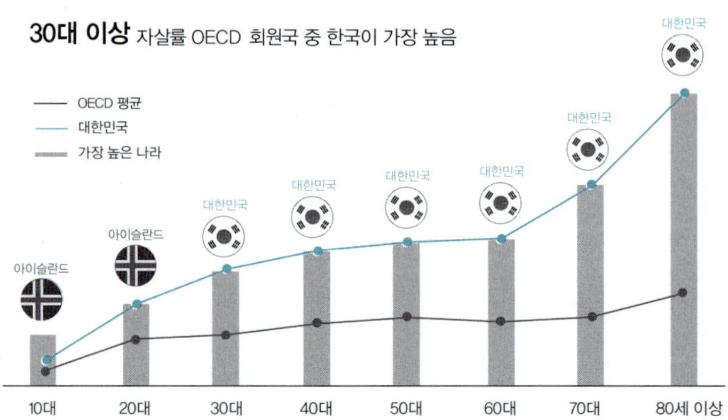

자료: 보건복지부. 「2022 자살예방백서」.

[그림 5-3] 연령대별 자살률 OECD 가입국가 비교

노인들은 경제적 불안정, 조기퇴직, 건강 악화, 가족부양체계의 약화, 정서적 고립이라는 상황 속에서 자신의 목숨을 끊는 극단적인 상황에까지 내몰리고 있다. 특히 우리나라 노인들의 자살률이 높은 것은 사회적 지원체계의 부족과도 크게 관련된다고 볼 수 있는데 노인들은 질병에 걸리면 경제적, 육체적으로 어려움이 생기고 자식들에게 부담을 주지 않기 위해 자살로 이어지는 경우가 많음을 볼 때 노인자살예방을 위한 지역사회 내 다각적인 자살예방시스템의 구축이 시급하다고 할 수 있다.

2) 노인자살의 요인

노인자살의 위험요인으로 성별, 배우자의 유무, 교육수준, 가정생활 수준, 가족형태, 경제상태, 건강상태, 가족통합, 지역사회통합, 우울 정도 등 다양한 요인이 설명된다. 이는 노인자살이 단일한 요인에 의해서 발생되는 현상이라기보다는 복합적인 요인으로 인해 발생된다는 것을 알려 준다. 사회통합변인(가족통합과 지역사회통합)이나 건강상태와 경제상태 등은 주로 직접적으로 자살에 영향을 주기보다는 우울증을 유발시켜 자살을 유도하는 등 간접적인 영향을 통하여 자살에 이르게 한다. 이 가운데 우울 변인이 그 어느 요인보다도 노인의 자살변인에 가장 큰 위험요인으로 작용하고 있는데 노인자살의 약 70%가 심한 우울증으로 인한 자살이라고 한다. 그 다음으로 경제상태, 가족통합, 건강상태, 지역사회통합(사회활동의 수) 등의 순으로 파악되었다.

2020년 연령에 따른 동기별 자살 현황을 살펴보면, 61세 이상의 경우 육체적 질병과 정신적 문제가 높게 나타났다. 성별로 보면 남자의 경우 30세까지는 정신적 어려움이, 31~60세까지는 경제적 어려움, 61세 이상에서는 육체적 질병 문제가 가장 많은 반면, 여성의 경우는 전 연령에 걸쳐 정신적 문제가 가장 많았다. 즉, 노인은 병고와 가난, 그리고 상실감, 무력감 등이 겹치면서 극단적인 선택을 하고 있다고 볼 수 있다.

〈표 5-7〉 자살동기(2020년, 61세 이상) (단위: 명, %)

가정 문제	경제생활 문제	남녀 문제	사별	육체적 질병	정신적, 정신과적 문제	직장 내 문제	학대 폭력	기타	미상	전체
267	449	21	45	1,616	1,504	41	0	73	60	4,076
6.6	8.7	0.5	1.1	39.6	36.9	1.0	0	1.8	1.5	100

자료: 보건복지부. 「2022 자살예방백서」.

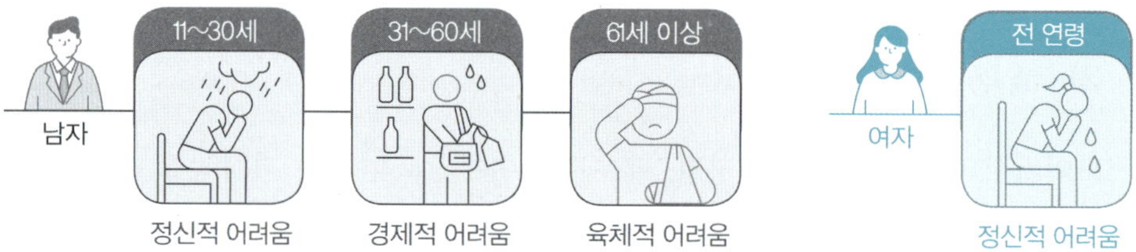

[그림 5-4] 2020년 연령대별 주 자살동기

3) 노인자살의 특징

노인자살의 심리, 사회적 원인들의 특징을 정리해 보면 다음과 같다(표 5-8).

〈표 5-8〉 노인자살의 특징

구분	노인자살 원인	구분	노인자살 증상
사회학적, 심리학적 원인들	• 퇴직 • 배우자 상실 • 소외감, 외로움 • 만성 질환으로 인한 신체적 허약 • 우울증의 증가 • 경제적 어려움	언어적 증상	• 죽고 싶다. • 모든 것을 끝내고 싶다. • 내가 없으면 네가 더 편해질 것이다.
		행동적 증상	• 신체기증 • 개인 업무나 사업상 일들의 정리 • 유언을 남기거나 변경 • 보험금을 꺼내 가거나 연금, 보험금의 수령인 변경 • 장례계획 세우기 • 신앙에 대한 관심이 갑작스럽게 증가 혹은 감소 • 특별한 이유 없이 의사와 면담 약속을 하거나 의사를 자주 방문

4) 노인자살의 예방

노인의 자살은 앞에서 고찰하였듯이 다양한 요인이 복합적으로 작용하여 일어난다. 따라서 노인자살을 예방하기 위해 노인의 자살을 가져오는 다양한 요인에 대한 종합적인 사회적 대책이 필요하다. 즉, 경제적 어려움에 대한 소득보장 지원, 노인취업알선, 건강 유지와 질병 치료 등에 대한 의료보장제도, 계속적인 가정보호가 가능한 지역중심의 재가노인사업의 확충, 고독함, 소외감, 상실감을 극복할 수 있는 다양한 여가 프로그램 확충, 노인복지회관 등의 노인종합복지센터의 설립 등이 필요하며, 앞으로 노인층이 크게 급증할 것을 예상한다면, 노인자살을 적극적으로 예방할 수 있는 노인전용의 전화상담 서비스나 자살예방센터 등의 프로그램의 도입이 필요하다.

사례

70대 노인이 처지를 비관해 스스로 목숨을 끊었다. 어젯밤 10시 반쯤 서울 번동의 한 아파트에서 70살 장모 씨가 자신의 집 베란다에서 목을 매 숨져 있는 것을 장 씨의 아들이 발견해 경찰에 신고했다. 경찰은 숨진 장 씨가 고혈압을 앓고 있으며 20년 전 아내와 사별한 후 술을 마시면 죽고 싶다는 말을 자주 해왔다는 가족들의 말에 따라 처지를 비관해 스스로 목숨을 끊은 것으로 보고 있다.

휴일인 지난 1월 12일 오후 1시 20분쯤 서울 봉천동 모 아파트에서 유모 씨(83)가 자신의 집 안방 화장실에서 목을 매 자살하였다. 부인과 아들 부부, 손자와 함께 살던 유 씨는 10년 전부터 고혈압, 퇴행성 관절염, 위궤양 등을 앓아 왔다. 가족들은 유 씨가 4년 전에도 수면제를 먹고 자살을 시도한 바 있어 각별하게 신경을 쓰고 있었다. 그러나 유 씨는 가족들이 외출한 사이 스스로 목숨을 끊었다. 경찰 관계자는 휠체어에 의지해야만 거동할 수 있었던 유 씨가 가족들에게 불편을 주기 싫어 외출을 거의 하지 않았다고 전했다. 경찰은 유 씨가 평소 가족들에게 "짐이 되는 것 같아 미안하다"는 말을 자주 했고 유 씨의 생활수준이 중산층인 것으로 볼 때 투병생활을 오랫동안 한 것이 가족들에게 미안해 자살한 것으로 추정했다.

같은 날 오전 7시쯤 서울 삼선동 모 아파트 16층에서 나모 씨(67)가 유서를 남기고 투신자살했다. 17년 동안 폐병을 앓아 온 나 씨는 유서에 "여보, 사람 구실을 못해 먼저 간다, 미안하다"고 썼다. 또 오후 7시쯤 서울 번동 박모 씨 집 안방에서 박 씨의 어머니(83 · 여)가 문고리에 스카프로 목을 매 숨졌다.

출처: YTN(2003. 10. 30). 70대 노인 비관자살; 국민일보(2003. 1. 13).

CHAPTER 02

노인과 치매

노화와 관련된 장애로 치매만큼 두려운 것은 없다. 치매 상태에 있는 사람들은 말 그대로 이성을 잃고, 느끼고 생각하는 복잡한 행동이 줄어들면서 심지어 그들의 배우자와 아이들조차 알아볼 수 없는 무력한 희생자가 된다.

구미 선진국의 통계에 따르면 대표적인 노인성 치매 질환인 알츠하이머병은 65세 이상의 인구의 약 4%에서 발견되고 매년 1%씩 증가하여 80세에 이르면 발생 위험률이 20% 이상 된다고 한다. 고령사회가 다가오면서 우리 사회에도 크게 증가하고 있는 치매노인의 보호문제는 앞으로 노인복지의 주요 과제로 대두되고 있다. 따라서 본 장에서는 치매에 대한 기본적인 이해를 도모하고자 한다.

01 치매의 정의

치매는 정상적인 뇌가 후천적인 외부의 힘에 의한 손상이나 질병 등으로 인하여 지능, 언어, 학습 등의 인지기능과 행동, 정신기능의 감퇴를 초래하는 노년기의 대표적 신경정신계 질환이다. 치매는 확인할 수 있는 두뇌의 손상을 포함하기 때문에 기질성 정신장애라고도 한다.

치매(dementia)는 원래 라틴어에서 유래한 말로서 '제 정신이 아닌(out of mind)' 상태를 의미하며, 주로 노인 연령층에 나타나므로 '노망'이라는 말로 흔히 불린다. 한자로는 '癡呆'이며, 국어사전에는 "대뇌 신경 세포의 손상 따위로 말미암아 지능, 의지, 기억 따위가 지속적·본질적으로 상실되는 병"이라고 되어 있다. 주로 65세 이후 노년기에 생기며 심장병, 암, 뇌졸중과 함께 4대 주요 사망원인으로 지목되는 무서운 질병이다.

세계보건기구의 질병 분류에 의하면 치매란 뇌의 질환으로 인해 생기는 하나의 증후군으로 대개 만성적이고 진행성으로 나타나며 기억력, 사고력, 지남력, 이해력, 계산능력, 학습능력, 언어 및 판단력 등을 포함하는 뇌기능의 다발성 장애라고 일컫는다. 즉, 이전에 정상적인 지적 능력을 유지해 오던 사람이 후천적인 뇌질환으로 인해 점진적인 기억력 장애 및 다른 지적 능력의 상실로 더 이상 통상적인 사회생활, 직업적 업무수행 또는 대인관계 등을 적절히 유지할 수 없는 상태가 되면 '치매'가 왔다고 할 수 있다.

대한신경과학회에서는 국제적으로 통용되는 두 가지 치매진단기준을 바탕으로 치매를 정의한다. 첫째, DSM-IV(정신장애진단 및 통계편람, 1994)를 기준으로 하는 경우 직업 및 사회활동의 장애를 초래할 정도의 기억장애를 위시하여 실인증, 실어증, 실행증, 전두엽기능장애 등 인지장애가 발생하는 증후군으로 규정하며, 둘째, ICD-10(국제질병분류 제10차 개정판, 1992)을 근거로 "의식이 명료한 상태에서 6개월 이상 일상생활상의 곤란을 초래할 정도의 기억장애, 사고장애가 발생하는 증후군"으로 규정한다.

대한신경정신의학회에서는 '치매는 후천적으로 기억, 언어, 판단력 등의 여러 영역의 인지기능이 떨어져 일상생활을 제대로 수행하지 못하는 임상증후군으로, 이는 신경세포에 손상을 초래할 수 있는 여러 가지 원인 질환으로 인하여 발생한다'고 규정하고 있다.

즉, 치매라는 용어는 하나의 특별한 질병을 언급하는 것이 아니라 어떤 형태의 영구적 뇌 손상을 포함하고 있는 인지적이고 행동적인 결함으로 나타나는 일군의 질병들을 말한다. 현재 약 열두 가지 형태의 치매가 확인되고 있다.

02 치매의 종류와 원인

치매의 분류에는 여러 가지 방법이 있다. 과거에는 치매를 연령에 따라 '노인성 치매'와 '초로성 치매'로 분류하기도 하였다. 즉, 65세 이상의 노인 연령에서 기억력 장애 등 정신능력의 감퇴를 보일 경우 이를 '노인성 치매'로, 65세 이하의 연령에서는 '초로성 치매'로 구분하였다. 그러나 최근에는 나이가 근본적인 신경조직의 변화를 가져올 수 없다는 사실이 밝혀지면서 이러한 용어보다는 명명에 따라 다양한 병을 언급하는 추세이다.

또한, 치매는 기질적인 원인이 밝혀져 있지 않고 호전을 기대할 수 없는 원발성 치매와 기질적 원인을 알 수 있고 증상이 가역적일 수 있는 이차성 치매로 구분하기도 한다. 치매의 원인 질환은 너무 많아(현재까지 60여 종의 질환이 알려져 있음) 일일이 다 열거할 수는 없으나, 치매를 크게 원인별로 분류해 보면 알츠하이머병에 의한 치매, 혈관성 치매, 특정 뇌질환 또는 전신성 질환에 의한 치매 등으로 나눌 수 있다 .

치매의 약 50~60%가 알츠하이머형 치매이며, 20~30%는 혈관성 치매 그리고 알코올성 치매, 파킨슨병 치매 등이며, 약 15~20%는 알츠하이머형과 혈관성 치매 양쪽을 다 앓고 있는 것으로 알려져 있다.

1) 알츠하이머형 치매

알츠하이머형 치매는 치매 질환 중 가장 대표적인 것으로 모든 치매 질환의 절반 이상을 차지하는 것으로 보고되고 있으며, 서구에서는 노인성 치매라고 하면 바로 이 병을 가리킬 정도로 잘 알려져 있다.

알츠하이머 치매를 특징짓는 두뇌의 변화는 아주 미세하며, 정확한 진단은 해부를 통해 이루어질 수 있다. 알츠하이머 치매로 사망한 환자의 뇌를 살펴보면 전반적으로 현저한 뇌 위축이 관찰되며 뇌신경 세포가 병적으로 많이 파괴되어 없어진 사실을 알 수 있다. 초기 증상은 가벼운 건망증 정도로 시작되며 일반적인 퇴행성 뇌질환처럼 시간이 흐르면서 점차 증상이 악화되어 급기야 모든 고위 뇌기능이 상실되어 바보처럼 되고 기본적인 일상생활 동작조차 전적으로 주위 사람에게 의존하게 되는 암울한 과정을 밟게 된다. 병의 징후가 일찍 발병한 경우에는 진전이 일반적으로 더 빠르지만, 알츠하이머병의 퇴행률은 환자마다 다르다.

알츠하이머 치매의 원인은 아직 밝혀지지 않고 있다. 뇌에 변화를 일으키는 바이러스 감염설, 알루미늄 중독설 등이 보고되고 있으며, 유전적 원인 등의 설명도 주목하고 있다. 유전자 연구 중 주목할 만한 것은 아밀로이드 단백질 대사에 관여하는 유전인자의 돌연변이가 알츠하이머병의 원인이라는 설명이다.

2) 혈관성 치매

혈관성 치매는 뇌졸중이 반복되어 뇌가 여러 군데 손상된 결과로 생기는 것으로, 연구에 의하면 알츠하이머형 치매 다음으로 흔하다. 뇌졸중은 우리나라 사람에게 가장 흔한 사망원인 중의 하나이고 만성 신체장애를 초래하는 가장 중요한 질환임을 상기해 보면 이로 인한 치매도 결코 적지 않으리라고 쉽게 추측할 수 있다. 흔히 뇌졸중은 반신마비나 언어장애 같은 국소 신체증상만을 일으킨다고 생각하기 쉬우나 이것이 여러 차례 되풀이되면 뇌 손상이 합쳐져서 나중에는 치매증상이 가장 두드러진 문제가 될 수 있다. 혈관성 치매는 알츠하이머 치매와 달리 뇌졸중을 예방하면 치매의 진행을 막을 수가 있고 치료 효과를 기대해 볼 수 있다는 점에서 알츠하이머 치매와의 구별이 임상적으로 매우 중요하다.

1974년 Hachinski는 뇌동맥경화증만으로는 치매가 일어나지 않으며, 뇌혈관병변이 치매의 원인이 되는 경우는 다발성으로 크고 작은 경색이 뇌 안에 산재해 있다는 점을 지적하여 이를 다발경색성 치매로 부르고 있다. 이 치매는 기억장애를 심하게 보이지만 인격이나 판단력은 보존되어 있는 경우가 많다. 뇌혈관성 치매는 가역성인 경우가 많고 예방으로 치매에 걸리지 않을 수 있다. 따라서 다른 치매보다 더욱 주의가 필요하다.

3) 특정 뇌질환 또는 전신성 질환에 의한 치매

치매는 드물게 특정 뇌질환에 의해서도 발생할 수 있다. 드문 종류의 퇴행성 뇌질환 파킨슨병, 수두증, 두부외상에 의한 뇌출혈, 뇌종양 등이 치매를 일으킬 수 있는데 대개 서서히 진행되므로 종종 알츠하이머병으로 오인하는 경우가 있다. 치매 질환의 또 다른 원인으로 전신성 질환을 들 수 있다. 내과 질환으로 악성 빈혈, 만성 간질환, 갑상샘 기능 이상, 매독 혈관염 등이 원인이 될 수 있다.

03 치매의 증상

치매는 오랜 기간에 걸쳐 서서히 진행되면서 전반적인 지적 능력의 감퇴를 가져온다. 그러나 의식은 흐려지지 않는 것이 특징이다. 주요 증상을 살펴보면 다음과 같다(보건복지부, 2004, 치매상담 매뉴얼).

1) 기억력 감퇴

기억력의 장애는 알츠하이머병뿐만 아니라 모든 치매 질환에서 공통적으로 보이는 가장 중요한 증상이다. 초기에는 건망증 같은 단기 기억력의 감퇴가 주로 나타난다. 물건을 어디에 두었는지 잊거나 익숙한 전화번호 혹은 가까운 친척의 이름이 생각나지 않는 등의 현상을 흔히 볼 수 있다. 이러한 일이 반복되다 보면 새로운 정보를 습득하고 저장할 수 없게 되며 일상생활을 해 나가는 데 있어 학습능력이 크게 떨어진다. 시간이 지나면서 기억력이 점점 감퇴해 나중에는 얼마 전의 일도 기억할 수 없게 된다.

치매에서 보이는 기억력의 장애는 정상 노화 과정에서 나타나는 '건망증'과는 분명히 다르다. '건망증'은 대개 사소한 일에만 국한되어 있으며 이로 인해 개인의 사회생활이 심각하게 타격받는 일은 없다. 또한, 이것은 정신을 집중해서 기억하려고 노력하거나 메모하는 방법 등을 동원하면 쉽게 극복할 수 있다. 기억력이 점차 상실되면 환자는 주위 사람들과의 대화나 토론에 참여할 수 없게 되며 스스로 이러한 자리를 기피하게 되고 매사 흥미를 잃은 것처럼 보이게 된다. 직업을 갖고 있는 경우 직무수행 능력이 현저하게 떨어져 더 이상 직장생활을 하기 어렵게 된다.

2) 언어장애

언어장애도 기억력의 감퇴와 마찬가지로 치매 초기에 나타날 수 있는데 처음에는 매우 경미해 이상을 알기 어렵다. 특히 알츠하이머병 환자에게서는 초기에 종종 올바른 단어의 이름을 대지 못하는 현상을 보이는데, '명칭 실어증'이라 하며 매우 특징적인 증상의 하나이다. 이런 경우 환자는 대화 중에 자기도 모르게 단어의 이름을 틀리게 말하거나 얼른 원하는 말이 생각나지 않아 애를 먹게 된다.

이외에 손상된 뇌 부위에 따라 본격적인 '실어증'도 보일 수 있어 말을 잘하지 못하거나 잘 알아듣지 못하는 등의 언어장애가 나타날 수도 있다. 치매가 진행됨에 따라 자발적인 언어표현이 감소되어 말수가 크게 줄어들게 되는데, 심한 경우 스스로는 거의 말을 안 하면서 앵무새처럼 상대방의 말을 그대로 따라 하게 된다.

3) 지남력 장애

오늘이 며칠인지, 지금이 아침인지 저녁인지, 자신이 어디에 있는지 시공간 능력에 장애가 온다. 환자는 익숙한 곳에서 길을 잃거나 심하게는 집 안에서 안방이나 화장실을 찾아가지 못하는 현상을 보이기도 한다. 얼른 보기에는 망막이나 시신경 이상에 따른 시각장애가 있는 것처럼 생각하기 쉬우나 사실은 뇌의 병변으로 나타나는 증상이다.

4) 실행능력 장애

이 증상은 의식이 말짱하고 감각 및 운동기관이 온전한데도 불구하고 과거에 능숙하게 하던 동작을 제대로 수행하지 못하게 된다. 환자는 운동화 끈을 잘못 매는 등의 사소한 증상부터 시작하여 몇 가지 순서를 밟아서 행해야 하는 일, 즉 담배에 불을 붙인다든가, 밥상을 준비한다든가 하는 일들에 어려움을 느끼게 된다. 치매가 진행됨에 따라 식사를 하거나 옷을 입는 등의 단순한 동작조차 잘하지 못하게 된다.

5) 판단력 장애

치매환자는 판단력에 장애를 보여 일상적인 일을 수행하는 데 어려움을 겪게 된다. 예를 들면, 필요 없는 물건을 마구 사들여 스스로 재산관리를 하지 못하는 모습을 보인다. 또한, 생활 주변에서 일어나는 크고 작은 문제들에 적절히 대처하지 못하는 문제해결 능력의 장애를 보인다.

6) 행동 및 인격의 변화

치매환자의 가족들은 환자가 보이는 병적 행동을 돌보는 데 어려움을 느껴 주로 병원이나 요양소 등에 환자를 맡긴다. 환자는 망상이나 환각으로 인한 행동 이상이나 의심증, 남의 물건을 훔치거나 숨기는 일, 심한 충동적 행동 등을 보일 수 있다. 이러한 증상들로 인하여 대개 환자는 항정신병 약물을 먹게 된다. 또한, 환자가 목적 없이 방황하거나 밤낮이 뒤바뀌어 야간에 정신착란 증세를 보이게 되면 신체적 상해를 입을 수 있는 사고의 위험성도 높아진다. 서서히 진행되는 인격 변화로 자기중심적 태도나 은둔 경향, 수동적 태도가 점차 심해지면 외부세계에 대해 관심이 없어지고 무기력하게 보여 자칫 우울증으로 오인되기도 한다.

7) 문제행동

치매가 진행되면 다음과 같은 문제행동이 나타나고, 돌보는 사람들을 더욱 힘들게 만든다.

❖ 피해망상

이유 없이 주위 사람을 의심하며, 누구한테 이야기를 들으면 '놀림을 당했다' 혹은 '그가 자신을 해치려 한다'라는 식으로 이야기하기도 한다.

❖ 섬망(야간착란)

밤이 되면 초조와 불안감이 심해져 일시적으로 정신착란 상태가 되어 소리를 지르거나 안절부절못해 이리저리 움직이며 때로는 난폭한 행동을 보이기도 한다.

❖ 환각, 환청

특히 야간에 천장이나 벽의 그림자 혹은 실내의 물건을 사람으로 오인하거나 아무도 없는데 누군가가 와서 자신과 이야기를 나누고 갔다고 하기도 한다.

❖ 흥분, 공격적 행동

자존심을 자극받거나 실패 혹은 괴로웠던 과거를 회상하는 과정에 단호하고 매정한 태도를 보이며 공격적인 행동을 나타내기도 한다.

❖ 감정 변화

감정상태가 불안정하여 불안 혹은 우울증을 보이며 사소한 일에도 쉽게 울거나 웃는 것과 같은 감정실금이 나타난다.

❖ 기타의 문제행동

방황, 가출 및 배회, 대소변을 구별 못 하는 등의 불결한 행동, 식사 거부, 수치심을 모르는 성적 행위 등을 보일 수 있다.

치매의 경과는 원인에 따라 매우 다양한 양상을 보이므로 일률적으로 말하기는 어렵다. 대표로 치매환자의 대부분을 차지하는 알츠하이머 치매와 혈관성 치매를 비교해 보면, 알츠하이머 치매는 인지기능의 변화가 서서히 일어나서 점점 심해지는데, 혈관성 치매는 급작스러운 발병을 보이고 점진적이기보다는 계단식으로 악화된다. 일반적으로 병의 초기에는 주로 인지기능의 장애를 보이다가 후기에 신체 변화가 나타나는데, 시간이 갈수록 환자는 보행 장애로 인해 주로 의자나 침대에서만 지내게 되며 전신의 근육경직이 나타나고 대소변을 못 가리게 된다. 일부 환자는 경련성 발작을 보이기도 한다. 치매 자체로 사망하지는 않으나 말기에는 폐렴, 요로감염증, 욕창 등이 흔히 생겨 결국 이로 인해 사망하게 된다.

〈표 5-9〉 치매의 각 단계별 특성

단계	특성
1단계	인지능력의 결여가 없는 상태로 환자, 가족, 전문의조차도 어떠한 주관적인 증상을 찾을 수 없는 단계이다.
2단계	인지장애 정도를 느낄 수 있는 단계로서 정상적인 노인이 가지고 있는 불안, 우울 같은 신경증적 증상과 유사하다. 특히 지적 능력이 다소 떨어진 사람이나 환경적 스트레스로 인해 집중력이 감소된 경우는 감별이 어렵다.
3단계	직업이나 사회적 기능에 있어 약한 정도이지만 분명한 장애를 보인다. 새로운 정보를 받아들이는 능력이 저하되는 기억력 장애를 보이며 여기에 회피적이고 불감증, 소극적인 태도, 의심, 불안, 비윤리적 행위 등의 인격장애가 뚜렷해진다.
4단계	빈번하게 혼란스러운 행동이나 상태를 보이는 단계로, 특히 자신의 기분, 일상생활이나 업무에 대한 집중력 역시 약화되어 점차 멍한 상태를 흔히 볼 수 있다.
5단계	환자가 독립적인 생활능력을 뚜렷하게 상실하기 시작한다. 집 주소나 전화번호도 전혀 기억하지 못하고 시간 개념에 대한 지남력 장애를 보인다. 이 단계에서는 지속적인 집중력의 장애로 한쪽 발에만 양말을 신거나, 구두를 거꾸로 신는 등의 행동을 보인다.
6단계	생활이나 신체 기능에 있어 기본적 조절능력이 점진적으로 상실되는 특징이 나타나며, 수면장애, 지속적인 의식 혼돈, 자녀나 본인의 이름조차 기억을 못 하게 되며, 장소에 대한 지남력조차도 없어진다.
7단계	지적 행위는 거의 볼 수 없는 단계이며 가족의 도움 없이는 걷지도 못하며 간혹 괴성을 지르거나, 방광이나 대장기능의 상실로 대소변을 못 가리는 상태가 된다.

자료: Reisberg, B. et al. (1998).

04 치매의 진단과 치료

1) 치매의 진단

노인성 치매의 구별에 있어서 가장 중요한 것은 정상 노화 과정이다. 이것은 모든 사람에게서 진행되면서 일정한 신체 및 뇌기능의 감퇴를 가져온다. 정상적 노화에서 나타나는 경미한 기억장애는 초기 치매와 구별하기 어려운 경우가 많다. 그러므로 기억장애를 호소하더라도 아직 사회적 기능이 적절히 보존되어 있는 노인의 경우에는 치매의 진단을 미리 내리지 않고 시간 여유를 갖고 규칙적으로 재평가해야 한다.

또한, 노인성 치매는 노인성 정신 질환과도 구별되어야 한다. 우울증, 정신분열증, 알코올 중독, 약물남용, 신경증 등의 정신 질환이 노인에서 발생할 경우 급격한 인지장애 및 행동장애가 동반되어 마치 치매처럼 나타날 수 있다. 특히, 노인성 치매와 구별해야 할 중요한 질환으로는 섬망, 가성치매 및 건망증후군 등을 들 수 있다.

❖ 섬망

전신 감염, 대사 장애, 전해질 불균형, 수술 후 상태 등에서 흔히 볼 수 있는 것으로 주 증상은 급성적인 의식의 혼탁이다. 이로 인해 집중력과 지각에 장애가 와서 착각이나 환각을 일으키고 사고의 흐름이 지리멸렬해진다. 헛소리를 하거나 안절부절못하는 등의 행동 이상을 보이기도 한다. 얼핏 치매와 유사해 보이나, 치매에서는 의식장애가 없는 것이 특징이다.

❖ 가성치매

가성치매의 임상 양상은 치매와 유사하나 이것은 기질적 뇌병변이 없는 기능성 장애로 대부분 우울증일 때 나타나고 드물게 히스테리성인 경우도 있다. 우울증의 증상은 기억력 감소를 포함한 여러 가지 인지기능 장애로 표현되는 경우가 많아서 가성치매라고 불린다. 발병이 보다 급성이고 유발인자가 뚜렷하며 경과가 짧다. 치매의 경우에서처럼 기억장애 등의 인지장애를 보이나 예상보다 사회생활 및 대인관계에 적응을 잘한다. 대체로 항우울제에 의해 치료가 잘 되어 인지장애가 현저하게 좋아진다.

❖ 건망증후군

이것은 의식 혼탁이나 지적 기능의 장애 없이 정상적인 의식 상태에서 장기 및 단기 기억력의 장애를 나타내는 경우다. 기억력 장애 외에는 다른 인지기능의 장애가 없는 것이 치매와 다르다. 가장 흔한 원인으로는 비타민 B1 결핍과 만성적 음주에 의한 것이고 두부 손상이나 후뇌동맥경색 등도 원인이 될 수 있다.

2) 치매의 치료와 대처

치매는 예후가 좋지 않은 질환으로 증상의 호전을 기대할 수 있는 경우가 많지 않지만, 최근의 통계에 의하면 약 20%의 경우 가역적인 원인을 발견할 수 있고 제때 치료가 이루어지면 치매가 크게 호전될 수도 있다. 이러한 질환들로는 뇌졸중, 수두증, 경막하뇌출혈, 뇌감염 질환, 약물 중독, 영양결핍 질환, 내분비 질환 등이 있다. 따라서 정확히 원인을 찾아야 할 필요가 있다. 현재 알츠하이머병이나 다른 퇴행성 뇌질환에 의해 생기는 노인성 치매에 대해서는 근본적인 치료가 없으나 증상을 개선하는 방법으로 다음과 같은 방법이 추천될 수 있다.

첫째, 건강관리에 소홀해지기 쉬우므로 적당한 영양섭취나 운동을 하도록 한다. 또한, 정신건강을 위해 환자의 가족이나 간병인이 환자가 심리적으로 안정할 수 있도록 돕고 환자 자신이 존중되고 있다는 느낌이 들도록 한다.

둘째, 흔히 우울증이 동반되어 실제 이상으로 치매증상이 심하게 나타나는 경우가 많은데, 이럴 때는 의사와 상의한 후에 적절한 항우울제나 신경안정제를 사용하면 효과를 볼 수 있다.

셋째, 치매환자는 병의 경과 도중에 다른 병이 겹쳐도 증상을 제대로 호소하지 못하므로 그냥 지나칠 수 있다. 따라서 정기적인 진찰을 통해 합병증을 적시에 진단하고 치료해야 한다.

마지막으로, 치매가 점차 심해지면서 판단력과 운동조절 능력을 상실하게 됨에 따라 환자가 사고를 당하거나 골절을 입을 수 있으므로 가족들이 평소에 세심하게 살피도록 한다.

치매노인 케어의 기본

① 지지적 태도로 부드럽게 대한다.
② 잔존능력을 살린다.
③ 규칙적인 생활을 하고 신체의 건강상태에 주의한다.
④ 급격한 환경변화를 피한다.
⑤ 가족이나 직원들이 역할 분담을 한다.

치매노인과의 대화

① 얼굴을 마주 보고 가까이서 말한다
② 간결하게 정보를 전달한다.
③ 노인이 아는 말로 대화한다.
④ 노인이 납득할 수 있도록 대화한다.
⑤ 사실이 아니더라도 노인의 말에 맞춘다.
⑥ 노인의 페이스(pace)에 맞춘다. – 천천히, 낮은 톤으로, 상냥하게
⑦ 어린아이 대하듯이 하지 말고 인격적으로 대한다.
⑧ 항상 현실을 알려 주도록 한다. (예: 7시니 일어나세요.)

출처: 이해영(2006). 『케어복지론』.

치매방지를 위한 예방행동

① 손을 많이 움직여 뇌의 활동을 촉진한다.
② 게임을 즐기도록 한다. 즐거움은 두뇌를 자극하므로 고스톱이든, 바둑이든 좋아하는 게임이나 놀이를 습관화한다.
③ 독서와 편지로 언어중추를 자극한다.

④ 즐겁게 대화를 나눌 수 있는 지인들과 사교생활을 활성화한다.
⑤ 긍정적으로 생각한다. 부정적이며 비관적인 생각은 기억회로를 망가뜨린다.
⑥ 많이 걷는다. 걷는 데 따른 신체의 움직임으로 뇌혈관을 맑고 깨끗하게 유지할 수 있다.
⑦ 물을 자주 마신다. 물은 혈액을 맑게 만들어 뇌 속에서 혈액의 흐름을 맑게 한다.
⑧ 비타민을 복용한다.
⑨ 혈압을 관리한다.
⑩ 혈당을 관리한다.

05 치매노인의 현황

치매유병률은 연령에 따라 증가하고 노인인구 수가 증가하면 치매노인의 절대 수도 증가한다. 우리나라 치매유병률에 대해서는 학자들마다 약간 차이를 보이고 있다. 중앙치매센터의 조사에 의하면, 2022년 65세 이상 노인인구 중 치매환자는 약 92만 명이며, 평균 치매유병률은 10.31%이다. 여성 치매환자가 남성에 비해 1.5배정도 많으며, 연령이 높을수록 치매유병률은 증가하여 85세 이상의 경우 3명 중 1명으로 증가하고 있다(표 5-10).

〈표 5-10〉 성별, 연령별 치매 현황(2022)

전국	65세 이상 노인인구	65세 이상 치매유병 현황			
		치매유병률	전체 치매환자	남성	여성
	8,974,643	10.31%	924,870	382,665	567,686
연령별					
60~64세	65~69세	70~74세	75~79세	80~84세	85세 이상
25,482 (0.61%)	42,775 (1.39%)	83,817 (3.86%)	187,547 (11.79%)	257,061 (20.89%)	353,670 (38.96%)

자료: 중앙치매센터. 치매유병현황(2022.12.29)

통계청 추계에 의하면 앞으로 치매노인은 2030년 136만명, 2040년 217만명, 2050년에는 300만명이 넘을 것으로 추정된다.

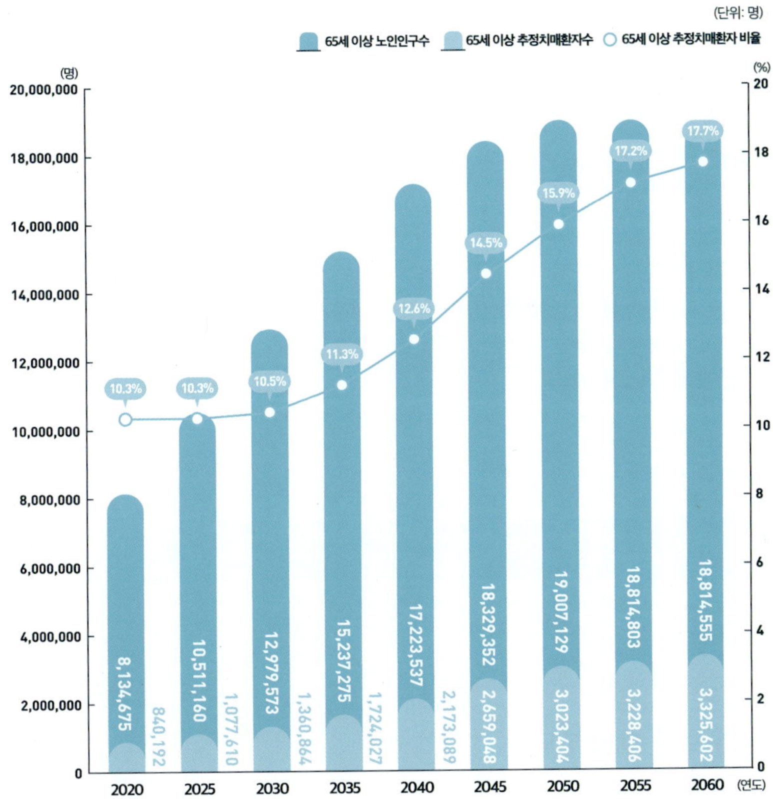

주) 65세 이상 추정치매환자 미율=(65세 이상 추정치매환자수/65세 이상 노인인구수)X100
자료: 중앙치매센터. 「대한민국치매현황 2021」.

[그림 5-5] 추정치매환자 추이

치매환자가 증가하면서 치매노인에 대한 부담도 증가하고 있다. 치매노인실태조사(2010)에 의하면 2010년 치매환자 1인당 연간 관리비용은 1,851만 원으로 2020년에는 2,061만 원으로 추정되고 있다. 이는 연간 가구소득 6,193만 원의 33.2%를 차지하며, 경제적 부담이 적지않다고 할 수 있다(통계청 가계동향조사, 2020).

2020년 65세 이상 치매환자 연간 총 국가치매관리비용은 17조 3천억 원으로 GDP대비 약 0.9%를 차지하고 있다. 그러나, 2040년이 되면 약 56.7조 원으로 증가할 것으로 추정된다.

〈표 5-11〉 2020년 치매환자 연간 총 국가치매관리비용[1)]

치매환자1인당 관리비용	65세 이상 추정치매환자수	치매환자 총 관리비용[1)]	국내총생산 (명목GDP)	GDP 대비 치매환자 총 관리비용 비율[2)]
2,061만 원	840,192명	17.3조 원	1,933조 원	0.90%

주) 연간 관리비용은 경상가 기준

산출: 1) 치매환자 총 관리비용 = 치매환자 1인당 관리비용x65세 이상 추정치매환자수

2) GDP 대비 치매환자 총 관리비용 비율 = 치매환자 총 관리비용/국내총생산(명목GDP)x100

자료: 중앙치매센터 「대한민국치매현황 2021」.

06 치매가족의 부양부담

1) 치매가족의 수발부담

치매노인을 돌보는 가족은 상당한 인내를 요구하는 스트레스에 가득 찬 생활을 하게 된다. 치매가족에 대한 사회적 대책이 미흡하고, 자식 된 도리로서 가족이 부양하는 것을 당연시하고 있는 우리나라 상황에서 치매노인을 돌보는 가족의 부양부담은 더욱 크다고 할 수 있다. 따라서 부양부담에 대한 이해가 필요하다.

부양부담은 부양의 영향이나 결과로서 정의하는, 즉 부양의 결과로서 나타나는 신체적·심리적·정서적·사회적·재정적 문제를 의미한다. 치매가족의 부양부담은 흔히 사회적 활동의 제한, 노인 및 가족관계의 부정적 변화, 심리적 부담, 재정 및 경제활동상의 부담, 건강의 악화라는 측면으로 살펴볼 수 있다(권중돈 외, 2002).

(1) 사회적 활동의 제한

치매노인을 부양하는 가족들은 치매노인의 문제행동 등으로 인하여 적어도 한 사람은 노인의 옆에서 보호해야 하기 때문에 친구, 이웃 등과 어울릴 수 있는 기회가 적어지게 되고 사회적 활동에 제한을 받게 된다. 더욱이 1차적 보호제공자는 대부분 여성으로, 가사나 양육 등에 대한 역할과 병행해야 하기 때문에 외부와 단절된 생활을 하게 되며, 직장을 다니는 여성은 직업을 포기해야 하는 경우가 많아 사회적 활동에 제한을 가져온다.

부양에 대한 과다한 시간의 투여로 인하여 개인 시간을 갖지 못하고, 정신 질환에 대한 낙인을 두려워하고, 치매노인의 증상이나 문제행동으로 인하여 이웃에 해를 입힐까 염려하게 됨으로써 자연히 이웃과의 접촉 기회도 줄어들게 된다. 우리나라 치매노인 주 부양자의 1/3 이상이 치매발병 이전에 비하여 이웃과의 접촉 기회가 줄어들고, 이웃에 피해를 입힐까 봐 염려하고 있는 것으로 나타났다. 부양자의 사회적 활동 제한은 개인시간 부족과 자유의 제한에 기인한다고 하지만, 개인적 시간이 난다고 할지라도 노인부양에 대한 중압감으로 인하여 개인적인 용무나 사회적 활동에 참여하지 못하는 경향이 있다.

(2) 노인 및 가족관계의 부정적 변화

치매노인의 부양은 다음과 같이 가족관계에 있어 긍정적인 면보다 부정적인 변화를 가져오기 쉽다.

❖ 치매노인과 부양자 간의 부정적 변화

치매가 진행됨에 따라 상호성에 바탕을 두었던 노인-부양자의 관계는 일방적 관계로 변하는데, 이러한 역할전환에 따른 관계의 재조정에 어려움을 겪게 되면 역기능적 관계를 형성하게 된다.

부정적 감정으로는 긴장감, 분노의 감정, 조작당하는 느낌을 경험하고, 노인의 지나친 요구와 의존성으로 인하여 불편을 경험하는 등의 부정적 변화를 겪게 된다.

노인을 돌볼 때 화가 나고, 신경이 날카로워지거나 우울해지며, 노인이 원망스럽고, 노인과 같이 있다는 사실이 즐겁지 않고, 케어에 대해 감사할 줄 모르는 태도에 불만을 느끼며, 노인에게 조작당하는 느낌을 받는 등의 부정적 변화를 경험한다. 말다툼을 하는 경우가 많아지고, 치매노인의 행동 때문에 창피를 당하거나 화가 나는 일이 많다.

❖ 전체 가족관계의 부정적 변화

치매가족의 경우 성원 간의 갈등이나 스트레스를 경험하는 경우가 많다. 치매가족 내에서 가족갈등이 일어나는 이유는 치매노인의 신체 및 정신장애 정도의 판정, 치매노인을 대하는 적절한 태도나 상호작용 유형, 부양자의 태도나 부양전략에 대한 가족성원 간의 의견 차이가 존재하기 때문이다. 특히 부양자와 다른 구성원 간에 갈등이 일어나는 이유는 나머지 가족성원들이 부양자가 노인에게 적절한 원조를 제공하지 못한다고 여겨 부양자의 행동에 대해 불필요한 조언을 하거나, 부양을 잘못 한다고 비난 또는 힐책하기 때문이다. 이에 반해 치매노인 부양자들은 가족성원들이 사신의 어려움을 이해해 주지 않는 것에 대해 섭섭한 감정을 느끼기도 하며, 가족들이 노인을 돌볼 수 있는데도 아무것도 하지 않은 것에 대해 화를 내는 등 가족관계에서 부정적 변화를 경험하게 된다.

(3) 심리적 부담

치매노인을 부양한 결과로 부양자들은 심리적 안녕 상태에 부정적인 영향을 받는 경우가 많으며, 다음과 같은 심리적 부담의 현상들이 발생하기도 한다.

첫째, 우울증이다. 치매노인 부양자들의 경우 어떤 일을 하고자 하는 의욕이 생기지 않고, 생활에 대한 흥미가 없어지고, 자신이 처한 상황이 아무런 희망도 없는 것처럼 느껴지고, 낙담하거나 우울해하는 경우가 많으며, 자신이 아무 쓸모가 없는 존재라는 생각을 하는 등 우울 증세를 보이는 경우가 많다.

둘째, 불안이다. 치매노인 부양 역할에 대한 확실한 역할처방이 없기 때문에 부양자는 불안을 경험하게 된다. 노인의 원조 방법에 대한 불안, 부양에 따른 개인적 생활변화에 대한 불안, 자신과 노인의 미래에 대한 불안, 부양으로 인한 자원의 고갈에 대한 두려움과 대처할 수 없는 부양 상황의 발생에 대한 두려움으로 인한 불안 등이 있다. 이러한 노인부양에 따르는 불안 이외에 치매노인 부양자들은 치매의 유전에 대한 불안, 화재와 같은 안전사고에 대한 불안, 노인의 공격적 행동으로 인한 피해에 대한 불안 등을 동시에 느낀다.

셋째, 죄책감이다. 치매가족들이 경험하는 또 다른 심리적 고통은 노인에게 잘해 드리지 못하는 것, 과거에 잘못한 것, 노인을 더 이상 모실 수 없다는 생각을 한 것 등에 대해 느끼는 죄책감이다.

넷째, 무력감이다. 치매의 치료 가능성이 매우 낮아 자신이 아무리 노력하여도 더 이상 노인이 나아질 것 같지 않아 허무한 생각이 들고, 자신이 치매노인의 증상에 효과적으로 대처하지 못하게 됨으로써 무력감을 경험하게 된다.

다섯째, 좌절감이다. 노인의 일상생활동작 능력 저하로 인한 부양 애로, 재정적 긴장, 개인 시간의 부족, 가사에 대한 부담, 정서적 지지의 변화 등으로 인해 좌절감을 경험하게 된다.

여섯째, 구속감이다. 치매노인의 과도한 요구로 인하여 자아상실을 경험하고, 부양으로 인하여 개인적 자유와 자유시간을 갖지 못함으로써 구속감을 느끼게 된다.

일곱째, 소외감이다. 사회적 관계망의 접촉이 단절됨으로써 친구나 의지할 만한 사람이 없어지고, 자신을 이해해 주는 사람이 없고, 자신이 다른 사람으로부터 버림을 받았다고 여기는 등 사회적 소외를 경험하게 된다.

(4) 재정 및 경제활동상의 부담

2008년 노인장기요양보험제도의 도입으로 그동안 일반인들이 노인요양시설을 이용할 경우 가졌던 경제적 부담의 문제는 많이 해결되었다. 그러나 현재 노인장기요양시설 이용 시 부담해야 하는 본인부담액이 전체 비용의 20%로 40만~70만원 정도가 되고 있어 저소득층의 경우나 장기 이용 시에는 경제적 부담이 되고 있다. 실제 본인부담액이 부담이 되어 장기요양시설을 이용할 수 있음에도 불구하고 이용하지 않는 경우도 상당히 나타나고 있다.

또한, 치매노인을 돌볼 경우 경제활동에 시간적 제한을 받게 되고, 경우에 따라서는 간병으로 인해 경제적 활동을 포기하는 등의 경제적·사회적 비용도 증가하게 된다.

(5) 건강상의 부담

치매노인 부양자의 경우 다른 노인 부양자에 비하여 신체적 질병이나 장애를 경험하는 비율이 더 높은 것이 일반적이다. 그리고 우리나라 치매노인 주 부양자의 경우 치매노인을 부양한 이후로 요통, 심장 질환, 고혈압, 관절염, 소화기 질환 등의 신체적 질환을 한 가지 이상 앓고 있는 부양자가 60% 이상으로 나타나, 신체적 질환으로 인한 건강상의 부담이 매우 높았다. 치매노인 부양자들은 부양 역할뿐 아니라 가사, 경제활동, 자녀양육 등의 다양한 역할을 수행하는 과정에서 신체적 피로를 경험할 가능성이 매우 높다. 치매노인의 부양은 주 부양자는 물론 다른 구성원들의 신체적 피로를 가중시키는 것으로 나타났으며, 우리나라 치매노인 주 부양자의 83% 정도가 신체적 피로를 느끼는 것으로 나타났다. 특히 주 부양자가 주 가사담당자의 역할을 동시에 수행하는 경우와 수면이 부족하다고 느끼는 경우에는 피로도가 더 높은 것으로 나타났다.

2) 치매노인 및 가족에 대한 서비스

치매노인과 가족에 대한 서비스는 상당히 제한적이었으나 새롭게 도입된 노인장기요양보험의 도입으로 치매노인들을 돌보는 가족들의 부담을 감소시킬 수 있게 되었다. 즉, 치매 등으로 인해 스스로 일상생활을 영위할 수 없을 경우 장기요양서비스의 대상자로 인정받아 저렴한 비용으로 장기요양서비스를 이용할 수 있다.

국가차원에서는 치매관리를 위해 2012년 중앙치매센터를 설치하여 하였고(치매관리법 16조), 17개 광역시도에 광역치매센터를 설치하였다. 중앙치매센터에서는 2013년부터 치매상담콜센터를 운영하여(1899-9988) 24시간 치매돌봄 및 정보상담을 하고 있다.

2017년 9월 보건복지부 '치매 국가책임제 추진계획' 발표 이후 치매안심센터가 각 지자체에 설치되었으며, 치매노인과 가족들의 상담, 검진, 관리, 서비스 연결까지 통합적인 지원을 실시하고 있고, 2020년 기준 256개소가 운영되고 있다.

한편, 노인복지기관이나 치매 관련 협회에서는 치매가족을 위한 교육 프로그램, 가족상담 프로그램, 치매가족 자조집단 프로그램 등이 실시되고 있다,

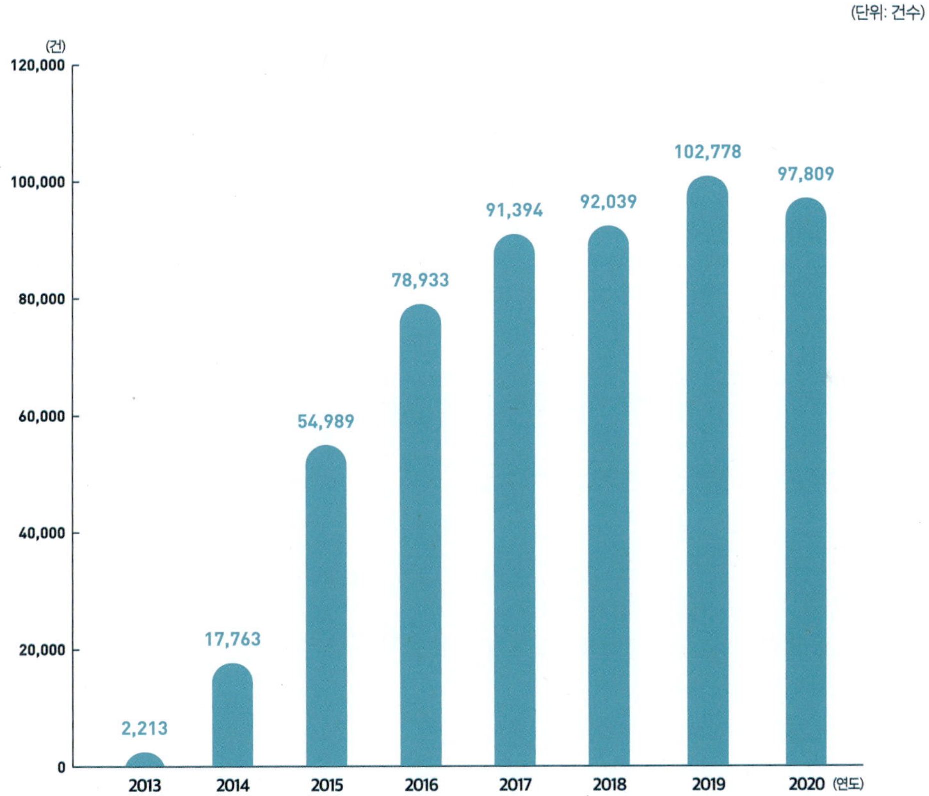

자료: 중앙치매센터 「대한민국치매현황 2021」

[그림 5-6] 치매상담콜센터 상담건수 추이(2013-2020)

치매가 부른 비극

50살 전모 씨가 15층 아파트에서 뛰어내려 숨졌다. 전 씨의 집에선 '아버지를 데려간다'는 유서와 함께 85살인 전 씨의 아버지가 숨진 채 발견되었다. 치매 증세가 심해진 아버지를 살해하고 자신도 극단적인 선택을 한 것이다(조선일보, 2019. 2. 21).

치매는 '침묵의 살인자'라고 불리기도 한다. 가족들이 감당하기 어려울 만큼 간병이 힘들기 때문이다. 치매 환자 간병에 들어가는 비용은 한 해 평균 2천만 원 이상, 하루 간병에 들이는 시간은 6시간에서 9시간이다. 간병과 생활고를 견디지 못해 일어난 가족 간 살해는 2010년부터 2017년까지 173건에 이른다.

2018년 기준 65세 이상 노인 중 치매 환자는 10명 중 1명꼴로, 치매 가족은 배우자와 자녀 등 375만 명에 이른다. 치매노인 수발문제는 점차 다가오고 있는 초고령사회에서 어느 가족이나 겪을 수 있는 문제이며, 좀 더 치밀한 치매노인가족을 위한 사회적 시스템을 시급히 구축하여야 할 것이다.

가정에서 알아보는 치매환자 점검표

(20개 항목 이상이 해당되면 치매전문의에게 진단)

기억력

1. 전화번호나 사람 이름을 기억하기 힘들다. ( )
2. 어떤 일이 언제 일어났는지 기억하지 못할 때가 있다. ( )
3. 며칠 전에 들었던 이야기를 잊는다. ( )
4. 오래전에 들었던 이야기를 잊는다. ( )
5. 일상생활에 변화가 생겼을 때 금방 적응하기 힘들다. ( )
6. 중요한 사항을 잊을 때가 있다.—배우자 생일, 결혼기념일 등 ( )
7. 다른 사람에게 같은 이야기를 반복할 때가 있다. ( )
8. 어떤 일을 해놓고도 잊어버려서 다시 반복한 적이 있다. ( )
9. 약 먹는 시간을 놓치기도 한다. ( )
10. 여러 가지 물건을 사러 갔다가 한두 가지를 빠뜨리기도 한다. ( )
11. 가스 불을 끄는 것을 잊거나 음식을 태운 일이 있다. ( )

12. 남에게 같은 질문을 반복한다. ( )
13. 어떤 일을 해 놓고도 했는지 안 했는지 다시 확인해야 한다. ( )
14. 물건을 놓고 다니거나 가지고 갈 물건을 놓고 간다. ( )

언어력

1. 하고 싶은 말이나 표현이 금방 떠오르지 않는다. ( )
2. 물건 이름이 금방 생각나지 않는다. ( )
3. 개인적인 편지나 사무적인 편지를 쓰기 힘들다. ( )
4. 갈수록 말수가 감소되는 경향이 있다. ( )
5. 신문이나 잡지를 읽을 때 이야기 줄거리를 파악하지 못한다. ( )
6. 책을 읽을 때 같은 문장을 여러 번 읽어야 이해가 된다. ( )
7. TV에 나오는 이야기를 따라가기가 힘들다. ( )

시·공간 능력

1. 자주 보는 친구나 친척을 바로 알아보지 못한다. ( )
2. 물건을 어디에 두었는지 몰라서 찾게 된다. ( )
3. 전에 가 본 장소를 기억하지 못한다. ( )
4. 방향감각이 떨어졌다. ( )
5. 길을 잃거나 헤맨 적이 있다. ( )
6. 물건을 항상 두는 장소를 망각하고 엉뚱한 곳에서 찾는다. ( )
7. 계산능력이 떨어졌다. ( )
8. 돈 관리를 하는 데 실수가 있다. ( )
9. 과거에 편안히 쓰던 기구 사용이 서툴러졌다. ( )

출처: 정신과 전문의 이상일. "노인성 치매와 노후생활관리" 자료에서.

CHAPTER 03

노인학대

고령화사회가 급속히 진행되면서 중풍, 치매노인들의 수발 문제가 점차 사회문제로 대두되고 있는 가운데 노인학대 문제도 사회적으로 표면화되고 점차 증가하고 있다.

노인학대가 사회적으로 크게 인식되고 학술적으로 다루어지게 된 것은 서구에서도 최근의 일이다. 미국에서는 1960년대에 아동학대 문제에, 1970년대에는 배우자학대에 관심을 두었으며, 1980년에 들어와서부터 노인학대 문제에 관심을 가지기 시작했다. 우리나라에서는 1980년대 말부터 학계에서 노인학대에 관한 글이 나오기 시작하였으며, 본격적으로 관심을 갖고 이에 관련한 연구조사 및 논문이 나오는 시기는 1990년대 후반이라고 할 수 있다. 2002년 12월에는 '노인학대상담센터'가 사회복지공동모금회의 지원을 받아 설립되어 전국 14개 지부에서 학대받는 노인과 가족을 대상으로 상담을 지원하기 시작하였다. 또한, 노인학대의 제도적 장치에 대한 사회적 요구는 2004년 1월 「노인복지법」의 개정을 가져왔고, 노인학대 방지를 위한 법적 장치가 마련되었다.

본 장에서는 점차 증가하고 있는 노인학대에 대한 정확한 인식을 위해 노인학대의 개념, 특징, 원인, 실태를 고찰한다.

01 노인학대의 정의

노인학대에 대한 정의는 사회적·문화적 차이에 따라 국가와 학자에 따라 다양하여 일률적으로 정의하기는 어렵다.

노인학대는 발생 장소에 따라 가정에서의 노인학대, 시설에서의 노인학대, 자기방임이나 자기학대 등의 세 가지 범주로 구분한다(Tutara, 1990).

노인학대의 유형에 있어서는 학자들마다 연구에 있어 다양한데, 학자에 따라서 좁게는 신체적 학대에서부터 방임이나 부적절한 처우, 심리적 학대, 넓게는 자기학대, 자기방임까지 포함하고 있다.

Lau & Kosberg(1979)는 노인학대가 신체적·언어적·심리적 공격, 경제적 남용 또는 소유물이나 재산의 남용, 노인의 권리 침해를 포함한다고 했다. Rathbone-McQuan (1980)과 Pillemer(1985)는 신체적 학대만을 논의하였고, Hickey와 Douglass(1981)는 노인학대를 노인에 대한 부적절한 처우로 보고 이는 소극적 및 적극적 방임, 언어적 또는 정서적 학대와 신체적 학대를 포함한다고 했다.

1993년 일본에서 처음 실시된 전국적 실태조사(萩原清子, 1994)에서는 신체적 폭력, 성적 학대, 심리적 장애를 주는 학대, 경제적 학대, 그리고 개호 등 일상생활상의 보호의 방치, 거부, 태만을 포함한 방임으로 정의하였다.

우리나라의 한국형사정책연구원(1995)에서는 신체적 폭력, 언어적 및 정서적 학대, 방임으로 구별하여 조사하였으며, 한국보건사회연구원(1999)에서는 신체적 학대, 언어·심리적 학대, 경제적 착취, 방임 및 기타로 구분하였다.

미국의 노인법(Older Americans Act)에서는 노인학대에 포함되는 개념으로 학대(abuse), 방임(neglect), 착취(exploitation)의 세 가지 개념을 정의하고 있으며, 연방노인청(Administration on Aging)에서는 노인학대를 신체적 학대, 심리적 학대, 성적 학대, 재정적 착취, 방임으로 분류하고 있다.

우리나라 「노인복지법」 제1조제4항에 의하면 노인학대는 "노인에 대하여 신체적·정신적·정서적·성적 폭력 및 경제적 착취 또는 가혹행위를 하거나 유기 또는 방임을 하는 것을 말한다"라고 정의되고 있다.

구체적인 유형에 대한 설명은 금지행위(제39조제9항)를 통해 볼 수 있는데, ① 노인의 신체에 폭행을 가하거나 상해를 입히는 행위, ② 노인에게 성적 수치심을 주는 성폭행, 성희롱 등의 행위, ③ 자신의 보호, 감독을 받는 노인을 유기하거나 의식주를 포함한 기본적 보호 및 치료를 소홀히 하는 행위, ④ 노인에게 구걸을 하게 하거나 노인을 이용하여 구걸하는 행위, ⑤ 노인을 위하여 증여 또는 급여나 금품을 그 목적 외의 용도에 사용하는 행위, ⑥ 폭언, 협박, 위협 등으로 노인의 정신건강에 해를 끼치는 정서적 학대행위로 규정하고 있다. 즉, 우리나라의 노인학대는 신체적 학대, 정신적·심리적 학대, 성적 학대, 경제적 학대, 유기, 방임 등의 유형을 폭넓게 포함하고 있다.

〈표 5-12〉 학대의 유형

유형	정의
신체적 학대	물리적인 힘 또는 도구를 이용하여 노인에게 신체적 혹은 정신적 손상, 고통, 장애 등을 유발시키는 행위
정서적 학대	비난, 모욕, 위협 등의 언어 및 비언어적 행위를 통하여 노인에게 정서적으로 고통을 유발시키는 행위
성적 학대	성적 수치심 유발행위 및 성폭력(성희롱, 성추행, 강간) 등의 노인의 의사에 반(反)하여 강제로 행하는 모든 성적 행위
경제적 학대 (착취)	노인의 의사에 반하여 노인으로부터 재산 또는 권리를 빼앗는 행위로서 경제적 착취, 노인 재산에 관한 법률 권리 위반, 경제적 권리와 관련된 의사결정에서의 통제 등을 하는 행위
방임	부양의무자로서의 책임이나 의무를 거부, 불이행 혹은 포기하여 노인에게 의식주 및 의료를 적절하게 제공하지 않는 행위(필요한 생활비, 병원비 및 치료, 의식주를 제공하지 않는 행위)
자기방임	노인 스스로가 의식주 제공 및 의료 처치 등의 최소한의 자기보호 관련 행위를 의도적으로 포기 또는 비의도적으로 관리하지 않아 심신이 위험한 상황이나 사망에 이르게 하는 행위
유기	보호자 또는 부양의무자가 노인을 버리는 행위

위의 내용들을 종합해 볼 때 일반적으로 노인학대를 크게는 신체적 학대, 정서적 학대(언어적 학대 포함), 경제적 학대, 방임으로 나누어 볼 수 있으며, 이해를 위해 각 학대의 구제적인 행위 내용은 다음과 같이 정리할 수 있다(표 5-13).

〈표 5-13〉 노인학대의 구체적인 사례

학대의 종류	학대의 내용
신체적 학대	• 노인을 강제로 지하실이나 방에 감금한다. • 노인을 강제로 의자나 침대에 묶어 둔다. • 노인에게 주변의 물건을 집어 던지거나 흉기로 위협한다. • 약품 등을 사용하여 노인에게 의도적으로 화상을 입힌다. • 노인을 담뱃불로 지진다. • 노인을 발로 차거나 주먹으로 때린다. • 노인을 밀어서 넘어뜨린다. • 노인의 머리채를 잡아당기거나 움켜잡아 뽑는다.
정서적 학대	• 부양자가 부양부담으로 인한 스트레스를 노인에게 노골적으로 표현한다. • 노인에게 모욕적인 말을 하여 노인의 감정을 상하게 하거나 수치심을 느끼게 한다. • 노인에게 집을 나가라는 폭언, 욕설, 고함, 위협을 한다. • 노인을 부양하는 것이 부담스럽다고 노인 앞에서 노골적으로 말한다. • 집안 의사결정 과정에서 고의로 노인을 소외시킨다. • 위협적이고 무례한 태도를 취한다. • 거동이 불편한 노인에게 청소나 빨래 등 어려운 일을 강요한다. • 노인의 친구나 친지 등이 방문하는 것을 싫어한다. • 노인이 보는 앞에서 물건을 던지거나 부수면서 화풀이를 한다. • 노인이 가족을 타이르거나 의견을 말하면 간섭한다고 불평하거나 화를 낸다. • 노인의 일상적 사회활동이나 종교활동 등을 노골적으로 방해한다. • 노인에게 발을 구르거나 방문을 세게 닫는 등 거친 행동을 한다. • 부양자가 노인에게 '없어져 주었으면' 하는 느낌이 들게 한다.
경제적 학대	• 노인의 유언장을 허위로 작성한다. • 노인의 허락 없이 부양자가 마음대로 노인의 부동산 소유권 이전 등과 같은 재산권을 행사한다. • 연금이나 임대료 등 노인의 소득을 가족이나 친지가 가로챈다. • 노인에게서 빌린 노인의 물건을 돌려주지 않는다. • 보석 등 값나가는 노인의 물건을 빼앗는다. • 노인의 허락 없이 노인의 재산을 담보로 해서 대출받는다. • 생활이 어려운 노인에게 생활을 유지하는 데 필요한 용돈이나 생활비 등을 주지 않는다.

학대의 종류	학대의 내용
방임	• 병원에서 치료를 받아야 할 상황인데도 노인을 병원에 모셔가지 않는다. • 목욕이나 배변 시 도움이 필요한 노인에게 도움을 주지 않는다. • 노인에게 음식을 주지 않아 끼니를 거르게 한다. • 경제적인 능력이 있는데도 불구하고 돋보기, 보청기, 틀니 등 필수적인 보장구를 제대로 마련해 주지 않는다. • 치매 등으로 인하여 인지기능을 상실한 노인에게 주의를 기울이지 않아 노인을 배회하게 한다. • 거동이 불편한 노인을 2~3일 이상 혼자 집에 내버려 둔다.
자기 방임	• 노인 스스로 외부와의 접촉을 기피하여 고립을 자초한다. • 노인 스스로 식사 횟수를 제한하거나 식사량을 줄여서 영양실조나 탈수상태에 빠진다. • 노인이 자신의 처지를 비관하여 자살을 시도한다. • 노인이 죽고 싶다는 말을 자주 하는 등 삶에 대한 체념적인 태도를 갖는다.

02 노인학대의 원인

노인학대는 매우 복잡하고 다양한 요인이 얽혀서 발생하게 되는 경우가 많고 문화적인 요인도 무시할 수 없어 관련 요인을 명확히 제시하기는 어렵다.

Lynn McDonald(1996)는 노인학대의 원인으로 ① 학대자의 개인적인 특성, ② 폭력의 세대 간 이전, ③ 의존성, ④ 스트레스, ⑤ 사회적 고립, ⑥ 사회구조적 요인들을 들고 있으며, King(1983)은 ① 수명의 연장, ② 의존성, ③ 스트레스, ④ 학습된 폭력 등을 들고 있다.

Pillemer와 Suitor(1992)의 연구에서는 부양 요구, 상호작용적 스트레스, 부양자의 특징, 그리고 부양맥락이 위험요인으로 확인되었으며 특히 상호작용적 스트레스가 부양관계에서 폭력을 유발하는 가장 큰 위험요인으로 나타났다. 연구에 의하면 ① 노인에게 심각한 장애가 있을수록, ② 노인에게 더 많은 도움을 제공해야 하는 상황일수록, ③ 노인이 분열성 행동을 보일수록, ④ 부양자의 자아존중감이 낮을수록, ⑤ 부양자의 연령이 낮을수록, ⑥ 사회적으로 고립되어 있을수록, ⑦ 부양자가 노인의 배우자인 경우와 ⑧ 노인과 부양자가 한 집에서 생활하는 경우에 부양자가 폭력을 행사하고 싶은 두려움을 갖거나 실질적인 폭력을 행사하였다.

서윤(2004)은 학대를 가하는 가해자 관련 요인, 학대를 유발시키는 피해노인 관련 요인, 가해자와 피해노인과의 상호작용 요인, 가정환경 요인, 사회문화적 요인 등으로 나누어 아래와 같이 설명하고 있다.

① 피해자 관련 요인

- 노인의 개인적 특성(성격, 정신장애, 알코올중독, 무기력감 등)
- 노인의 의존성(장애, 질병, 치매 등)

② 학대자 관련 요인

- 가해자의 개인적 특성(성격, 정서장애·정신장애, 알코올 중독, 약물 중독 등)

③ 가해자와 피해자와의 상호작용 요인

- 부양자의 부양스트레스(신체적·정신적 스트레스, 부양 미숙, 부양능력의 결여 등)
- 세대 간의 학대 전이
- 피해자와 가해자의 불화

④ 가정환경적 요인

- 경제적 문제, 가족 간의 불화, 재산문제 등

⑤ 사회문화적 요인

- 노인 차별, 가치관의 변화, 사회보장 및 노인복지서비스의 결여 등

가정에서의 학대는 노인에 대한 부양부담이 주원인으로 거론되고 있는데 부양부담과 관련해서 살펴보면, 먼저 개인적 특성으로 노인이 성격적인 결함이나 문제를 갖고 있거나, 정신장애를 갖고 있거나, 술을 과도하게 마신다면 부양자는 이런

노인을 돌보는 데 매우 힘이 들게 되고 스트레스를 받게 된다. 또한, 의존성이 높은 노인들은 부양자에게 과도하게 의존적이어서 부양자가 수발하게 되는 양이 많아져 부양자의 부양부담이 높을 수밖에 없게 된다.

한편, 장기간 노인을 부양하게 되는 부양자들은 신체적·정신적으로 스트레스를 많이 받게 되고 휴식시간을 갖지 못함으로써 지쳐버리게 된다. 특히, 부양자들이 노인을 수발하는 것에 익숙하지 못한 경우에는 그 스트레스가 가중되어 이러한 요인이 학대를 유발시키게 된다.

가정환경적인 면에서는 특히 경제적 요인이 크게 작용하고 있다. 경제적으로 어려운 형편에서 노인을 부양한다는 것이 부양자에게 큰 부담이 되며, 노인이 치매나 뇌졸중과 같은 중증 노인성 질환이라도 앓게 되면 경제적 지출이 더욱 많아지게 되어 노인 부양에 큰 어려움을 겪게 된다(서윤, 2004).

03 노인학대의 특성

노인학대에 관한 기존 연구들을 통해 노인학대의 특성을 살펴보면 다음과 같다.

1) 학대의 유형

노인학대의 경우는 아동학대와 달리 직접적인 신체적 폭력보다 심리적, 정서적 학대나 방임이 많이 나타나고 있다. 미시간 대학의 Douglass, Hicky, Noel의 조사(1980)에서는 수동적인 방임(무관심, 방치, 고립)이 가장 많고 적극적 방임(약, 음식, 운동, 목욕 등의 거부)과 신체적 학대는 비교적 적었다.

우리나라 노인학대현황보고서(2017)에 의하면 여러 유형이 동시 다발적으로 발생하고 있는데 정서적·신체적 방임의 순으로 높게 발생하고 있다.

2) 피해노인의 특성

노인학대의 전형적인 피해자는 대부분 고령의 여성노인이며 육체적·정신적으로 손상되었고 가해자와 함께 살고 있으며, 육체적·정신적·경제적으로 학대자에게 의존하고 있는 상태이다. 매사추세츠의 연구에서는 희생자의 54%가 75세 이상이고, 36%가 80세 이상이었으며, 80%가 여성이고, 75%가 학대자와 동거하고 있으며, 학대자는 84%가 가족이며, 희생자의 75%가 신체적으로 손상되었고 학대가 반복되고 있었다.

일본에서의 최초 조사라고 할 수 있는 가네코 요시히코(金子善彦, 1986)의 60세 이상의 노인을 대상으로 한 조사에 의하면, 가정에서 학대받는 노인의 경우 피해노인의 연령은 70대 이상의 고령이 많았고, 경제적으로는 어려운 계층이었고, 심신의 상태는 와상 상태이거나 거동이 불편하며, 실금이나 치매 등이 있는 상태였다.

3) 학대자의 특성

학대자는 노인을 주로 돌보는 가족이나 친척 등 주보호자이다. 그들 대부분은 심한 스트레스를 받고 있으며, 알코올이나 정신병력을 갖고 있는 경우도 있다. 매릴랜드 연구에서는 학대자의 81%가 가족이나 친척이었고, 42%가 자식이고, 83%가 40~50대로, 58%가 여성이었고 65%가 중산층이었으며, 학대자에게 심리적 문제가 있는 경우가 58%, 경제적 문제가 있는 경우는 31%였다(이해영, 1996).

4) 피해자와 학대자의 상호작용

피해자와 학대자의 관계는 대부분 좋지 않았으며, 학대자가 성장하면서 가정폭력을 경험한 경우도 적지 않다.

그동안의 연구결과들을 보면 피해자와 학대자 간의 관계가 좋지 못한 경우가 대부분이며, 학대의 세대 간 전이라는 측면에서 학대자가 성장 시 학대를 경험하거나 목격한 경우는 외국에 비해 적게 나타났지만, 그 관련성을 무시할 수는 없다(성장 시 가정폭력을 경험한 경우 20%, 한국보건사회연구원, 1999).

5) 노인학대의 원인

노인학대 원인은 개인적 문제, 노인 부양 스트레스, 경제적 문제 등이 주요 원인으로 나타나고 있다.

개인적으로는 분노, 고집스러운 성격, 충동적·폭력적 성격 등의 내적 문제와 이혼, 재혼, 부부갈등, 실직 등의 외적 문제가 원인으로 작용하고 있다. 경제적으로는 학대행위자가 고정적 수입이 없고 노인에게 의존하고 있는 경우이다. 이 외에 과거에 학대받은 경험이나 학대행위자의 신체적 질환, 장애 등으로 노인에게 의존하는 경우도 그 원인이 되고 있다.

6) 신고 및 노출의 어려움

노인학대의 경우 아동이나 여성의 경우보다 사회적으로 노출되지 못하고 잘 드러나지 않는 경우가 많다. 가족은 신성불가침한 영역으로, 가정 내에서 발생한 일을 사적인 것으로 보는 사회적 관습은 다른 가정폭력 문제에 있어서도 마찬가지이다. 특히 노인의 경우는 더욱 심하며 희생자는 물론 가족이나 외부인도 노인학대에 대해 신고하기를 꺼린다.

피해자가 신고를 원하지 않는 이유는 ① 희생자들은 학대자에게 기본적인 생존을 의존하고 있고 보복이나 상황의 악화를 두려워하고 있으며, ② 학대자에 대한 사회적 비난을 원치 않고, ③ 가족에 대한 애정과 자식을 고발하는 데서 올 수 있는 죄의식과 두려움, ④ 시설로 입소될지도 모르는 데 대한 두려움과 지역사회로부터 가족의 위치가 위태롭게 되는 것에 대한 염려, ⑤ 가족문제는 사적인 일이라고 보는 가족적 생각에 의한다(Penhale, 1993).

노인학대가 사회적으로 드러나지 않는 또 다른 이유는 피해노인이 대부분 고립되어 있다는 점이다. 아동의 경우는 교사나 의사, 다른 성인들과 정기적으로 접촉하는 경우가 많으나 노인의 경우는 그렇지 않으며, 특히 많은 경우 심신이 의존상태에 있어 외부와 고립되기 쉽다. 경우에 따라서는 학대자에 의해 외부와의 접촉이 차단됨으로써 더욱 발견되기가 어렵다. 실제 구타의 자국들이 노화나 병, 넘어짐에 의한 것으로 간주되고, 노인의 주장을 노망이라고 처리하기도 한다.

04 노인학대의 현황

2004년 「노인복지법」의 개정으로 노인보호전문기관인 '노인학대예방센터'가 전국에 설치되어 노인학대 예방과 보호 등을 위한 사업을 전개하고 있다. 2021년 전국 37개 지역노인보호전문기관의 노인학대 상담사업 사례 현황 자료를 중심으로 분석된 보건복지부 '2021년도 노인학대 현황보고서'를 통해 현재 우리나라의 노인학대의 특성을 살펴본다.

❖ 학대 사례

2021년 노인학대 전체 사례 건수(신고)는 19,391건으로 전년 대비 14.2%(16,973건->19,391건) 증가하였다. 학대로 판정된 사례는 6,774건이며 전년 대비 8.2% 증가하였다. 재학대의 경우도 739건으로 전년대비 20.4% 증가하였다.

〈표 5-14〉 연도별 전체 신고·접수 건수 및 비율 (단위: 건, %)

구분	2017	2018	2019	2020	2021
전체 사례	13,309	15,483	16,071	16,973	19,381
증감률	10.8	163	3.8	5.6	14.2

〈표 5-15〉 연도별 재학대 건수 및 비율 (단위: 건, %)

구분		2017	2018	2019	2020	2021
학대 사례 건수		4,622	5,188	5,243	6,259	6,774
재학대	건수	359	488	500	614	739
	비율	7.8	9.4	9.5	9.8	10.9
증감률		44.2	35.9	2.5	22.8	20.4

❖ 신고자

학대신고자를 보면, 학대 사례 6,774건 중 신고의무자의 신고 · 접수율은 12.7%(860명), 비신고의무자의 신고율은 87.3%(5,914명)로 나타났다. 신고의무자 중에는 사회복지 전담공무원(4.8%)과 노인복지시설 및 노인복지 상담원(3.6%)이 가장 높았다(표 5-16).

비신고의무자 중에는 관련 기관이 70.8%로 가장 높았고, 다음으로 친족, 피해노인 본인이 높았다(표 5-17).

〈표 5-16〉 노인학대 신고자 유형(신고의무자) (단위: 건, %)

구분		건수	비율
신고의무자	의료인 및 의료기관의 장	23	0.3
	방문요양과 돌봄, 안전확인 등의 서비스 종사자	11	0.2
	노인복지시설 종사자 및 노인복지 상담원	246	3.6
	장애인복지시설(장애노인) 관련 종사자	4	0.1
	가정폭력 관련 종사자	70	1.0
	사회복지 전담공무원	326	4.8
	사회복지관, 부랑인 및 노숙인 보호시설 관련 종사자	10	0.1
	재가장기요양기관 종사자	–	–
	구급대 대원	7	0.1
	건강가정지원센터 종사자	–	–
	다문화가족지원센터 종사자	–	–
	국민건강보험 공단소속 및 요양직 직원	25	0.4
	지역보건의료기관의 장과 종사자	8	0.1
	노인복지시설설치 및 관리업무 담당 공무원	83	1.2
계		860	12.7

〈표 5-17〉 노인학대 신고자 유형(비신고의무자)

(단위: 명, %)

구분		건수	비율
비신고 의무자	피해노인	361	5.3
	학대자본인	8	0.1
	친족	549	8.1
	타인	197	2.9
	관련 기관	4,799	70.8
소계		5,914	87.3

❖ 학대피해노인

2021년 전국 노인보호전문기관에 신고·접수된 사례 중 학대 사례로 판정된 6,774건 중 남녀 성별로 살펴보면, 남성노인이 1,631건(14.1%), 여성노인은 5,143건(75.9%)으로 여성노인이 남성노인에 비해 3배 이상 높게 나타났다.

연령대별로 보면, 65~69세(21.1%), 70~74(22.2%), 75~79세(20.6%), 80~84세(18.7%)로 나타났으며, 70대 이상에서 학대피해가 많이 일어나고 있음을 알 수 있다.

〈표 5-18〉 학대피해노인 성별 연령 분포

(단위: 건, %)

피해자 성별	65~69세	70~74세	75~79세	80~84세	85~89세	90~94세	95~99세	100세 이상	계	
남성	303	347	350	342	206	69	13	1	1,631	
	18.6	21.3	21.5	21.0	12.6	4.2	0.8	0.1	100	14.1
여성	1,125	1,158	1,044	927	563	239	79	8	5,143	
	21.9	22.5	20.3	18.0	10.9	4.6	1.5	0.2	100	75.9
계	1,428	1,505	1,394	1,269	769	308	92	9	6,774	
	21.1	22.2	20.6	18.7	11.4	4.5	1.4	0.1	100	

학대피해노인의 가구형태를 보면 이전에는 자녀동거가 많았으나, 최근에는 노인부부만의 가구가 많아지고 있음을 볼 수 있다(그림 5-7). 학대피해노인이 학대행위자와 동거 중인 비율은 전체의 71.2%가 되고 있다. 그러나 따로 거주하더라도

부양의무자로서의 책임과 의무를 실행하지 않거나 비정기적으로 방문하여 학대가 이루어질 수 있는 부분도 간과할 수 없기 때문에 동거가 더 위험하다고 단언하기는 어렵다(표 5-19).

노인학대 사례 중 학대피해노인의 동거자 유형을 살펴보면, 배우자가 3,190명으로 45.2%를 차지하여 가장 높게 나타났으며, 다음으로는 아들이 1,979명(28.1%), 딸 585명(8.3%), 손자녀가 502명(8.3%)으로 나타났다(2021년 노인학대현황 보고서).

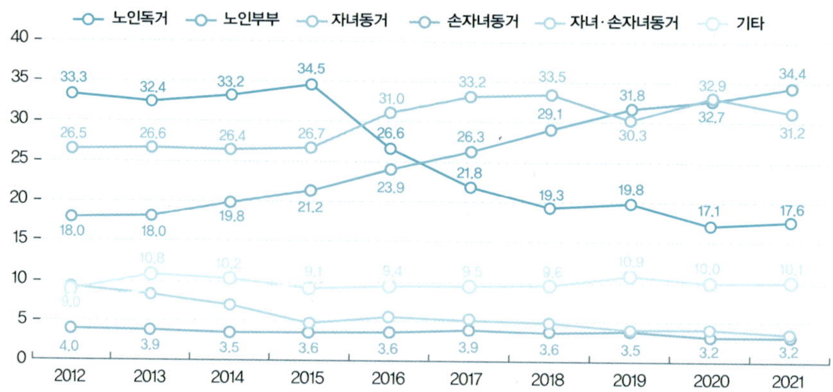

[그림 5-7] 연도별 학대피해노인 가구형태 비율 추이

〈표 5-19〉 학대행위자와의 동거 여부 (단위: 건, %)

동거	비동거	계
4,820	1,954	6,774
71.2	28.8	100

학대피해노인의 주거 형태를 살펴보면 본인 명의로 된 집에서 사는 학대피해노인이 4,309명(63.6%)으로 가장 높게 나타났고, 전세가 577명(8.5%), 월세가 532명(7.8%) 순으로 나타났다.

〈표 5-20〉 학대피해노인 주거 형태 (단위: 명, %)

자택	전세	월세	영구 임대	의료 시설	의료복지 시설	무상	주거복지 시설	주야간보호시설	기타	계
4,309	577	532	425	92	497	131	52	63	96	6,774
63.6	8.5	7.9	6.3	1.4	7.3	1.9	0.8	0.9	1.4	100

학대피해노인의 경제상황을 보면 국민기초생활 수급자가 1,165명(17.2%)으로 나타났다. 2021년 기준 65세 이상 노인 중 국민기초생활수급자 비율이 9.9%인 점을 감안하면, 경제적으로 어려운 노인들의 학대비율이 더 높음을 알 수 있다(표 5-21).

교육정도별로는 초졸(36.6%), 무학(24.8%)의 경우 학대피해노인이 많았다(표 5-22).

〈표 5-21〉 학대피해노인 국민기초생활보장 수급 현황 (단위: 명, %)

전체 학대피해노인	국민기초생활수급자
6,775	1,165
	17.2

〈표 5-22〉 학대피해노인 교육정도

무학	초졸	중졸	고졸	전문대졸이상	계
1,682	2,476	1,231	1,117	268	6,774
24.8	36.6	18.2	16.5	4	100

건강과 관련하여 학대피해노인 중 하나 이상의 장애를 가지고 있는 경우는 73명(전체의 11.6%)이며, 이 중 555명(88.4%)은 2개 이상의 장애를 가지고 있다. 장애 유형으로는 신체장애(60.4%)가 정신장애(39.6%)보다 많았으며, 가장 많은 장애 유형은 우울장애 178건(28.3%), 지체장애로 141건(22.5%)로 나타났다.

〈표 5-23〉 학대피해노인 장애 수

(단위: 명, %)

장애 수	건수	비율
1개	73	11.6
2개 이상	555	88.4
계	628	100

* 중복

〈표 5-24〉 학대피해노인 장애 유형

(단위: 건, %)

구분		건수	비율
신체장애	지체장애	141	22.5
	청각장애	100	15.9
	시각장애	66	10.5
	뇌병변장애	32	5.1
	신장장애	15	2.4
	언어장애	7	1.1
	심장장애	5	0.8
	호흡기장애	4	0.6
	간질장애	4	0.6
	장루·요루장애	3	0.5
	안면장애	2	0.3
	소계	379	60.4
정신장애	우울장애	178	28.3
	지적장애	32	5.1
	정신분열	30	4.8
	정동장애	9	1.4
	소계	249	39.6
계		628	100

* 중복

한편, 2021년 발생한 학대 사례의 학대피해노인 중 치매가 의심되거나 치매로 진단받은 사례는 총 1,699건으로 전체 학대 사례의 25.1%로 집계되었다. 이 중

607건(9.0%)은 치매의심이며 치매로 진단을 받은 치매진단은 1,092건(16.1%)으로 나타났다.

〈표 5-25〉 학대피해노인 치매 정도 (단위: 건, %)

전체 학대 사례	치매의심 (치매가 의심됨)	치매진단 (치매로 진단받음)	계
6,774	607	1,092	1,699
	9.0	16.1	25.1

〈표 5-26〉 학대피해노인 중독 유형 (단위: 건, %)

전체 학대 사례	알코올 사용 장애	약물 사용 장애	도박중독	계
6,774	94	1	3	98
	1.4	0.0	0.0	1.4

❖ 학대행위자

2021년 전체 학대행위자 8,423명 중 남성은 5,413명(64.3%)이며 여성은 3,010명(35.7%)으로 학대행위자는 여성에 비해 남성이 2.5배 많은 것으로 나타났다.

학대행위자의 연령은 50대 2,486명(29.5%), 70세 이상이 2,377명(28.2%), 40대 1,393명(16.5%) 으로 나타났다. 이를 성별에 따라 살펴보면 남성 학대행위자의 경우 70세 이상이 2,050건(37.9%)으로 가장 높았으나, 여성 학대행위자의 경우에는 50대가 1,291건(42.9%)으로 가장 높게 나타났다.

학대행위자의 연령대 중 가장 높은 비율을 차지하고 있는 70대 이상에서는 배우자가 가장 많았으며, 40대와 50대에서는 아들이 높게 나타났는데 이는 주 부양층인 40~50대 중 부양부담을 주로 안고 있는 아들에 의해 노인학대가 빈번히 발생하고 있음을 알 수 있다(보건복지부 2021 노인학대현황보고서).

〈표 5-27〉 학대행위자 성별 연령 분포 (단위: 명, %)

구분		10~19세	20~29세	30~39세	40~49세	50~59세	60~69세	70세 이상	계
남성		51	99	261	973	1,195	784	2,050	5,413
		0.9	1.8	4.8	18.0	22.1	14.5	37.9	100
여성		16	39	144	420	1,291	773	327	3,010
		0.5	1.3	4.8	14.0	42.9	25.7	10.9	100
계		67	138	405	1,393	2,486	1,557	2,377	8,423*
		0.8	1.6	4.8	16.5	29.5	18.5	28.2	100

* 학대피해노인은 1명이지만 2명 이상의 학대행위자가 발생할 수 있기 때문에 학대피해노인 수(6,774명)와 학대행위자(8,423명)는 차이가 있음

학대행위자와 피해노인과의 관계를 살펴보면 친족 관계인 경우가 68.7%로 가장 많았다. 친족 중에는 배우자가 29.1%, 아들 27.2%로 높은 비율을 보였다. 이는 2017년 조사에서 아들이 가장 많았던 것과 다르게 배우자가 높게 나타났으며, 노인부부만의 가구가 많아지고 있는 것과도 연관된다고 볼 수 있다.

친족이 아닌 경우는 노인복지시설이 24.9%, 타인 3%, 피해자 본인 2.4% 순으로 나타났다. 학대행위자가 본인인 경우는 자신을 돌보지 않거나 돌봄을 거부함으로써 노인의 생명이 위협받을 수 있는 자기방임 사례이다.

〈표 5-28〉 학대행위자와 학대피해노인과의 관계(중복) (단위: 명, %)

피해자 본인	친족							타인				기관			계
	배우자	아들	며느리	딸	사위	손자녀	친척	기타	동거인	이웃	친구	기타	노인복지시설	의료인	
204	2,455	2,287	119	627	42	172	90	105	66	83	3	45	2,095	30	8,423
2.4	29.1	27.2	1.4	7.4	0.5	2.0	1.1	1.2	0.8	1.0	0.0	0.5	24.9	0.4	100

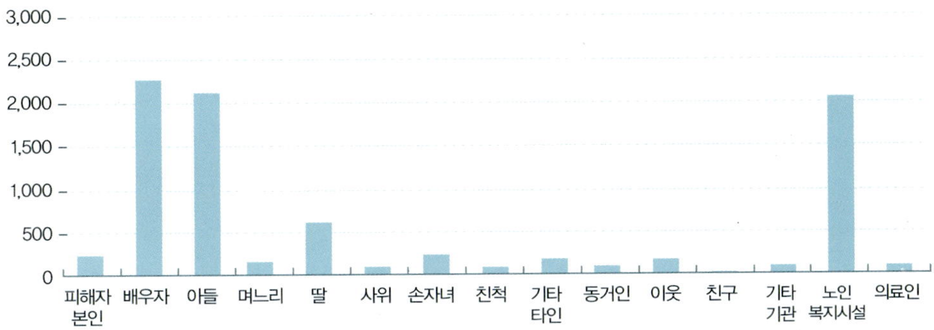

[그림 5-8] 학대행위자와 학대피해노인과의 관계

학대행위자의 교육 정도를 살펴보면 고졸이 4,075명으로 48.4%를 차지하여 가장 높게 나타났고, 전문대졸 이상이 1,732명으로 20.6%를 차지하여 그 뒤를 이었다. 중졸 이하는 1,092명(41.7%)으로 나타나 교육 정도와 상관없이 학대가 발생하고 있다.

〈표 5-29〉 학대행위자 교육 정도 (단위: 명, %)

무학	초졸	중졸	고졸	전문대졸 이상	계
495	1,029	1,092	4,075	1,732	8,423*
5.9	12.2	13.0	48.4	20.6	100

*학대피해노인은 1명이지만 2명 이상의 학대행위자가 발생할 수 있어 학대노인수와 차이 있음

학대행위자의 직업 유형은 무직이 4,582명(54.4%)으로 가장 높았고, 서비스·판매 종사자가 1,499명(17.8%), 단순노무 종사자가 698명(8.3%), 전문직이 600명(7.1%) 순으로 나타났다. 대체로 직업이 없거나 직업안정성이 떨어지는 직종에 종사하는 비율이 높아 경제적으로 불안정한 상태가 많은 반면, 전문직의 경우도 적지 않음을 볼 수 있다.

〈표 5-30〉 학대행위자 직업 유형 (단위: 명, %)

구 분	명수	비율
무직	4,582	54.4
서비스 · 판매 종사자	1,499	17.8
단순노무 종사자	698	8.3
전문직	600	7.1
사무 종사자	304	3.6
자영업자	237	2.8
농 · 어촌, 축산업 종사자	224	2.7
기술공 및 준전문가	127	1.5
공무원 · 고위 임직원 및 관리자	53	0.6
기능업 및 관련 기능 종사자	48	0.6
종교인	31	0.4
장치 · 기계조작원 및 조립원	20	0.2
계	8,423	100

학대행위자가 장애를 가진 경우는 정신장애가 71.9%로 신체징애 28.1% 보나 많았고, 정신장애중에 정신분열(32.6%)과 우울장애(21.6%)가 많았다.

〈표 5-31〉 학대행위자 장애 유형 (단위: 건, %)

구분		건수	비율
신체장애	지체장애	117	11.2
	청각장애	60	5.7
	시각장애	39	3.7
	뇌병변장애	35	3.3
	간질장애	16	1.5
	언어장애	8	0.8
	호흡기장애	7	0.7
	신장장애	5	0.5
	간장애	3	0.3
	심장장애	3	0.3
	장루 · 요루장애	2	0.2
	소계	295	28.1

구분		건수	비율
정신장애	정신분열	342	32.6
	우울장애	227	21.6
	지적장애	92	8.8
	정동장애	49	4.7
	반사회적 인격장애	38	3.6
	자폐성장애	6	0.6
	소계	754	71.9
계		1,049	100

* 학대 결과로서 장애 판정 유무는 확인이 어려우며, 장애인 등급판정을 받거나 현장조사 시 장애가 의심되는 대상자도 포함.

학대행위자의 중독에 대해 살펴보면, 학대행위자의 14.5%가 중독유형에 해당되었고, 이 중 알코올 사용 장애가 1,158명(13.7%)으로 가장 많았고, 도박중독은 30명(0.4%), 약물 사용 장애 36명(0.4%)으로 나타났다.

〈표 5-32〉 학대행위자 중독 유형 (단위: 명, %)

전체 학대행위자	도박중독	알코올 사용 장애	약물 사용 장애	계
8,423	30	1,158	36	1,224
	0.4	13.7	0.4	14.5

❖ 학대 유형

학대피해노인의 과반 이상이 중복학대를 경험하고 있으며, 유형별(중복집계)로는 정서적 학대가 4,627건(43.6%)으로 가장 높았으며, 그다음으로 신체적 학대가 4,390건(41.3%), 방임이 691건(6.5%)을 차지하였다. 이 세 유형의 학대가 전체 학대유형의 90%를 넘어 노인학대의 대부분을 차지하고 있다.

〈표 5-33〉 노인학대 유형(학대 유형 건수) (단위: 건, %)

신체적 학대	정서적 학대	성적 학대	경제적 학대	방임	자기방임	유기	계
4,390	4,627	260	406	691	204	46	10,624*
41.3	43.6	2.4	3.8	6.5	1.9	0.4	100

* 중복

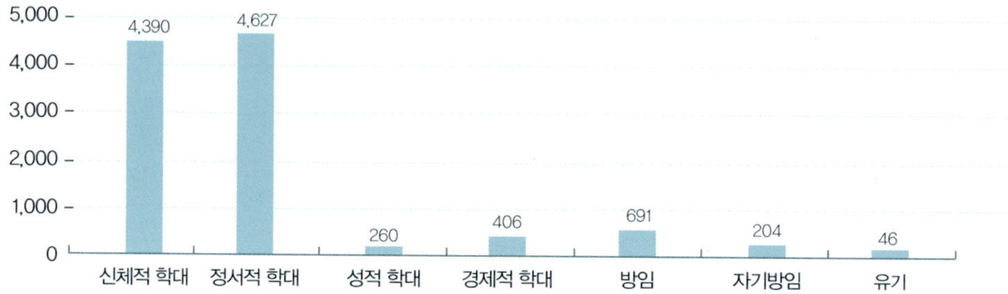

[그림 5-9] 노인학대 유형건수(중복)

노인학대 유형의 구체적인 행위를 보면, 정서적 학대의 경우 '노인을 위협·협박하는 언어적 표현이나 감정을 상하게 하는 행동을 한다'가 가장 많았고 신체적 학대의 경우, '노인을 폭행한다'가 30.6%로 가장 높았으며, 방임의 경우는 '거동이 불편한 노인의 의식주 등 일상생활 관련 보호를 제공하지 않는다'가 높게 나타났다.

〈표 5-34〉 노인학대 유형별 구체적 행위 (단위: 건, %)

구분	학대 유형별 구체적 행위	건수	비율
신체적 학대	노인을 제한된 공간에 강제로 가두거나 노인의 거주지 출입을 제한한다.	116	1.1
	노인을 폭행한다.	3,252	30.6
	노인의 신체를 강제로 억압한다.	4	0.0
	노인의 신체를 구속하거나 제한된 공간에 가둔다.	124	1.2
	노인의 신체적 생존을 위협할 수 있는 행위를 한다.	20	0.2
	노인이 원하지 않거나 수행하기 어려운 노동을 하게 한다.	12	0.1
	신체적 해를 가져올 위험성이 큰 행위로 노인을 협박하거나 위협한다.	857	8.1
	약물을 사용하여 노인의 신체를 통제하거나 생명을 저해한다.	5	0.0
	소계	4,390	41.3

구분	학대 유형별 구체적 행위	건수	비율
정서적 학대	노인과 관련된 결정사항에 대한 의사결정 과정에서 소외시킨다.	24	0.2
	노인과의 접촉을 기피한다.	266	2.5
	노인에게 위협적인 언행을 한다.	34	0.3
	노인을 무시하거나 기피한다.	11	0.1
	노인에게 위협 협박하는 언어적 표현이나 감정을 상하게 하는 행동을 한다.	4,034	38.0
	노인의 감정을 상하게 하는 언행을 한다.	42	0.4
	노인의 사생활과 입·퇴소와 관련한 의사결정권을 제한한다.	11	0.1
	노인의 사회관계 유지를 방해한다.	205	1.9
	소계	4,627	43.6
성적 학대	노인에게 성적 수치심을 주는 표현이나 행동을 한다.	205	1.9
	노인에게 성폭력을 행한다.	55	0.5
	소계	260	2.4
경제적 학대	노인의 소득 및 재산, 임금을 가로채거나 임의로 사용한다.	281	2.6
	노인의 재산 사용 또는 관리에 대한 결정을 통제한다.	96	0.9
	노인의 재산에 관한 법률적 권리를 침해하는 행위를 한다.	29	0.3
	소계	406	3.8
방임	거동이 불편한 노인의 의식주 등 일상생활 관련 보호를 제공하지 않는다.	225	2.1
	경제적 능력이 없는 노인의 생존을 위한 경제적인 보호를 제공하지 않는다.	57	0.5
	노인에게 의료적 처치 및 보호를 소홀히 한다.	98	0.9
	노인을 부적절한 환경에서 생활하도록 방치한다.	150	1.4
	노인의 일상생활 관련 보호 및 서비스를 방치한다.	70	0.7
	의료 관련 욕구가 있는 노인에게 의료적 보호를 제공하지 않는다.	82	0.8
	자기방임 노인을 방치한다.	1	0.0
	학대 사례를 방치하거나 신고하지 않는다.	8	0.1
	소계	691	6.5
자기 방임	자신을 돌보지 않거나 돌봄을 거부함으로써 노인의 생명에 위협을 받는다.	204	1.9
	소계	204	1.9
유기	노인을 유기한다.	46	0.4
	소계	46	0.4
계		10,624	100

* 중복

❖ 학대장소 , 빈도, 지속기간

노인학대 발생 장소로는 가정 내에서 발생한 학대건수가 5,962건으로 총 학대건수 6,774건 중 88%로 가장 높은 비율을 보였다. 생활시설의 경우는 노인의료복지시설이 497건(7.3%)으로 가장 높았으며, 이용시설의 경우는 재가노인복지시설이 86건(1.3%)으로 높게 나타났다.

〈표 5-35〉 학대피해노인 학대발생장소 (단위: 건, %)

가정 내	생활시설		이용시설		병원		공공장소	기타	계
	노인의료복지시설	노인주거복지시설	노인여가복지시설	재가노인복지시설	요양병원	일반병원			
5,962	497	39	1	86	59	3	54	73	6,774
88.0	7.3	0.6	0.0	1.3	0.9	0.0	0.8	1.1	100

학대발생빈도를 보면, 1개월에 한 번 이상 학대가 발생한 경우가 1,883건(27.8%)으로 가장 높았고, 1주일에 한 번 이상 학대가 발생한 경우가 1,701건(25.1%)으로 두 번째를 차지하였다. 매일 학대를 당한다는 응답도 730건(10.8%)으로 나타나 많은 노인학대가 지속적이고 반복적으로 발생되고 있음을 알 수 있다.

〈표 5-36〉 학대발생빈도 (단위: 건, %)

매일	1주일에 한 번 이상	1개월에 한 번 이상	3개월에 한 번 이상	6개월에 한 번 이상	일회성	계
730	1,701	1,883	750	543	1,167	6,774
10.8	25.1	27.8	11.1	8	17.2	100

학대지속기간은 최초 학대가 발생한 시점부터 현재까지의 지속기간을 말하며, 학대지속기간이 1년 이상인 경우가 전체의 64%로 학대피해노인들이 장기간 학대에 노출되고 있음을 알 수 있다.

〈표 5-37〉 학대지속기간

(단위: 건, %)

1개월 미만	1개월 이상 1년 미만	1년 이상 5년 미만	5년 이상	일회성	계
216	1,143	2,025	2,282	1,108	6,774
3.2	16.9	29.9	33.7	16.4	100

❖ 학대발생원인

학대발생원인은 크게 학대행위자 원인과 가족·환경 원인, 피해자 원인으로 분류된다. 학대행위자 원인은 학대행위자 측면에서의 발생원인을 의미하며, 여기에는 신체적 의존성, 정신적 의존성, 경제적 의존성, 개인의 내적 문제(성격문제로 분노, 고집스러운 성격, 자신감 결여, 지나친 경계, 사회적 반응의 결핍, 적대적 행위, 충동적 성격, 폭력적 성격, 사회적 고립, 정서적 욕구불만 등이 포함), 개인의 외적 문제[이혼, 재혼, 부부갈등, 스트레스(부양부담 스트레스 제외) 실직 등]로 나누어 볼 수 있다.

학대행위자 원인의 12,784건 중 개인의 내적 문제가 4,620건(36.1%), 개인의 외적 문제가 2,340건(18.3%) 순으로 나타나 학대행위자 개인의 내적·외적 특성으로 인한 원인이 52%로 과반 이상을 차지하였다. 그 외 알코올 및 약물 사용 장애가 1,632건(12.8%), 정신적 의존성 1,537건(12.0%), 경제적 의존성 1,254건(9.8%) 순으로 높았다.

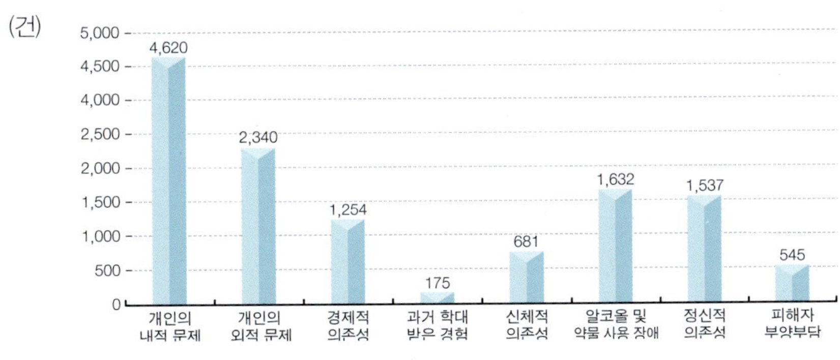

[그림 5-10] 학대행위자의 원인

한편, 가족·환경적 측면에서의 원인으로는, 학대피해노인–학대행위자 갈등, 가족 구성원 간의 갈등(자녀 간, 형제 간, 친족 간), 가족의 경제적 어려움 등이 해당된다. 학대피해노인·학대행위자 갈등은 학대피해노인과 학대행위자 두 사람 사이의 갈등을 의미하며, 가족구성원 간의 갈등은 부모부양 문제, 재산 문제 등으로 학대피해노인과 자녀 간, 형제 간, 친족 간의 갈등 등 여러 사람 간 갈등을 의미한다. 가족의 경제적 어려움은 학대피해노인의 부양문제로 인한 부양가족들의 경제적 어려움을 의미한다. 학대발생 6,998건 중 피해자·학대행위자 갈등이 4,645(66.4%)으로 가장 높은 비율을 차지하였으며, 가족구성원과의 갈등이 1,616건(23.1%)으로 그 뒤를 이었다. 이는 가족 내 갈등이 학대발생의 주 원인으로 작용한다는 점을 알 수 있다. 가족의 경제적 어려움은 737건(10.5%)으로 나타났다.

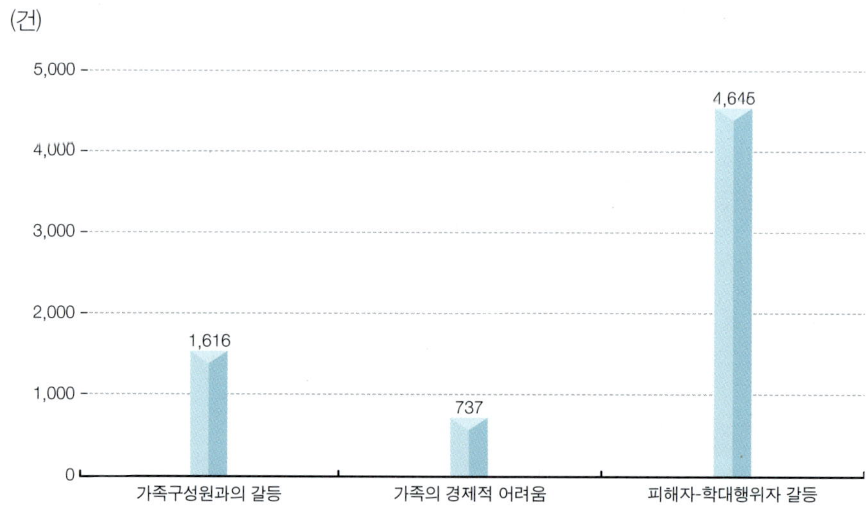

[그림 5–11] 가족·환경 원인

05 노인학대예방 및 대책

1) 현행 법적 조치

노인학대는 그동안 1997년 제정된 「가정폭력범죄의 처벌 등에 관한 특례법」과 「가정폭력방지 및 피해자보호 등에 관한 법률」에 의해 가정폭력의 하나로 다루어져 왔다. 점차 노인학대가 사회문제화되면서 민간단체를 중심으로 노인학대 상담 활동이 시작되었고 2002년 12월 사회복지공동모금회의 지원으로 민간의 '노인학대상담센터'가 활발하게 운영되기에 이르렀고 2004년 1월 「노인복지법」 개정에 의해 법적 장치가 마련되었고, 여러 차례의 법 개정을 통해 노인학대에 대한 법적 장치가 정비되었다. 특히 노인의 인권보호와 노인학대 예방을 위해 노인보호전문기관이 운영되고 있으며, 2021년 현재 17개 광역시·도, 1개의 중앙노인보호전문기관, 37개의 지역노인보호전문기관이 설치되어 운영되고 있다.

❖ 「노인복지법」에서 규정하고 있는 노인학대에 관한 주요 내용(「노인복지법」 제39조)

① 노인학대 등에 관한 용어 규정(제1조의2)

② 긴급전화 설치(제39조의4)

③ 노인보호전문기관 설치(제39조의5)

④ 노인학대 신고 의무 및 조치

- 누구든지 노인학대를 알게 된 때에는 이를 노인보호전문기관 또는 수사기관에 신고할 수 있도록 하고 직무상 노인학대를 알게 된 일정한 자에게는 신고를 의무화함(제39조의6)
- 노인학대 신고를 접수한 노인보호전문기관의 직원이나 사법경찰관리는 현장 출동 등 응급조치를 하도록 하고 필요하다고 인정할 때에는 관계공무원 등이 조사를 할 수 있도록 함(제39조의7)

⑥ 노인학대 처벌

- 노인학대행위에 해당하는 일정한 행위를 금지하고 이를 위반하는 경우 그 행위유형에 따라 처벌하도록 함(제39조의9)

⑦ 비밀누설 금지

- 학대노인보호와 관련한 업무에 종사하였거나 종사하는 자는 직무상 알게 된 비밀을 누설하지 못하도록 하고 이를 위반하는 자에 대하여는 1년 이하의 징역 또는 1천만 원 이하의 벌금에 처하도록 함(제39조의12)

⑧ 피해노인보호를 위한 전용쉼터 설치

- 피해를 입은 노인을 일정 기간 보호하고 심신 치유 프로그램을 제공하도록 학대피해노인 전용쉼터를 설치할 수 있도록 함(2017년 신설, 법 제39조의19)

이러한 법적 근거에 의해 노인학대의 신고와 상담이 24시간 가능한 긴급전화(1389)가 설치되었고, 노인학대 예방, 홍보 및 학대받은 노인의 발견, 상담, 보호 등을 담당하는 노인보호전문기관(노인학대예방센터)이 전국적으로 설치되어 있으며, 학대피해노인의 전용쉼터(2021년 19개)가 설치되어 피해노인의 일시보호 및 심리치유 프로그램 등을 제공하고 있다.

2) 사회복지적 과제

노인학대에 대한 법적·제도적 장치가 마련되어 노인학대에 대한 보호와 처벌이 가능하게 되었지만 노인학대를 근본적으로 예방하기 위한 다각적인 사회적 노력이 필요하다.

무엇보다도 먼저 노인학대를 개인의 문제 또는 가족의 문제로 인식하여 방치하지 말고 사회문제로 인식하여 국가 사회적인 차원에서 노인과 가족을 위한 법적·제도적·사회서비스적인 지원체계가 강화되어야 한다.

노인 개인에 대한 접근에서는 노인의 의존성이 학대의 주요 원인이 되고 있음을 볼 때 노인의 의존성을 줄이고 자립생활을 증진시키기 위한 체계적인 노인소득보장, 의료보장, 고용보장 등의 노인복지정책의 정비가 필요하다.

가족을 위한 접근에서는 특히 노인을 부양하는 가족에 대한 지원이 필요한데, 학대자의 대부분이 가족, 특히 옆에서 돌보는 가족임을 볼 때 이들이 겪는 개인적인 문제, 부양부담 문제에 대한 사회적 대책이 필요하다. 치매, 중풍 등 상시 보살핌을 받아야 하는 노인들이 증가하고 있는 시점에서 실질적으로 수발 부담을 감소시킬 수 있는 노인장기요양정책의 충실한 기반 구축이 필요하다.

또한, 노인과 동거하는 가족이 노년기 특성 및 노인의 심리적 특성에 대해서 이해할 수 있는 교육적 지원이 필요하며, 가해자의 개인적 특성으로 인하여 노인학대가 일어나는 경우에 대해서는 가족상담이나 가족치료 프로그램을 통해 문제를 해결해 나갈 수 있는 가족지원서비스가 제공되어야 하며, 직업이 없거나 경제적 곤란에 대해서는 이에 대한 사회복지적 서비스를 연결하여 문제를 해결해 갈 수 있는 다각적 접근방법이 필요하다.

궁극적으로 우리 사회가 노인학대를 예방하고 우리나라의 경로효친의 전통적인 미풍양속을 지속하기 위해서는 경로효친 사상을 증진시킬 수 있는 다양한 프로그램 개발 보급과 더불어 학교교육을 통해 노인을 이해하고 공경하는 프로그램을 확대해야 한다. 이를 바탕으로 피해노인과 가족을 위한 법적, 제도적, 사회서비스적인 지원체계가 마련되어야 하며, 이러한 지원체계들이 연계성을 갖고 구축되어야 할 것이다. 다시 말하면 국가적, 사회적 차원의 종합적인 노력과 노인 개인과 가족의 대처 노력이 서로 조화되고 보완될 때 다가오는 고령사회에서 노인학대 문제가 더 이상 증가하지 않게 될 것이다.

PART 06

노년기의 사회참여

CHAPTER 01

노인과 여가

01 노인과 여가

노후생활은 곧 여가생활이라고도 할 수 있다. 직장에서 혹은 일에서 물러난 노인들은 매일매일의 생활이 곧 여가라고 할 수 있다. 여가는 일의 반대 개념으로 강제성과 의무성이 적고 자유로운 휴식의 개념을 갖는다. 일반적으로 젊은이들이 더 많은 여가를 즐기고 싶어 하는 것과는 달리 노년기의 여가는 그 생활 자체라고 할 수 있다. 따라서 여가를 어떻게 보내느냐가 노후생활에 있어 중요한 문제이며, 그것이 또 하나의 고통이 될 수 있다.

우리나라 노인은 서구 노인에 비해 일반적으로 경제적 조건이나 건강상태가 열악하고, 여가에 대한 교육, 경험 등 사회화가 부족했기 때문에 여가활동이 다양하지 못하고 참여도가 낮다고 보고되고 있다. 그러나 최근 평균수명의 연장과 노인인구의 증가, 경제적 여건 및 건강수준이 향상됨에 따라 여가활동에 대한 욕구도 양적, 질적으로 높아지고 있다.

노년기의 외로움, 소외감, 무위의 고통을 없애고 보다 행복한 노후를 보내기 위해서는 노인 자신의 노년기 여가에 대한 개인적 준비는 물론 사회적 관심과 지원이 필요하다.

02 여가의 개념

일반적으로 여가는 크게 두 가지 개념으로 설명한다. 하나는 창조적 여가(recreation)로 피로와 스트레스 등을 풀어 내일을 위한 에너지를 충전하는 것이며, 다른 하나는 오락(leisure)의 개념으로 즐거운 시간을 보내는 것이다(최순남, 1999).

Kaplan(1961)은 여가에 대해 다음과 같이 설명하고 있다.

① 경제적 활동과 반대되는 것
② 기대와 즐거움을 가지고 할 수 있는 것
③ 자발적이며 의무성이 최소화된 것
④ 심리적으로 자유를 느끼는 것
⑤ 사회적·문화적 가치에 위배되지 않는 것
⑥ 중요성과 관심의 정도가 다양한 것
⑦ 가끔 놀이의 요소를 포함하고 있는 것

즉, 여가란 경제적인 소득을 목적으로 하거나 사회적으로 의무감에서 하는 활동이 아니며, 자발적으로 선택하여 자유와 즐거움을 느낄 수 있는 활동이라고 할 수 있다.

노년기의 여가는 생활과 여가를 분리하기보다는 생활 자체를 여가의 개념에 포함시킬 수 있다. 손자 돌보기, 요리, 친지 초대, 친구와 교제, 교회활동, 지역봉사활동, 취미활동 등 노후의 여러 가지 활동이 노년기의 여가활동이 될 수 있는데, 의무감으로 작용할 때는 일이 될 수 있고 즐거운 역할이 될 때는 여가생활이 될 수 있다. 즉, 어떤 활동이든 노인 자신이 원하고 즐겁게 할 수 있는 일이라면 여가활동의 하나로 볼 수 있다.

03 여가활동의 중요성

노인의 경제수준이 향상되고 수명이 연장됨에 따라 노년기를 보다 만족스럽게 보내기 위한 노인의 여가생활에 대한 욕구도 크게 증가하고 있으나, 빈곤, 질병 문제에 비해 그 중요성에 대한 사회적 인식은 크게 부족한 편이다. 그러나 노년기의 여가는 바로 노인의 생활 자체로서 고독과 소외, 무위감의 고통에서 벗어나 보람되고 만족스러운 노후생활을 영위하는 데 불가결한 요소이며, 삶의 의욕에 관여하여 노인의 생존과도 직결되는 문제로, 노년기의 중요한 욕구 중의 하나이다.

Kaplan(1961)은 노년기의 여가활동이 다음과 같은 노인의 욕구를 충족시킬 수 있다고 하였다.

① 사회적으로 유용한 서비스를 제공하려는 욕구
② 지역사회의 일원으로 인정받고 싶은 욕구
③ 여가시간을 만족스럽게 사용하려는 욕구
④ 정상적인 동반자적 관계를 가지려는 욕구
⑤ 개인으로서 인정받고 싶은 욕구
⑥ 자기표현과 성취감의 기회를 가지려는 욕구
⑦ 건강을 유지하고 보호하려는 욕구
⑧ 적절한 정신적 자극을 가지려는 욕구
⑨ 적절한 주거 조건과 가족관계를 갖고 싶은 욕구
⑩ 영적으로 만족감을 얻으려는 욕구

한편, Leitner(1985)는 노인의 여가활동의 유용성을 다음과 같이 설명하고 있다.

① 건강 증진
② 사회적인 접촉과 사귐의 기회 증진
③ 신체적·정신적 자신감의 증진
④ 사기와 생활만족도의 증진
⑤ 자기 가치성과 자기 유용감의 확대
⑥ 자립성의 향상
⑦ 재미있고 즐거운 삶을 위해

즉, 노년기의 여가생활은 사회와 가족에서 역할상실과 소외에서 벗어나 자신감과 자긍심을 주고 지역사회의 한 구성원으로서 인정받을 수 있는 새로운 역할을 부여하며, 자아실현의 기회를 제공한다고 할 수 있다.

따라서 노인의 적극적인 여가활동은 개인적으로는 신체 및 정신건강, 삶의 만족감, 심리적 안정 등을 얻을 수 있고, 사회적으로는 노인에 대한 긍정적 이미지를 확립시키고 노인의 지역사회 내 통합 등 긍정적인 효과를 기대할 수 있다(모선희, 2000).

04 여가활동의 유형

노인의 여가활동의 유형은 개인의 연령, 교육 정도, 건강상태, 경제적 수준, 성격, 생활습관, 삶의 목적 등에 따라 다양하다. 따라서 노인여가 유형에 대해 다양한 관점에서 설명되고 있는데, Kaplan(1960)은 여가를 가치지향에 따라 ① 사교활동, ② 조직활동, ③ 게임, ④ 예술, ⑤ 이동활동, ⑥ 비이동활동으로 분류하였다.

Gordon 외(1976)는 여가활동의 형태를 표현적 관여 정도에 따라 다섯 가지 유형으로 분류하였다.

① 긴장해소 및 단독활동: 혼자서 조용한 휴식이나 수면을 취한다.

② 기분전환활동: 사교적 활동을 좋아하고 미술, 음악 등 예술활동에 관심을 보이고 TV 및 라디오 등 대중매체에 흥미가 있고 취미, 오락, 독서, 경기관람 등에 관심이 많다.

③ 발전적 활동: 신체적, 지적으로 능동적 활동을 추구하는 형으로, 개인운동, 학습활동, 예술활동에 관심을 보이고 관광, 여행, 정치나 단체활동에 관심이 있다.

④ 창조적 활동: 미술, 음악, 문학 등 창작 활동에 관심이 많고 집수리, 꾸미기, 음악회, 전람회 등에 관심이 많다.

⑤ 감각적 쾌락활동: 생리적 욕구에 관심이 많고 감각적 쾌락을 추구, 종교적 무아지경, 사냥, 공격적 행위, 격정적인 춤, 경쟁적 운동경기 등으로 표현되기도 한다.

Gordon의 연구에 의하면 연령이 증가할수록 여가시간은 많아지지만 여가활동의 범위는 적어지고 움직이는 활동보다는 앉아서 하는 활동이 증가하였고, 가정외적 활동보다 가정 내적 활동이 증가하는 경향을 볼 수 있다.

긴장해소형은 연령이 증감함에 따라 크게 증가하였고, 기분전환활동은 연령증가에 따라 상당히 감소하는 경향을 보였다. 발전적인 활동에의 참여는 약간씩 감소하는 경향을 보였으며, 창의적 활동은 남자의 경우 감소하는 경향을 보인 반면 여성의 경우 큰 차이가 없었으며, 감각적 쾌락추구 활동의 참여는 상당한 정도 감소하였다. 특히, 긴장해소형과 창의적 활동에는 여성이 높은 경향을 보였고 기분전환, 발전적 활동, 감각적 쾌락활동에서는 남자가 높은 경향을 보였다.

다카하시(高橋絞士, 1984)는 노인의 여가 유형을 가정중심의 활동과 가정 밖에서의 활동으로 나누어 다음과 같이 분류하였다(최순남, 1999).

① 단독충실형: 서예, 음악감상, 다도 등 혼자서 할 수 있는 활동

② 가족충실형: 정원 손질, 집수리나 꾸미기, 가족과 외출 등

③ 우인교류형: 친구와 교류 및 대화, 관혼상제에 적극 참여 등

④ 독서형: 독서, 신문 스크랩, 글쓰기, 문헌수집 등
⑤ 사회참여형: 동창회, 향우회, 친목회 등 참여

노인의 여가에 대한 연구들에 의하면, 교외에 거주하는 노인의 경우 가족과의 대화, TV나 라디오 시청, 정원 손질, 집 근처 산책, 독서 등으로 시간을 보내는 경우가 많았고, 도심에 거주하는 노인의 경우는 먼 거리에 있는 관광지를 돌아보거나 대화를 나누는 등 교외거주 노인보다 활동 범위가 넓고 빈번함을 보여 주었다(Haivghurst, 1973).

또한, 연령이 증가할수록 가정 외적 활동보다 가정 내적 활동이 증가하는 경향이 있는데, 가정중심의 여가활동의 경우는 가사, 손자녀 양육 등 노인들이 아직도 가정에서 많은 역할이 있는 경우, 자녀와 뜻이 맞아 이야기 동무가 되어 굳이 외출할 필요가 없는 경우, 외출은 하고 싶지만 별로 갈 곳이 없거나 외출하면 돈이 필요하기 때문에 집에 있는 경우, 고령으로 몸이 쇠약하여 외출하기가 어려운 경우 등이다(고정자, 2001).

05 여가활동에 미치는 요인

노년기의 신체적·정신적·사회적 변화는 여가활동의 양과 내용에 많은 영향을 미친다. 노년기의 여가활동에 변화를 가져오는 요인으로는 다음과 같은 점을 들 수 있다(최성재·장인협, 2003).

① 자녀들의 성장 혹은 독립 정도
② 퇴직상태
③ 경제적 사정
④ 건강상태

⑤ 여가의 사회화 정도
⑥ 개인생활목표의 다양성
⑦ 주거환경

자녀가 독립한 상태의 경우는 부모의 역할을 대신하여 새로운 역할이나 활동에 보다 관심을 갖게 되고 지금까지 시간적 여유가 없어서 하지 못했던 활동도 할 수 있게 된다. 특히, 퇴직은 의무적인 일에서 벗어나 자유로이 활동할 수 있는 시간이 많아지므로 여가활동의 양에 큰 영향을 미친다. 경제적 사정은 여가활동의 유형과 양에 큰 영향을 미치는데, 우리나라의 많은 노인의 경우 경제적 어려움으로 다양한 여가를 즐기지 못하는 경우가 많다. 개인의 생활목표의 다양성도 여가활동에 영향을 미치는데, 생활목표가 다양하고, 사회적 지위가 높으며 건강이 좋고, 경제적 사정이 좋을수록 다양한 여가활동에 참여함을 볼 수 있다.

이외에 노인들이 많이 살고 있는가, 혹은 노인여가시설이 가까이 있는가, 노인시설에 입소된 상태인가 등 환경적 요인도 노인여가활동에 미치는 영향이 크다.

사례

노년기에 정기적으로 영화, 연극을 보는 등 문화생활을 하면 우울증 위험이 낮아진다는 연구 결과가 나왔다.
영국 런던 대학교 연구팀은 우울증이 없는 2,148명의 노인을 대상으로 노인의 문화생활과 우울증 발병 위험의 상관관계를 연구했다. 연구팀은 참가자의 문화활동 참여 빈도(영화, 연극, 박물관, 전시회 등 포함)를 조사하고 10년 동안 추적해 우울증 발병 위험을 살폈다. 그 결과, 2~4 개월에 한 번 영화, 연극, 전시회를 본 참가자는 우울증에 걸릴 위험이 32% 낮았다. 한 달에 한 번 이상 영화, 연극 등을 본 참가자는 우울증 위험이 48% 낮았다. 이는 참가자의 나이, 성별, 건강상태, 교육수준, 운동수준의 차이를 고려한 결과다. 또한, 친구나 가족과의 만남, 사교활동 참여 여부와도 별개로 효과가 있는 것으로 나타났다. 연구팀은 문화생활을 하면 사회적인 상호 작용, 창의력, 정신적인 자극, 신체활동이 함께 영향을 미쳐 우울증 발병 위험을 낮추는 것으로 분석했다. 연구를 이끈 데이지 판코트 박사는 "사람들은 매일 운동하는 것이 신체적 정신적 좋다는 것은 알지만 문화생활에도 비슷한 효과가 있다는 것을 모른다"라며 "문화생활에는 즐거움을 얻는 것 이상의 효과가 있다는 것을 인식해야 한다"라고 말했다.

출처: http://health.chosun.com/site/data/html_dir/2018/12/14/2018121401184.html.

06 여가활동의 현황

통계청 조사에 의하면, 2021년 65세 이상 인구의 주중·주말의 여가활동은 대부분 TV,동영상 시청과 휴식활동으로 여가시간을 활용하는 것으로 나타났다. 앞으로 시간적·경제적 여유가 생긴다면 하고 싶은 여가활동으로 가장 많은 것은 관광활동(61.2%), 문화예술관람(35.7%), 취미나 자기개발 활동(31.4%)으로 나타났다.

본인의 여가활동에 대해 만족하는 노인은 17.2%, 불만족이 27.5%로 나타났고 불만족 이유로는 경제적 부담이 가장 많았다. 바람직한 노인여가생활의 발전을 위해서는 경제적부담을 줄일 수 있는 방안이 필요하다고 할 수 있다(표 6-2).

〈표 6-1〉 여가활동(65세 이상, 복수응답) (단위: %)

	동영상, 콘텐츠 시청[1]	문화예술 관람	문화예술 활동	스포츠 관람	스포츠 활동	관광 활동	컴퓨터 게임, 인터넷 등	취미, 자기 개발 활동	휴식	사회활동 (종교,봉사)	기타
주중	90.8	2.2	1.9	1.2	12.9	1.4	9.3	15.8	77.1	9.8	0.6
주말	88.3	2.4	1.8	1.1	12.7	2.5	7.5	15.0	77.5	14.2	0.7
하고 싶은 활동	28.2	35.7	12.1	11.5	12.9	61.2	2.8	31.4	40.1	25.5	0.4

주 1) 'TV 및 DVD시청'임

자료: 통계청(2021), 「사회조사」.

〈표 6-2〉 여가 활용 만족 및 불만족 현황[1]

(단위: %)

구분	만족[2]	보통	불만족[3]	불만족 사유						
				경제적 부담	시간 부족	건강, 체력 부족	적당한 취미가 없어서	여가시설 부족	즐길 사람이 없어서	기타
2021년 전체	27.0	49.4	23.6	46.1	19.3	10.4	5.3	1.6	1.3	
65세 이상	17.2	55.3	27.5	43.8	4.9	33.3	5.0	2.4	2.4	

주 1) 13세 이상 인구 기준 조사

2) 만족은 '매우 만족', '약간 만족'의 합계치

3) 불만족은 '매우 불만족', '약간 불만족'의 합계치

자료: 통계청(2021), 「사회조사」.

문화, 예술 등을 관람하는 노인들이 점차 증가하고 있는데, 2021년 지난 1년간 공연, 전시 및 스포츠를 한 번이라도 관람한 노인은 7% 정도로 나타났고 그중에는 영화관람(55%)이 가장 많았으며, 그다음으로 스포츠(27.6), 박물관(20.8%), 음악 연주회(18.8%) 등의 순으로 나타났다.

〈표 6-3〉 문화예술 및 스포츠 관람(65세 이상, 복수응답)

(단위: %)

구분	관람함[1]	음악 연주회	연극 마당극 뮤지컬	무용	영화	박물관	미술관	스포츠	기타
2021 전연령	24.1	12.3	12.1	1.6	67.7	18.0	19.3	21.0	0.1
65세이상	7.4	18.8	7.5	3.0	55.0	20.8	15.4	27.6	-

주 1) 지난 1년간 공연, 전시 및 스포츠를 한 번이라도 관람한 사람의 비율

자료: 통계청(2021), 「사회조사」.

노인의 여가활동의 상대를 보면, 주로 가족과 함께 여가활동을 하는 사람이 주중(48.5%)과 주말(56.3%) 모두 가장 많았고, 그 다음으로는 혼자서 하는 사람이 많았다.

〈표 6-4〉 여가활동 함께하는 사람(65세 이상)

(단위: %)

구분	계	가족과 함께	친구와 함께	동호회 활동을 통해서	혼자서	직장동료와 함께	기타
주중	100.0	48.5	8.9	2.6	39.0	0.7	0.3
주말	100.0	56.3	8.1	5.7	29.6	0.3	0.1

자료: 통계청(2021). 「사회조사」.

한편, 계, 동창회 등의 각종 단체에 참여하고 있는 노인은 28.7%로 감소하였는데(코로나19 영향), 단체활동으로는 친목, 사교단체활동과 종교단체의 활동이 많았다.

〈표 6-5〉 단체활동(65세 이상)

(단위: %)

구분	참여자[1]	소계	친목 및 사교단체	종교단체	취미, 스포츠 및 여가활용 단체	시민사회 단체	지역사회 모임	기타[2]
2015	40.0	100.0	57.4	24.5	6.4	2.6	7.9	1.2
2017	42.9	100.0	56.5	26.2	8.0	2.5	5.8	1.1
2021	28.7	100.0	55.8	43.0	33.3	7.5	11.5	3.0

주 1) 지난 1년 동안 동창회, 취미활동 등 각종 단체에 참여하여 활동한 사람의 비율
2) '학술단체', '이익단체', '정치단체' 포함

자료: 통계청. 「사회조사」 각 연도.

아직도 우리나라의 많은 노인은 대부분 TV 보기, 라디오 듣기, 화투, 바둑, 장기 등의 놀이하기로 여가시간을 보내며, 다양한 취미활동을 하지 못하고 있다. 이러한 경향은 현 노인세대가 경제적으로 어려운 시기에 일 위주로 살아온 세대로, 대부분 여가의 사회화가 이루어지지 않았으며, 경제적으로 여유가 없거나 몸이 불편하여 실제 여가생활을 영위하기에 어려운 노인이 많음에 기인한다. 또한, 여가

정책의 부재로 노인들이 쉽게 여가생활을 할 수 있는 시설이나 프로그램이 미비한 점에도 그 원인이 있다고 할 수 있다. 그러나 베이비붐세대의 노년기 진입과 함께 점차 경제력 있고 건강하며 여가활동을 즐기고자 하는 노년층이 증가하고 있어, 노인들이 적극적인 여가활동을 통해 활기찬 노년기를 보낼 수 있도록 사회적 대책이 요구되고 있다.

07 노인여가복지시설

현재 「노인복지법」에서의 노인여가복지시설은 노인복지관, 경로당, 노인교실로 규정하고 있다(「노인복지법」 제36조).

① 노인복지관: 무료 또는 저렴한 요금으로 노인에 대해 각종 상담에 응하고 건강의 증진, 교양·오락, 기타 노인의 복지증진에 필요한 편의를 제공함을 목적으로 하는 시설

② 경로당: 지역노인들이 자율적으로 친목 도모·취미활동·공동 작업장 운영 및 각종 정보 교환과 기타 여가활동을 할 수 있도록 하는 장소를 제공함을 목적으로 하는 시설

③ 노인교실: 노인들에 대하여 사회활동 참여 욕구를 충족시키기 위하여 건전한 취미생활, 노인건강 유지, 소득보장, 기타 일상생활과 관련한 학습 프로그램을 제공함을 목적으로 하는 시설

2021년 말 기준 노인여가복지시설은 노인복지관 357개소, 경로당 67,211개소, 노인교실 1,255개소로 경로당이 가장 많다.

〈표 6-6〉 노인여가복지시설의 추이

(단위: 개소)

	2017	2018	2019	2020	2021
노인복지관	364	385	391	398	357
경로당	65,604	66,286	66,737	67,316	67,211
노인교실	1,356	1,342	1,285	1,291	1,255
계	67,324	68,013	68,413	69,005	68,823

자료: 보건복지부, 「2022년 노인복지시설 현황」.

1) 경로당

노인들을 위한 사랑방의 개념으로 시작한 노인정(경로당)은 우리나라 여가시설 중 가장 많다. 1960년대부터 시작된 산업화와 핵가족화로 인해 직장과 가정에서 밀려난 노인들이 갈 곳이 없게 되자 각 지역에서 노인의 여가생활을 위한 장소로 노인정이 생기기 시작하였고 최근에는 각 아파트 단지나 동네마다 노인정을 만들어 지방자치단체의 지원을 받고 있다. 2021년 말 현재 전국 67,211개소가 설치되었고 65세 이상 노인의 30% 정도가 이용하고 있다.

그러나 대부분의 노인정은 장소가 협소하고, 내부시설의 설비가 열악하고 운영자금의 부족, 전문 인력의 부재 등으로 지역 노인들의 다양한 여가 욕구를 충족시키기에는 많은 제한이 있다. 지역사회 내의 노인복지관, 자치센터, 체육문화시설 등 지역자원과 연계하여 프로그램을 운영하는 방안도 모색할 필요가 있다.

2020년 노인실태조사에 의하면 경로당 이용자는 조사대상의 28% 정도였으며, 경로당을 이용하는 이유는 '친목 도모'가 82.9%로 가장 많았고, 다음으로 '식사서비스 이용'이 62.5%로 높았다(표 6-7).

〈표 6-7〉 노인(65세 이상)의 경로당 이용 이유(1, 2순위 중복응답) (단위: %, 명)

구분	전체(%)
평생교육 프로그램 이용	0.2
취미여가 프로그램 이용	19.0
건강증진 프로그램 이용	11.0
식사서비스 이용	62.5
돌봄서비스 이용	–
정서지원 프로그램 이용	2.3
일자리사업 참여	1.6
자원봉사활동 참여	1.3
친목 도모	82.9
기타	–
계(명)	100.0(2,841명)

자료: 한국보건사회연구원. 「2020년도 노인실태조사」.

한편, 경로당을 이용하지 않는 이유로는 '이용노인과 맞지 않음'이 전체 응답자의 37.1%로 가장 높았다(표 6-8).

〈표 6-8〉 노인(65세 이상)의 경로당 미이용 이유 (단위: %, 명)

구분	전체(%)
시설열악	1.6
교통불편	1.8
프로그램 미비	2.1
이용노인과 맞지 않음	37.1
신체 불편	11.6
경제적 부담	1.1
시간 부족	12.1
이용하기에 젊음	29.0
타 여가시설 이용	3.2
기타	0.3
계(명)	100.0(7,754명)

*2020년도 조사에서는 질문항목 없음

자료: 한국보건사회연구원. 「2017년도 노인실태조사」.

2) 노인교실

노인교실은 1972년 종로 태화관의 '서울평생교육원'을 시작으로 하여 1970년대 후반부터 급속히 설립되기 시작하였고 여가활동과 교육이라는 두 가지 기능을 담당하고 있는데, 노인교실은 「노인복지법」에 의한 여가시설로 교육보다 여가적인 측면이 강조되고 있다.

노인교실은 2021년 말 현재 1,255개소가 있으며 미등록된 상태로 운영되는 곳이 많아 실제로는 훨씬 많은 노인교실이 있다고 볼 수 있다. 노인교실 이용이유로는 친목도모(55.0%)와 취미여가프로그램(38.3%) 이용이 많았다.

〈표 6-9〉 노인교실 이용이유(1,2 순위 중복응답)

구분	전체(%)
평생교육 프로그램 이용	9.5
취미여가 프로그램 이용	38.3
건강증진 프로그램 이용	27.4
식사서비스 이용	14.8
돌봄서비스 이용	–
정서지원 프로그램 이용	15.9
일자리사업 참여	12.6
자원봉사활동 참여	0.2
친목 도모	55.0
기타	–
계(명)	100.0

*응답자 중 노인교실 이용자 181명 대상으로 함

자료: 한국보건사회연구원, 「2020년도 노인실태조사」

3) 노인복지관

서울시 및 대도시에는 노인종합복지관, 다른 지역에서는 노인복지회관 등의 명칭이 사용되어 왔다. 그동안 「노인복지법」에서는 노인복지회관으로 규정되어 왔으나 2007년 「노인복지법」 개정으로 노인복지관으로 변경되었다.

노인복지관은 1990년 이후 크게 증가하여 2021년 말 현재 357개소가 있다. 노인복지관의 운영은 현재 각 지방자치단체에서 자율적인 규정을 마련하여 운영하고 있다.

노인복지관은 전문적인 노인 프로그램을 제공하는 기관으로 재가노인들을 위한 여가 프로그램, 교육 및 건강 프로그램, 상담서비스, 재가복지서비스 등 종합적인 서비스를 제공하고 있으며, 앞으로 고령사회의 변화하는 욕구에 대응하여 보다 전문적 서비스를 제공하는 기관으로서의 역할이 요구되고 있다.

(1) 운영 원칙

노인복지관 운영의 기본원칙으로 전문성, 지역성, 중립성, 책임성을 제시하고 있으며 그 내용은 다음과 같다.

❖ 지역성의 원칙

지역사회의 특성과 재가노인의 복지적 욕구 등을 신속하게 파악, 사업계획에 반영하여 적절한 서비스가 제공되어야 하며, 이를 위해 지역사회 자원을 적극 개발·활용하고 주민의 적극적 참여를 유도함으로써 주민의 역할과 책임을 조장하여야 한다.

❖ 전문성의 원칙

복지관 관련 분야의 전문적인 지식과 임상기술을 가지고 있는 전문 인력에 의하여 각종 서비스가 계획·제공되어야 하며, 사업에 대한 정기적인 평가를 통해 지속적으로 발전을 도모한다.

❖ 중립성의 원칙

복지관 사업은 어떠한 경우에도 정치활동, 영리활동 및 특정 종교활동 등으로 이용할 수 없으며, 인도주의적 원칙하에 회관을 이용하는 노인의 인간적 존엄성과 기본적 권리가 유지될 수 있도록 한다.

❖ 책임성의 원칙

복지관은 지역사회 노인에게 사업수행에 따른 효과성과 효율성을 입증하고, 책임을 다하는 다각적인 노력을 기울이고, 공적 책임성을 스스로 갖도록 한다.

(2) 주요 사업내용

❖ 기본사업

사회교육사업, 노인일자리사업, 보건·재활 등 노인기능회복사업, 상담지도사업, 노인자원봉사사업

❖ 선택사업

재가복지사업, 경로식당 및 식사배달사업, 방문보건사업, 목욕서비스 사업 등

(3)이용현황

2020년 노인실태조사에 의하면, 조사대상의 9.5%의 노인이 노인복지관을 이용하고 있었으며, 이용하는 노인들의 1주간 평균 이용일수는 2.0일로 나타났다.

노인복지관 이용 이유는 2017년도와 달리 '식사서비스'가 45.9%로 가장 많았고 '친목도모' 45.7%, '취미여가 프로그램 이용'이 35.1% 로 나타났다. 반면, 이용하지 않는 이유는 지역에 많지 않은 관계로 '교통 불편'이 가장 높았고, 다음으로 경로당과 마찬가지로 '이용노인과 맞지 않음', '이용하기에 젊음'이 높게 나타났다.

〈표 6-10〉 노인(65세 이상)의 노인복지관 이용 이유(1, 2순위 중복응답) (단위: %, 명)

구분	2020년 조사	2017년 조사
평생교육 프로그램 이용	3.7	13.5
취미여가 프로그램 이용	**35.1**	**49.6**
건강증진 프로그램 이용	**23.4**	**26.4**
식사서비스 이용	**45.9**	**27.5**
돌봄서비스 이용	–	0.2
정서지원 프로그램 이용	7.0	1.8
일자리사업 참여	9.1	4.1
자원봉사활동 참여	1.9	4.3
친목 도모	**45.7**	**42.3**
기타	0.1	0.5
계(명)	100.0(963명)	100.0(933명)

자료: 한국보건사회연구원. 「2020년도 노인실태조사」.

〈표 6-11〉 노인(65세 이상)의 노인복지관 미이용 이유 (단위: %, 명)

구분	전체(%)
시설 열악	0.6
교통 불편	**20.2**
프로그램 미비	4.3
이용노인과 맞지 않음	**19.2**
신체 불편	12.5
경제적 부담	4.1
시간 부족	15.1
이용하기에 젊음	17.6
타 여가시설 이용	6.1
기타	0.3
계(명)	100(9,140명)

*2020년도 조사에서는 질문항목 없음

자료: 한국보건사회연구원. 「2017년도 노인실태조사」.

08 노인여가정책의 과제

우리나라 노인들의 여가활동은 형태가 다양하지 못하며 동적이고 외향적인 활동이나 자기표현 및 성취감의 기회를 갖는 활동이 빈약하다는 지적을 받고 있다(홍성자, 2002). 우리나라 노인의 여가활동의 문제점과 앞으로의 사회적 개선 방안을 요약해 보면 다음과 같다.

1) 노인 여가활동의 문제점

① 소득의 중단과 더불어 경제적 여유가 없다.

② 여가시설이 부족하고 운영이나 시설이 취약하다.

③ 여가 프로그램과 교육교구 등이 미비하다.

④ 노인여가에 대한 사회적 인식이 부족하다.

⑤ 전문연구기관이나 전문 운영자와 강사가 부족하다.

⑥ 정부시책이나 전달체계의 획일성으로 지역과 노인의 개별적인 욕구에 부응하지 못하고 있다.

⑦ 노인 자신의 여가에 대한 준비나 노력이 부족하다.

2) 노인 여가활동의 개선방향

정부 차원에서의 개선방향으로는 다음과 같은 것들이 있다.

① 노년기에 대한 의식의 변화가 요구된다. 사회가 고령화되고 있는 시점에서 노인의 여가활동에 대한 준비와 교육을 학교교육과 사회교육을 통해 의식화하는 것이 바람직하다.

② 정부 차원에서 다양한 노인여가 프로그램을 개발하고 보급하는 것이 필요하며, 이에 대한 행정적, 재정적 지원이 이루어져야 한다.
③ 사회복지 및 사회교육 전문인력을 채용하여 보다 전문적인 노인여가 프로그램을 기획하고 지도할 수 있도록 해야 할 것이다.

지역사회 차원에서 개선방향으로는 다음 내용이 있다.

① 지역사회 내 종교기관이나 사회단체, 기업들이 노인복지활동을 위한 장소를 제공하거나 인적, 물적 자원을 유도하여야 할 것이다.
② 노인복지에 대한 지역주민 의식의 계몽을 위한 홍보활동이 요구된다.
③ 지역사회 자체적으로 자원봉사활동을 조직하여 인적 자원을 활용할 수 있도록 한다.
④ 지역사회 내 영향력 있는 사람의 참여와 지도력으로 노인복지 프로그램이 활성화될 수 있도록 한다.

개인적인 차원에서 개선방향으로는 다음의 것들이 있다.

① 무엇보다 노인 자신이 지역사회에서 적극적으로 활동하고 참여하는 것이 중요하다.
② 가족들 또한 노인의 여가 욕구를 파악하여 충족시킬 수 있도록 정보와 기회를 제공하고 여가활동을 적극 권유한다.

CHAPTER 02

노인과 교육

퇴직 후의 늘어난 여가시간과 수명의 연장으로 인해 노년기를 어떻게 보낼 것인가 하는 문제는 더 이상 개인의 문제로 볼 수 없다. 노인층에 대한 사회복지적 배려와 노년기 발달과업의 적절한 수행을 위해 교육적 대응이 필요하다.

인간발달단계에서 교육, 노동, 여가는 합리적으로 구조화되어야 할 주요 과업이다. 연령차별적 사회에서는 연령에 따라 교육, 노동, 여가라고 하는 인생의 주요 과업이 이미 결정되었지만, 연령통합적 사회에서는 전 생애에 걸쳐 교육과 노동과 여가가 동시에 이루어진다(Riley, 1980). 즉, 노년기에 있어서도 여가만의 시기가 아니라 교육과 일, 그리고 여가가 균형을 이루는 적절한 기회가 보장되어야 한다.

노인교육은 노인들로 하여금 보다 창조적인 노년기를 영위할 수 있도록 돕는 것을 목적으로 노인학습자들에게 노년기 생활에 필요한 지식과 정보, 노인들의 관심사와 취미, 취업과 봉사를 위한 지식과 기술, 사회 변화에 적응하기 위한 정보 등에 관하여 체계적으로 교수하는 활동이라고 말할 수 있다.

01 노인교육의 필요성

평균수명이 80세를 넘어 100세 시대가 다가오고 있다. 연장된 노년기에 대응한 노년기의 교육의 필요성이 확대되고 있다. 노인교육의 필요성은 노년기의 연장 차원에서, 평생교육의 차원에서, 노년기 상실감의 극복 차원에서 살펴볼 수 있다(박차상 외, 2005).

1) 고령화사회와 노년기의 연장 차원

고령화시대를 맞아 건강하고 경제력 있는 노인이 증가하고 있다. 이들은 경제적, 심리적·사회적 자립의 욕구가 점차 증가하고 있으며, 노인교육은 이러한 노인들의 욕구변화에 대한 대책으로서 그 필요성이 증가되고 있다.

길어진 여가시간을 보다 보람 있게 보내고, 자아실현을 위한 적극적인 자기계발과 사회참여활동을 위해, 그리고 경제적 자립을 위한 재취업 활동 등을 위해 노인에게 교육의 필요성은 증대하고 있으며, 향후 생산연령인구 감소에 따른 노인인력의 활용 차원에서도 노인교육의 중요성이 증가하고 있다.

2) 평생교육의 차원

과거의 직업생활은 독서, 작문, 산술 등의 전통적 기술만으로 충분히 수행될 수 있었고 특수한 기술은 한 번 배우고 나면 그 사람이 일하는 한 평생 반복되었다. 그러나 이러한 시대는 이미 지나갔으며, 현대 기술의 변화는 대부분의 사람이 직업경력 과정에서 새롭게 여러 가지를 학습하지 않으면 안 되는 시대가 되었다.

기술이 빠르게 발달하고 사회제도의 변화가 극심한 현대사회에서는 노인들이 청년 시절에 습득한 지식이나 기술은 이미 효용가치가 상실되었다. 그러므로 노인들은 계속해서 새로운 지식과 기술을 배움으로써 변화하는 사회 속에서 노후생활을 적응해 나가야 한다.

1973년 유네스코 한국교육위원회에서 개최한 '평생교육의 발전세미나'에서는 평생교육의 필요성을 다음과 같이 설명하고 있다.

① 급격한 사회변동에 효과적으로 대처할 수 있고 사회발전을 촉진시킬 수 있는 한 사회의 교육역량을 증대시키기 위해서이다.
② 개인이 날로 팽창하는 지식을 시시각각으로 습득하고 새로이 출현하는 사회가치를 창조적, 비판적으로 수용하기 위해서이다.
③ 점점 전문화되고 특수화되며 조직화되어 가는 현대사회 체계에서 개인이 기능적으로 적응하기 위해서이다.
④ 개인이 그 잠재적 개발 가능성을 평생 동안 끊임없이 최대한으로 개발시키기 위해서이다.
⑤ 개인이 발달단계에서 수행하여야 할 새로운 역할을 습득하고 새롭게 일어나는 개인적 욕구를 만족시키기 위해서이다.
⑥ 개인이 받은 학교교육의 형식을 보충, 보강하거나 정기교육의 기회를 놓친 사람에게는 자기발전을 위한 기초교육의 기회를 제공하기 위해서이다.

3) 노년기 상실감 극복의 차원

이치마루(市丸精一, 1972)는 사회로부터 역할을 상실하여 자신을 더 이상 사회에서는 쓸모없는 존재로 느끼는 노인은 소극적이고 폐쇄적인 생활로 인해 신체적으로나 정신적으로 급격한 퇴화현상을 보인다고 하였고, 은퇴 후 여가, 교육, 정당 등 사회활동에 참여하는 노인은 그렇지 않은 노인보다 자신의 생활을 긍정적으로 본다고 하였다(최순남, 2000).

노인교육은 할 수 있다는 가능성을 발견하고 실제 실행함으로써 노인 자신에 대한 긍정적인 인식을 갖게 하고 이를 통해 다양한 측면에서의 상실감으로 인해 직면하는 노년기의 여러 가지 문제를 해결할 수 있는 힘을 갖게 한다.

노인들에게 교육이 필요한 이유를 구체적으로 다음과 같이 정리해 볼 수 있다.

① 노인이 현대사회로부터 소외되지 않고 동참할 수 있도록 한다.
② 생활의 만족감을 향상시키고 역할 상실감을 예방할 수 있다.
③ 새로운 지식의 습득은 세대 간의 갈등과 차이를 좁힐 수 있다.
④ 새로운 지식의 습득으로 다변화하는 사회에 적응력을 높인다.
⑤ 교육기회의 불균형 현상을 해소할 수 있다.
⑥ 주체적인 삶을 살기 위해 끊임없는 자기 성장의 계기가 될 수 있다.
⑦ 노인의 교육활동은 여가시간을 순기능적이 되도록 돕는다.

02 노인학습의 장해요인과 개선방법

노년기의 학습은 그 필요성이 증대하고 있으나 실제 젊은이들처럼 학습이 쉬운 일은 아니다. 노년기의 학습이 어려운 측면에 대해 살펴본다.

1) 노년기의 지적 능력 변화

노인을 위한 교육 프로그램을 만들기 위해서는 노인의 학습능력의 수준을 고려해야 한다. 여기에는 지능, 기억능력, 감각, 체력, 그리고 문제해결 능력 등이 포함된다.

학습능력과 관련한 지능은 유동적 지능과 결정화된 지능으로 구분할 수 있는데(Horn & Cattel, 1967), 일반적으로 유전적 특성에 기인한 유동적 지능은 중년기 이후 쇠퇴하지만 수리능력, 언어능력, 상식 등으로 사회문화적 영향, 교육 정도에 따라 크게 달라지는 결정화된 지능은 성인기 전반을 통해 점진적으로 증가하고, 자발적 학습과 교육을 통해 60세 이후까지도 향상이 가능하다고 알려지고 있다.

현재 널리 사용되고 있는 Wechsler 지능검사는 언어성 지능과 동작성 지능으로 구성되어 있다. 그동안의 연구들에 의하면 연령과 지능의 상관계수는 그렇게 크지 않으며 지능 가운데 동작성 지능(모양 맞추기, 토막 짜기, 차례 맞추기, 바꿔 쓰기 등)은 크게 쇠퇴하나, 언어성 지능(일반상식, 어휘, 이해, 산수, 공통점 찾기 등)은 별다른 쇠퇴가 없음을 지적하고 있다(윤진, 1991).

실제로 고령의 나이에도 많은 창작활동이나 많은 업적을 이룬 사람들도 있기 때문에 일률적으로 지능이 쇠퇴하여 학습하기 어렵다고 말할 수는 없다.

또 다른 연구에서는 노인들의 학습능력에 영향을 미치는 요소들은 지능보다 동년배집단, 교육수준, 생활의 경험, 불안수준과 신체적 건강수준 등이라고 하고 있다. 따라서 노년기의 학습능력을 향상시킬 수 있는 방법을 강구하면 노년기에도 얼마든지 학습을 통해 소기의 목적을 달성할 수 있다.

2) 노인교육의 장해요인

노인들의 교육 참가를 방해하는 장해요인에 대한 연구들이 있다.

Harris(1975)는 노인들이 교육기관에 참가하지 않는 이유를 응답이 많은 순으로 제시하였는데, '흥미가 없다', '나이를 너무 먹었다', '건강하지 않다', '시간이 없다', '자신에게 맞는 강좌를 알지 못한다', '참가할 강좌가 없다', '비용이 많이 든다' 등이었다.

Patricia Cross(1979)는 성인이 직면하는 교육적 장애를 상황적·성향적·제도적 장애인 세 가지 유형으로 분류하였다.

상황적 장애(situational barriers)는 개인 각자의 생활사정에 의해 교육활동이 제한되는 것을 지칭한다. 경비, 교통편, 신체적 장애나 건강상태에서 기인되는 제약이 포함된다. 즉, 시간, 에너지, 경비의 부족 등이다.

성향적 장애(dispositional barriers)는 흥미가 없다든지 공부하기에는 너무 늙었다고 느끼는 것 등이다. 교육활동을 스스로 제한하는 것이며, 특히 이런 것들은 노인들이 교육활동에 참가하기 않는 이유로 자주 제시되고 있다.

제도적 장애(institutional barriers)는 교육기관이 노인들을 배려하지 않고 실시해 온 유연성이 없는 교육방식으로 교육을 실시할 때부터 발생하는 문제이다. 즉, 시간표나 불편한 등록 수속, 가기 힘든 교실, 상담이나 학비보조가 없는 것 등과 함께 노인들 자신의 사정, 즉 노인들이 수강할 수 있는 강좌에 대해 모르는 점 등이다.

수업시간, 교육장소, 교통편의, 교육절차, 경비 감면 등 상황적 제도적 장애를 줄이도록 배려하고, 개인적 태도와 관련한 성향적 장애 극복에 노력해야 할 것이다.

특히, "늙은 개에게 새로운 재주를 가르쳐 봐야 헛된 일이다"라는 노인에 대한 편견은 노인들의 학습동기를 방해하는 커다란 요인이 되고 있다. 『성공적인 노화』의 저자 Robert Kahn(2001)은 이러한 편견에서 벗어나야 한다고 주장했으며, 노인의 인지기능과 단기 기억은 훈련에 의해 크게 향상될 수 있음을 연구를 통해 밝히고 있다.

3) 노년기 학습 및 기억능력 증진

노년기의 학습 및 기억능력 수준에 관련된 요인으로 학습재료 간의 간섭 작용, 자율적인 학습속도 조절, 학습재료, 학습동기수준, 다양한 감각통로 이용, 학습결과에 대한 피드백 등이 있다(허정무, 2002).

(1) 학습의 간섭 작용 제거

한 종류의 정보나 지식이 다른 종류의 정보나 지식의 학습에 간섭을 일으켜 학습을 방해하는 것을 '간섭'이라고 한다. 노인의 경우, 특히 예전에 배운 지식이 새로운 지식 습득에 부정적인 영향을 미치는 순행간섭이 많은데, 이때 학습재료를 노인에게 생소한 것이 아닌 익숙한 것으로 선택하고, 추상적이며 논리적인 명제보다 구체적인 사실을 배우게 할 때 이러한 간섭 효과를 줄일 수 있다. 또한, 두 가지 이상의 정보를 동시에 학습할 경우는 한 가지 학습을 충분히 연습하여 장기 기억에 저장하고 난 후, 그다음 과제로 옮겨간다. 그리고 동시학습의 경우 주의산만으로 인한 방해가 일어날 수 있는데, 이때 소음, 실내장식과 가구 배치, 개인적인 불안감 등을 적절히 통제할 필요가 있다.

(2) 학습속도 조절

학습에 대한 제한시간이 엄격히 규정되어 있을 경우 노인의 성적은 부진하나, 그러한 시간제한을 철폐할 경우 상당한 정도로 그러한 학습 손실을 보충할 수 있다. 이때 학습의 제한시간에는 학습재료 제시시간과 반응응답시간의 두 가지가 있는데, 특히 반응응답시간이 길 때 노인의 학습 능률이 상승한다. 그러므로 노인들로 하여금 학습시간과 반응속도를 스스로 조절하게 함으로써 학습부진을 만회할 수 있게 된다. 특히, 응답시간이 부족한 경우 노인들은 해답을 틀리게 말하는 실수오답보다는 아무런 응답을 하지 않는 누락오답을 많이 하게 된다. 그러므로 노인을 대상으로 한 교육 상황에서는 자극 제시와 반응에 필요한 시간을 학습자 스스로 조절하게 하여 새로운 정보의 기억과 인출에 있어 충분한 시간을 갖고, 더 나아가서는 학습재료를 충분히 음미하고 학습시간 제한에 대한 심리적 압박감에서 벗어날 수 있게 된다.

(3) 학습재료의 분류와 조직

학습재료의 기억은 '부호화 – 저장 – 인출'의 세 가지 과정을 거치는데, 특히 정보를 저장한 후 기억하려 할 때 인출이 잘 되도록 해야 한다. 이때 학습내용과 정보를 적절하게 분류, 조직하고 시각 혹은 청각을 이용한 기억증진방법을 동원하는 것이 효과가 크다. 이는 학습에 대한 지시를 할 때, 재료를 종류, 성질, 크기, 용도, 색채 등에 따라 분류하도록 했을 때가 그러한 지시를 하지 않았을 때보다 더 기억이 좋은 것에서 볼 수 있다. 또한, 단순한 '기계적인 암기'가 아니라 학습재료에 포함된 기본 개념이나 특수 주제 등을 미리 요약, 제시하여 학습의 방향을 잡고 주의를 기울이게 했을 때 더욱 성적이 높게 나온다. 또한, 학습재료인 단어와 관련된 그림을 보여 주는 등 이미지형성 방법, 이야기 구성법 등을 이용하는 기억증진방법도 크게 도움이 된다.

(4) 학습동기수준 강화

학습 능률을 증진시키려면 우선 학습자의 동기수준이 높아야 하는데 이에 관련된 요인이 몇 가지 있다. 우선 의미가 있는 학습재료와 기호, 문자, 도형 등과 같은 추상적 재료보다는 음식 이름, 동물, 생활용품 등과 같은 구체적인 재료를 사용할 때 학습효과가 높아진다. 또한, 노인들은 학습에 대한 지나친 불안감으로 인하여 성적부진이 일어나는 경우가 많은데, 불안감을 낮추게 되면, 학습 능률이 증진된다. 불안감을 낮추기 위해 지지적 환경이 필요한데 중립적 혹은 도전적 상황보다 피교육자인 노인의 학습에 대한 용기를 북돋우어 주어 긍정적인 기대감을 갖도록 해야 한다.

이러한 측면과 관련하여 학습동기와 학습성과 간에는 다음과 같은 특징이 있다.

첫째, 일단 학습의 필요성과 욕구를 느낀 노인은 그 학습재료가 의미 있는 것일수록 더욱 동기가 높아진다. 둘째, 실패에 대한 심리적 불안감이 학습동기를 떨어뜨리므로 지지적 학습환경이 조성되어야 한다. 이는 교사의 노력만이 아니라 동료학습자들의 상호 격려하는 분위기가 필요하다. 셋째, 노인들이 교육을 통하여 받는 보상은 교육성취수준과 관계없이 교육참가 그 자체에 가치를 느끼도록 해야 하며, 만일 학습부진으로 인한 자존심 손상 등이 있을 경우 학습동기 유발은 어려워진다.

(5) 다양한 감각통로의 이용

학습재료를 기억할 때 시각통로(교재를 눈으로 보기), 청각통로(강의 듣기), 그리고 암송 방법 등을 사용할 수 있다. Arenberg(1968)의 실험을 보면, ① 학습자가 단어를 눈으로만 읽기, ② 학습자는 단어를 눈으로 보고 교사가 동시에 이를 읽어 주기, ③ 학습자가 단어를 눈으로 보고 동시에 자기 스스로 큰 소리로 읽기의 경우 중 ③번과 같은 적극적인 암송 방법에서 학습효과가 가장 높았다. 또한, 교사가 강의를 해 주는 경우, 노인학습자가 읽는 교재의 내용과 교사의 강의 내용이 일치할수록 학습효과가 더욱 증진되며, 만일 이 두 가지 내용의 차이가 크면 클수록 간섭효과가 커져서 학습 능률이 떨어지게 된다.

(6) 학습결과의 피드백

일반적으로 학습결과에 대해 피드백을 해 줄 경우가 피드백이 없는 경우보다 학습 능률이 증가된다. 이는 자신이 하는 학습활동의 정확성을 알려 주는 '강화'의 역할을 해 주기 때문이다. 그런데 젊은이들보다 노인들의 경우, 연습과 훈련기간이 길게 되므로 더 많은 피드백이 필요하게 된다.

Bolton(1978) 외의 연구에 의하면, 노인은 특히 자신의 해답이 틀렸다는 부정적 피드백을 순수하게 받아들이기가 어렵다고 한다. 일반적으로 노인들은 자아개념이 낮고 불안감이 높으며, 학습에 대한 관심의 수준이 낮기 때문에 부정적 피드백을 주면 더욱 학습효과가 낮아질 가능성이 있다. 그러므로 노인의 학습결과에 대해서는 너무 비판적 혹은 판단적 평가는 피하고, 보다 지지적이고 격려하는 자세를 취할 필요가 있다.

03 노인교육의 목적과 내용

노인교육은 퇴직하여 소일거리를 만들기 위해 단순히 남는 시간을 보내는 차원에서 접근해서는 안 되며, 단순히 지식을 획득하기 위한 방편이 아니라 계속적이고 다양한 경험을 통해 자아실현을 이루어 가는 과정이 되어야 한다. 이러한 학습활동은 궁극적으로 노후의 삶의 질을 향상시키는 중요한 역할을 한다고 할 수 있다.

1) 노인교육의 목적

현대사회에서 노인교육은 사회적 소외집단과 불리한 집단으로서의 노인들에 대한 단순한 보호와 대응의 차원을 넘어 노인 스스로가 자신들의 불리함을 극복하고 계속적인 발달을 추구해 나갈 수 있도록 돕는 교육이 되어야 한다.

노인을 위한 교육은 노인들로 하여금 보다 창조적인 노년기를 영위할 수 있도록 돕는 데 그 목적이 있다. 노인을 위한 교육의 구체적 목적은 다음과 같다(한준상 외, 1999).

① 노인들로 하여금 자신들의 위치를 확인하고 노인 및 노화의 특성을 정확히 이해하여 노화에 대해 보다 효율적으로 적응하고 노년기에 요구되는 발달과 업들을 성취할 뿐만 아니라 자신의 문제를 스스로 해결해 나갈 수 있도록 도와주는 데 목적이 있다.

② 노인들로 하여금 사회 변화를 이해하고 그에 적응할 수 있도록 도우며, 노인들도 변화하는 사회의 한 일원으로서 능동적으로 참여할 수 있도록 도와주는 데 목적이 있다.

③ 노인들의 학습과 자기개발에 대한 욕구를 충족시킬 수 있도록 계속적인 자기개발과 학습 기회를 제공하는 데 목적이 있다.

④ 교육의 장을 통해 보다 다양한 인간관계를 구축하고 조력과 정보교환을 위한 대인관계망을 확대시킬 수 있도록 도와주는 데 목적이 있다.

⑤ 교육에의 참여를 통해 보다 적극적이고 능동적인 삶의 태도를 고취시킬 수 있도록 돕는다.

⑥ 노인들의 사회참여와 취업에 필요한 지식과 기술을 제공함으로써 노인들이 경제적으로 자립하고 사회에 능동적으로 참여할 수 있도록 도와주는 데 목적이 있다.

McClusky(1974)는 교육을 통해 노인이 다음과 같은 욕구를 충족할 수 있다고 하였다.

① 환경적응 욕구(coping needs): 학습을 통해 변화하는 환경에 적응하기 위한 욕구

② 표현적 욕구(expressive needs): 학습을 통해 사회에 참여하고 표현하고자 하는 욕구로서 자발적인 신체운동, 사회적 활동, 새로운 경험, 그 자체로부터 만족을 얻게 된다. 서예, 미술, 공예 등 그 자체의 흥미에 빠져 이를 통해 동료들과의 친교관계를 형성하고 유지한다.

③ 공헌적 욕구(contributive needs): 남을 위해 헌신하려고 하는 욕구로서 헌신과 봉사를 통해 자아개념을 충족시키고 스스로 만족을 구할 수 있다. 지역사회활동이나 자원봉사활동에 참여하여 자존심을 유지하고 개인적 지위를 향상시킨다.

④ 영향력 욕구(influence needs): 사회적 역할과 지위가 소멸되는 시기에 노인도 사회의 일원으로서 사회에 영향을 미치면서 살고 싶다. 지역사회의 친목단체나 종교단체, 봉사단체 등에 참여하여 사회적 역할을 갖고 영향을 미치고자 한다.

⑤ 초월적 욕구(transcendence needs): 노년기에 다가오는 죽음을 느끼면서 인생의 의미를 보다 깊게 깨닫고 파악하려는 욕구로 자아실현 욕구를 충족시키고자 한다.

따라서 노인교육을 계획할 때에는 이러한 노인들의 욕구를 충족시켜 줄 수 있는 적절한 프로그램을 개발해야 할 것이다.

2) 노인교육의 원리

노인교육의 기본은 노인의 일반적인 특성을 고려함과 동시에 노인의 개별적인 상황을 고려한 교육내용과 방법이 선택되어야 한다. 노인교육의 기본적인 지침은 다음과 같다.

(1) 자발적인 참여와 운영

노인교육은 노인이 스스로 하려는 자발성에 근거해야 하며 강제적이어서는 안 된다. 따라서 노인학교의 운영에 있어서도 노인의 참여와 자율성을 살리고 지원하도록 하여야 하며, 자발적인 참여가 이루어질 때 노인교육의 효과도 높아진다.

(2) 경로의 사상과 태도

비록 현재의 젊은이보다 교육수준이 낮고 학습능력이 떨어진다 해도 풍부한 경험과 인생을 살아온 노인들에 대한 경로의 자세가 필요하다. 특히, 노인학교 강사는 교사와 학생 간의 관계보다 인생의 동료자로서 상호 존중하는 태도가 필요하다.

(3) 사제동행의 원리

노인교육은 교사와 학생 간의 기본적인 관계가 상호 동등한 입장에서 서로 협력적인 관계를 바탕으로 하여야 한다.

(4) 실제적인 교육내용

노인교육의 목적은 보다 나은 노후생활을 보내기 위한 것으로 교육내용은 생활과 밀접한 것이 좋다. 일상생활에서 가져올 수 있는 문제를 설정한다. 또한, 급격한 사회 변화에 적절하게 대응하기 위해 사회화에 필요한 내용도 필요하다.

(5) 다양한 교육방법

교육방법에 있어 이론적 강의보다는 다양한 시청각 매체를 이용하도록 하고 실습이나 구체적 자료를 이용한 경험적 강의가 효과적이다.

(6) 지역사회의 참여

노인들은 가족이나 사회로부터 격리되거나 소외감을 갖기 쉽다. 노인학교 프로그램 등을 통해 지역사회의 활동에 참여하고 지역사회의 일원으로서 활기찬 노후생활이 될 수 있도록 고려한다.

3) 노인교육의 기본원칙

① 노인교육의 목표대로 경험할 수 있도록 한다. 목표설정 없이 교육내용을 정하는 경우 잘못된 교육내용이 될 수 있다. 교육내용은 목표 하나하나와 밀접히 관련되어야 하며 먼저 교육목표를 구체적으로 세워놓고 교육내용을 생각

해야 하며, 교육기간이 짧을 경우 몇 가지 목표만 선정하여 이와 관련한 교육내용을 정하도록 한다.

② 대상 노인의 능력수준과 흥미, 필요에 대응한다. 교육목표 설정에 있어 무엇보다 중요한 것은 노인의 욕구와 흥미이다. 교육내용을 정함에 있어 노인들의 욕구에 대한 조사가 필요하다.

③ 현재의 생활을 위해 도움이 되는 교육내용이 바람직하다. 교육에 대한 통념은 미래를 위해 필요한 지식, 기술을 익히는 데 있다. 그러나 노인의 경우는 현재의 생활을 보다 잘 하기 위한 교육이어야 한다. 노인학교에 다님으로써 친구를 많이 사귀고, 건강이 증진되며, 소일거리로 기술도 배워 용돈도 벌고, 시사문제도 밝아져 자녀와 대화도 쉽게 되는 등 실리가 보여야 노인학교에 깊은 관심을 기울인다.

④ 지적인 측면은 노인들의 경험과 밀착된 교육내용이 바람직하다. 노인들에게 지금까지 경험하지 않은 새로운 지적 내용을 교육하면 좀처럼 받아들이기가 쉽지 않다. 지적인 측면은 노인의 공감을 살 수 있고 그들의 경험과 밀접하게 관련되는 내용으로 구성하도록 한다.

⑤ 적절한 반복을 통해 학습의 효과를 높인다. 교육내용이 아무리 좋아도 한 번에 학습을 끝내기는 어렵다. 특히, 노년기에 기억력이 떨어지므로 반복적 학습이 필요하다. 건강과 질병에 대한 기본지식의 습득에 목표를 둔다면, 이 지식을 확고히 습득할 때까지 계속적으로 반복하도록 한다.

⑥ 교육내용은 점차 깊이와 넓이를 더할 수 있도록 계열성을 고려한다. 단순하고 구체적인 데서 복잡하고 추상적인 데로 간다든지, 쉬운 데서 어려운 데로 옮겨가는 것을 말한다. 예를 들면, 건강이나 질병에 관한 내용들은 많은 시간이 요구되는데 계열성이 충분히 유지될 수 있도록 교육내용을 조직화한다.

⑦ 여러 가지 교육내용이 노인들의 경험 속에 통합되도록 한다. 배운 내용이 서로 연관 없이 흩어져 있으면 교육효과가 높지 않게 된다. 교육내용을 연결시키고 통합하도록 한다.

⑧ 하나의 교육내용이 여러 가지 교육목표를 동시에 달성할 수 있는 것이 바람직하다. 종합학습의 예로 수학여행, 현장견학, 운동회, 전시회, 봉사활동 등이 있다.

4) 노인교육의 교육과정

김종서(1982)는 노인들의 발달과업에 따른 교육적 욕구를 지적 영역, 심리적 영역, 사회적 영역, 신체적 영역으로 나누어 다음과 같이 설명하고 있다.

❖ 지적 영역

- 세대 차와 사회 변화를 이해하기
- 은퇴 이후의 생활에 필요한 지식과 생활태도 배우기
- 정치, 경제, 사회, 문화적인 차원에서의 최신 동향 알기
- 건강증진을 위한 폭넓은 지식 익히기

❖ 심리적 영역

- 적극적인 생활태도 유지하기
- 배우자나 동년배의 사망에 대해 적응하기
- 자신의 죽음에 대한 수용과 인정 및 준비하기

❖ 사회적 영역

- 동년배와 친교 유지하기
- 가정과 사회에서 어른 구실하기
- 자녀 또는 손자녀와 원만한 관계 유지하기

❖ 신체적 영역

- 쇠퇴해 가는 체력과 건강에 적응하기
- 노년기의 적당한 섭생과 운동 배우기
- 지병에 대한 바른 처방하기

❖ 경제적 영역

- 정년퇴직과 수입의 감소에 적응하기
- 정년퇴직 이후 새로운 일을 찾아 적극적으로 일하려는 태도 갖기

❖ 여가활동 영역

- 취미를 살리고 즐겁게 생활하기
- 자원봉사활동과 같이 지역사회에 공헌하기

❖ 기타 가정생활 영역

- 노년기 옷맵시와 주생활 익히기
- 주택 매매 시 유의사항 익히기 등

노인을 위한 교육과정에 포함되어야 하는 교과내용에 대해 선행연구들(고영수, 1993; 한정란, 1993; 이승익, 1993)의 내용은 대동소이한데 고영수(1993)는 ① 건강관리와 유지, ② 노년기에 거주할 주택 소유문제, ③ 정년퇴직 후의 재정 유지와 위기관리, ④ 여가선용에 필요한 지식과 방법, ⑤ 노년기의 원만한 부부관계, ⑥ 배우자의 사별과 적응 문제, ⑦ 노년기의 자녀들과의 관계, ⑧ 사회변동에 따른 적응에 필요한 정보, ⑨ 노년기의 사회관계 유지와 사회봉사 문제, ⑩ 노년기의 삶의 의미와 죽음에 대한 준비 등을 제시하고 있다.

04 노인교육의 현황

1) 노인교육의 근거

우리나라의 노인교육은 「노인복지법」에 의해 여가시설의 일환으로 실시되는 것과 「평생교육법」에 근거하여 평생교육의 일환으로 실시되고 있다.

「노인복지법」에 근거한 노인학교들은 여가시설의 하나로 노인복지서비스라고 할 수 있어 교육적 측면보다는 여가 활용적 측면의 성격이 강하다. 반면, 「평생교육법」에 의해 노인학교를 운영하는 곳으로는 대학부설로 운영되는 노인학교와 평생교육원에서 노인대상 교육을 실시하는 곳이 있다. 성인 대상 평생교육은 현재 교육부의 평생미래교육국 평생학습정책과에서 관련 정책 및 계획을 추진하고 있다. 앞으로 노인교육은 평생교육의 차원에서 더욱 접근해 나갈 것이며, 자아실현, 자기개발을 목표로 한 교육 프로그램 개발이 사회적으로 더욱 요구될 것이다.

2) 노인교실의 실태

「노인복지법」에 의하면, 노인교실은 노인여가복지시설 중의 하나이며, '노인들에 대해 사회활동의 참여 욕구를 충족시키기 위하여 건전한 취미생활, 노인건강유지, 소득보장, 기타 일상생활과 관련한 학습 프로그램을 제공함을 목적으로 하는 시설'로 규정하고 있다. 노인교실의 설치에 대해서는 「노인복지법」 제37조에서 ① 국가 또는 지방자치단체는 노인여가시설을 설치할 수 있으며, ② 국가 또는 지방자치단체 외의 자가 노인여가복지시설을 설치하고자 하는 경우에는 시·도지사에게 신고하여야 한다고 규정하고 있다.

「노인복지법」에 의한 노인교실은 보건복지부에서 관할하고 있으며, 대한노인회, 사회복지관, 종교단체 등에서 노인대학, 장수대학, 노인교실 등의 다양한 명칭으로 실시하고 있는 실정이다.

노인교실은 2021년 말 현재 전국 1,255개소가 있는 것으로 공식적으로 집계되고 있으나, 미등록한 상태로 운영하는 곳이 많아 그 숫자는 더 많을 것으로 본다.

운영은 대한노인회 등 노인단체, 종교단체, 사회단체(복지관 부설 등) 혹은 개인이 운영하고 있는데 수적으로는 대한노인회 산하 노인학교가 가장 많다. 대부분의 노인교실은 운영자 부담, 학생회비, 정부보조 등으로 운영비를 마련하고 있다.

3) 노인교육의 참여 현황

한국보건사회연구원의 조사(2020)에 의하면, 조사 대상 노인의 11.9%가 학습활동에 참여하고 있었으며(표 6-12), 월 참여 시간은 1시간~5시간이 48.8%로 가장 많았으며, 6시간~10시간 25.4%, 11시간~15시간 9.8% 등으로 나타났다.

〈표 6-12〉 학습활동 참여율 및 참여시간 (단위: %, 시간, 명)

특성	학습활동 참여율	평균 참여 시간	월당 교육 참여 시간					
			1시간~5시간	6시간~10시간	11시간~15시간	16시간~20시간	21시간 이상	계
전체	11.9	9.0	48.8	25.4	9.8	9.8	6.7	100.0(1,198)
동부	12.4	9.0	49.2	24.9	9.7	9.4	6.8	100.0(950)
읍면부	10.1	8.8	47.2	27.4	10.1	9.3	6.0	100.0(248)

자료: 한국보건사회연구원. 「2020년도 노인실태조사」.

학습활동에 참여한 경우 교육받은 기관을 보면 노인복지관이 35.5%로 가장 많았고, 시·군·구민회관/동·읍·면 주민센터 15.1%, 공공문화센터 14.4%로 높게 나타났다. 또한 이전과 달리 매체활용이 17.0%로 크게 증가하고 있다.

〈표 6-13〉 학습활동 실시기관 (단위: %, 명)

특성	노인 복지관	경로당	대한 노인회	종교 기관	시군구/ 읍면동	학교	공공 문화 센터	사설 문화 센터, 학원	매체 활용	계
전체	35.5	3.7	2.4	3.2	15.1	2.8	14.4	5.8	17.0	100(1,198)
동부	36.3	3.4	2.5	3.3	14.6	2.7	13.7	6.0	17.6	100(950)
읍면부	32.7	4.8	2.0	2.8	16.9	3.2	17.3	5.2	14.9	100(248)

자료: 한국보건사회연구원, 「2020년도 노인실태조사」.

현재 참여하고 있는 평생교육 프로그램을 보면, 〈표 6-14〉와 같이 전체 노인 중 44.3%가 건강관리/운동 프로그램에 참여하고 있으며, 문화예술 프로그램 28.2%, 정보화 교육 11.4%의 순으로 많이 참여하고 있다.

〈표 6-14〉 학습활동 참여 영역 (단위: %, 명)

	교육 프로그램 종류							
	건강관리/운동	문화예술	어학	인문학	정보화	취업, 직업	기타	계
전체	44.3	28.2	5.9	5.4	11.4	4.6	0.3	100.0
남성	43.8	29.3	6.0	4.7	11.0	4.8	0.4	100.0
여성	45.8	24.0	5.6	8.1	13.0	3.5	0.0	100.0

자료: 한국보건사회연구원, 「2020년도 노인실태조사」.

4) 교육 프로그램 현황

현재 노인교육기관의 프로그램은 표준화된 교육과정이 없고 기관마다 프로그램의 내용과 진행 방법에 차이가 있다. 운영자의 의지, 담당자나 담당 사회복지사의 열의와 전문성에 따라 다양하게 진행되고 있다.

노인복지회관에서 실시되고 있는 노인교실의 경우 상대적으로 대한노인회 산하 시설보다 다양한 프로그램이 진행되고 있는데, 가장 많이 실시하고 있는 프로그램은 일반 교양강좌, 단체야유회, 견학 등이었다. 국내 여러 단체에서 실시되고 있는 교육내용은 다음과 같다.

〈표 6-15〉 노인교육 영역별 교육실태

영역	내용	프로그램
생활 교육	교양	어학, 한문, 한글, 역사, 동양고전, 윤리, 종교, 컴퓨터, 전통문화
	여가 및 취미	요가, 체조, 단전호흡, 게이트볼, 배드민턴, 탁구, 가요, 민요, 고전무용, 탈춤, 에어로빅, 장구, 가야금, 사군자, 시조, 여행, 관광, 등산, 요리, 화초재배, 꽃꽂이, 연극, 영화, 비디오, 소풍, 레크리에이션 등
	건강 및 안전	위생, 질병예방과 치료, 영양섭취, 식이요법, 수지침, 교통안전, 범죄대책, 죽음 대비
	인간관계	고부관계, 부모교육, 손자녀 관계, 대인관계, 자기표현 훈련
	생활정보	노인문제, 노인복지, 생활법률, 외국 노인의 생활
	사회생활	고아원 · 양로원 방문, 폐품 재활용, 교통정리, 자연보호
	동아리활동	국악, 율동, 음악, 합창, 서예, 등산, 종교, 봉사
직업 교육	퇴직준비	건강관리, 퇴직생활 설계, 퇴직생활 사례
	재산관리	용돈관리, 연금과 재산관리
	재취업	직업의식, 재취업 사례
지도자 교육	일반, 전문과정	노후의 삶, 노년학, 노인심리, 정신건강, 노인과 사회, 가족관계, 생활의학, 노인과 법률, 노인복지, 노인여가와 레크리에이션, 노인상담, 노인복지시설 운영론, 자원봉사론

05 노인교육의 과제

길어진 노년기의 생활을 보다 활기차게 영위하기 위해서는 이에 필요한 다양한 정보와 지식을 습득하여야 한다. 고령화사회에서 노인교육은 단순히 노인여가의 차원뿐만이 아니라 젊은 세대와 어울리며, 변화하는 사회에 적응하며 더 풍요로운 삶을 살기 위한 중요한 수단이다.

앞에서 살펴본 바와 같이 현재 우리나라 노인교육은 「노인복지법」과 「평생교육법」에 의해 보건복지부와 교육부가 이중으로 실시하고 있어 체계적인 지원이 이루어지지 못하고 있으며, 노인교육의 설치 및 운영방안에 대한 명확한 규정이 없어 실제 노인교육기관의 운영에 있어서도 어려움이 많다. 현재 중복되는 여가복지 사업의 내용과 노인평생교육의 내용을 좀 더 구분하여 종합적으로 관리, 지원해야 할 필요가 있다. 특히 평생교육의 차원에서 노인교육의 전문화를 위한 지원이 고령화사회에서 특히 요구된다고 할 수 있다.

노인교육에 있어 중요한 것은 교육목표와 이에 맞는 프로그램의 개발이다. 현재 교육기관에 따라 프로그램의 내용이 차이가 많은데 적절한 목표설정과 이에 부합하는 프로그램의 개발과 공급이 필요하다. 특히 지역 간, 학력 간, 소득계층 간의 차이가 많은 노인의 특성에 맞는 교육 프로그램의 개발이 요구된다. 이를 위해 국가 차원에서 표준화된 교육과정의 개발, 교육내용에 대한 지침, 교육교재 개발 등에 관한 지원이 이루어져야 할 것이다.

특별히, 노인교육에 대한 국가의 재정적, 행정적, 교육적 지원의 확대가 요구된다. 노인교육을 담당할 행정부서의 설치와 노인학교의 질적 수준 향상을 위한 재정적 지원은 물론 지도와 감독 기능의 강화가 필요하다. 노인교육 운영지침의 개발, 전문 강사의 선정과 지원, 교육과정, 교육교재의 개발 등에 관한 지원이 이루어져야 한다.

노인학교에서 강의 가능한 전문 강사를 선정하여 각 노인학교에 필요한 강사를 공급하고 강사료를 지원하는 강사뱅크제, 노인교육 담당자 및 전문가 양성과정 지원사업, 노인학교 운영을 위한 연수교육 등의 사업이 앞으로 체계적으로 제공되어야 할 것이다.

CHAPTER 03

노인과 자원봉사

이미 고령사회를 경험하고 있고 초고령사회를 앞에 두고 있는 선진국에서는 인구 고령화의 대응책으로 노인의 고용과 자원봉사활동을 바람직한 대안으로 제시하고 있다. 즉, 노인에게 일생을 통해 연마해 온 지식과 기술을 활용하여 사회에 봉사할 수 있는 기회와 여건을 제공함으로써 노인들이 성공적인 노화를 추구하면서 삶의 의미와 보람을 느끼게 하고 있다. 노인들이 자원봉사활동에 적극 참여하도록 동기와 기회를 부여하고 여건을 만들어 주는 것은 고령사회의 중요한 국가적 및 사회적 과제이다.

01 노인자원봉사활동의 정의

자원봉사활동이란 공공복지를 향한 가치이념임과 동시에 민주적 방법에 의한 자주적 협동적인 실천노력으로, 개인, 집단, 지역사회에서 발생되는 제반 사회문제를 예방·해결하고 사회적 환경을 개선하기 위하여, 자신이 갖고 있는 돈, 지식, 시간, 노력 및 기술 등의 자원을 공사의 조직체를 통하여 무보수로 제공하는 활동이라고 정의할 수 있다. 이러한 의미를 가진 'voluntas'에서 유래되었으며, 이는 인류사회의 협조를 향한 인간 개인의 자유의지를 의미하는 것으로 원래 제1차 대전부터 자발적으로 군대에 지원하는 지원병, 자원병 등에 사용되어 왔으나 오늘날에는 무임으로 봉사하는 사람이라고 정의되고 있다(김영호, 1995).

한국사회복지협의회는 "자원봉사활동이란 사회문제의 예방 및 해결 또는 국가의 공익사업을 수행하고 있는 공사의 공식조직에 자발적으로 참여하여 영리적 보상을 받지 않고서도 인간존중의 정신과 민주주의 원칙에 입각하여 낯선 타인들을 상대로 필요한 서비스를 제공함으로써 사회 공동선을 고양시킴과 동시에 이타심의 발현을 통해 자기실현을 성취하고자 하는 활동"이라고 정의하고 있다.

조휘일(1995)은 "자원봉사란 특정한 요구의 인식하에 사회적 책임감의 태도를 가지고 금전적 이득에 대한 관심 없이, 또한 기본적 의무감으로부터 벗어나서 행동할 것을 선택해서 이루어지는 활동"이라고 정의하였는데 여기서 선택이란 자유로운 의지들의 작용을 의미하고, 사회적 책임이란 타인들, 즉 개인들이나 소집단들 또는 사회 전체의 편안을 도모한다는 목적적인 활동을 의미한다. 금전적 이득에 관심이 없다 함은 개인적인 경제적 이득을 배제하는 것이지만, 자신이 행한 서비스에 상응하지 않는 다른 형태의 보상이나 변상(금전 또는 기타)은 허용할 수 있다는 것이며, 기본적 의무감을 초월한다는 것이다. 여기서, 기본적 의무감은 자신의 가족을 보살피는 것, 투표와 같은 시민으로서의 책임 또는 임금을 받고 하는 일 등을 포함한다.

자원봉사활동은 봉사가 의미하는 '주는 자와 받는 자' 사이의 관계와 같은 일방적이고 일시적인 자혜심이나 감상주의 또는 값싼 영웅주의의 발로가 아니다. 한 인간으로서 스스로 타인과 더불어 생활하며 선한 활동을 함으로써 자기실현과 자아초월을 지향하는 것으로, 여기서 말하는 자기실현은 자신을 찾는 일임과 동시에 자기를 성취하는 것이다. 즉, 자원봉사활동은 진실된 자신의 궁극적인 표현인 무사무욕의 달성을 지향하기 위한 계속적인 성장과 자기회복(self-renewal)의 과정이다(Knowles, 1982).

최근, 경제력도 있고, 건강하고, 학력도 있는 베이비부머세대가 은퇴하여 노년기로 접어들면서, 자신의 즐거움을 위한 취미활동뿐 아니라 사회나 가정에서 쓸모

없는 존재가 아닌 도움을 주는 역할을 수행하기를 원하는 노인들이 늘어나고 있다. 신노년세대들은 그들이 갖고 있는 역량과 능력을 사회에 기여하면서 보람된 삶을 영위하고자 하는 욕구도 크다.

이들이 다양한 자원봉사 프로그램에 참여할 수 있는 환경을 만들어 이를 통해 서로 돕는 건강한 고령사회를 만들어 가는 것이 앞의로의 노인복지의 과제라고 할 수 있을 것이다.

02 노인자원봉사활동의 의의

은퇴 후 자신의 능력과 신념을 다른 사람을 위한 자원봉사에 활용하는 것은 이 세상에서 가장 고귀한 것이다. 특히 정년퇴직한 사람들에게는 자신감 상실이나 자아의식의 망각으로부터 회생할 수 있는 최선의 길이 남을 위해 무엇인가 일을 하는 것이다.

길어진 노년기의 여가시간을 자원봉사활동을 하면서 보내는 것이 노인 개인뿐 아니라 사회적으로 어떤 의의가 있는지를 개인적인 측면과 사회적 측면에서 살펴본다.

1) 개인적인 측면

(1) 상실된 사회적 역할 보충

노인이 되면서 퇴직으로 상실된 사회적 지위와 역할을 보충할 수 있다. 자원봉사활동을 통해 사회의 일원으로서의 지위와 역할을 갖게 되고 자발적으로 그 역할을 행함으로써 활동에 보람을 느끼게 된다.

(2) 긍정적 자아상 유지

자원봉사활동에의 참여는 사회의 일선에서 물러나 자칫하면 상실되기 쉬운 자신의 사회적 가치성을 회복하고 유지할 수 있게 함으로써 아직도 자신이 사회에 유용한 존재라는 가치를 갖게 한다. 또한, 퇴직 이후 갖기 쉬운 자신에 대한 부정적인 평가에서 벗어나 긍정적 자아상을 유지시키고 자존심을 향상시켜 줄 수 있다.

(3) 소외감의 극복

나이가 들면서 노인들은 직장에서 물러남으로써 사회로부터 소외감을 느끼게 된다. 자원봉사활동의 참여는 다시 자신을 사회 속에 참여시키므로 사회로부터의 소외감을 극복할 수 있게 한다.

(4) 자기성장과 자아실현

인간은 노년기에도 자기성취, 자기성장, 자기실현의 욕구를 가지며, 자원봉사활동을 통해 이러한 욕구를 충족시킬 수 있다. 지금까지 하지 못했던 일들을 자원봉사활동을 통해 실현해 나갈 수 있으며, 이러한 활동과정을 통해 창의성을 발휘할 수 있고, 책임성 있게 일을 수행할 수 있는 계기를 갖는다.

(5) 활동을 통한 건강 유지

자원봉사활동은 일상적인 생활을 보다 계획적이고 조직적인 생활을 하도록 만들어 적절한 긴장과 규칙적인 활동을 유지시킴으로써 정신적·육체적 건강을 유지할 수 있다.

실제 많은 연구들이 자원봉사활동이 노인의 신체적·정신적 건강에 긍정적 영향을 미치고 있음을 밝히고 있다(Kovacs & Black, 1999; Lum & Light, 2005).

(6) 삶의 의욕과 만족도 증진

노인의 자원봉사활동의 참여는 궁극적으로는 노인의 생활만족도를 높이고 삶의 의욕을 높이는 결과를 초래한다.

많은 연구들이 노인의 자원봉사활동이 노인의 삶의 만족도를 높이는 데 기여하고 있다고 설명하고 있으며(고양곤·김동배, 2003; 김미혜·정진경, 2002; 최지원, 2001) 자원봉사활동의 참여가 성공적인 노년기를 보내기 위해 중요한 요소임을 강조하고 있다.

2) 사회적인 측면

(1) 노인과 노화에 대한 긍정적 인식

일반적으로 노인이 되면 신체, 정신기능이 떨어져 사회적으로 별로 쓸모없는 대상으로 여겨지는 경향이 있으며, 이러한 편견은 더욱더 노인에 대한 편견을 확대한다. 그러나 노화의 과정은 개인마다 틀리며, 노인층에는 중년기나 다름없이 사회에서 얼마든지 능력을 발휘할 수 있는 노인들이 있다. 이러한 노인들의 적극적인 자원봉사활동은 사회가 갖고 있는 노인에 대한 잘못된 편견을 없애고 긍정적으로 노인과 노화를 인식하는 데 도움이 될 수 있다.

(2) 사회에 대한 봉사와 발전에 기여

긴 세월 연마해 온 지식과 기술, 경험을 자원봉사활동을 통해 살림으로써 사회복지에 공헌하고 나아가 사회의 개선과 발전에 큰 기여를 하게 된다. 노인들의 자원봉사활동은 사회의 많은 젊은이에게 자극이 될 수 있으며, 사회적으로 부족한 복지인력을 보충하는 데도 큰 의의가 있다. 특히, 노인 스스로 노인을 돕는 일은 노인을 더 잘 이해할 수 있어 적절한 도움을 줄 수 있고 도움받는 노인의 입장에서도 친근감과 심리적 안정감을 가지고 도움을 받을 수 있어 크게 장려되어야 할 일이다(최성재·장인협, 2003).

(3) 고령사회의 대응책

노인의 자원봉사활동은 급격한 인구 고령화로 인한 노인과 노령기의 연장에 따른 여러 가지 부정적 요인을 해결해 줄 수 있다. 따라서 유엔에서도 고령사회의 대응책으로 제시되고 있는데, 1999년 세계노인의 해에서 노인을 위한 다섯 가지의 원칙, 즉 자립, 참여, 보호, 자아실현, 존엄성이 제시되었고, 이 중 참여의 원칙은 자원봉사를 통해 사회에 참여하는 것을 강조하고 있다.

미국은퇴자협회(AARP, 1996)는 노인에게 있어 자원봉사는 자신감이나 자아인식 이외에도 실제적인 생활에 있어 다음과 같은 도움을 준다고 하였다(이인수, 2001).

① 자원봉사를 함으로써 새로운 사람을 만나고 튼튼한 유대관계를 맺을 기회가 생긴다.
② 새로운 역할을 수행하면서 나태해지기 쉬운 일상습관에 신선한 자극을 갖게 된다.
③ 자원봉사를 하면서 새로운 기술, 경험, 지식을 습득하게 되어 차후 새로운 직업, 사업의 발판이 된다.
④ 남을 돕는다는 자부심으로 보람 있는 일에 열중함으로써 우울증, 기타 생활의 여러 가지 심리적 고통에서 해방된다.

03 노인자원봉사활동의 참여

앞에서 살펴본 바와 같이 노인기의 자원봉사활동은 개인적으로나 사회적으로 많은 이익을 주며, 특히 개인의 삶의 만족도를 높이는 중요한 수단이 될 수 있다. 그럼에도 불구하고, 우리나라 노인들의 자원봉사활동에 대한 인식이나 참여도는 외국에 비해 상당히 낮다. 2017년 한국보건사회연구원의 조사에 의하면 60세 이상 노인 중 자원봉사활동을 하고 있는 노인은 7.8% 정도이다.

이는 우리나라 노인들의 살아온 역사, 문화적 배경과도 상관이 있으나, 앞으로 전개되는 고령사회에서 노년기의 삶의 질을 확보하기 위해서는 노인자원봉사활동을 촉진시키기 위한 다양한 프로그램 개발과 교육 등이 요구된다.

이금룡(2003)은 노인들의 자원봉사활동에 대한 참여를 방해하는 네 가지 부정적인 태도에 대해 다음과 같이 설명하고 있다.

① 봉사활동 자체에 대한 평가가 부정적일 때 노인은 봉사활동에 참여하기를 거부하게 된다. 실제로 노인이 봉사활동을 자기희생적이라고 생각하거나 봉사자에게 흥미를 끌지 못할 경우 자원봉사활동에 참여하는 것을 꺼리게 된다.

② 자원봉사활동을 하게 되면 주위에서 자신에 대해 부정적 시각을 갖게 될까 봐 두려워 봉사활동의 참여를 꺼리게 된다. 예를 들어, '늙어서 주책'이란 말을 듣게 될까 봐 봉사활동 참여를 주저하게 된다.

③ 현실적인 상황의 어려움으로 인해 노인은 자원봉사활동을 못하게 될 수 있다. 건강상태가 좋지 않아 활동적인 일을 할 수 없을 때 봉사활동은 중단된다.

④ 가족이기주의 경향, 은둔적인 성격, 유급직종에 대한 집착 등 다양한 이유로 인해 노인은 봉사활동에 참여하지 않게 된다.

앞으로 노인들의 자원봉사활동을 활성화하기 위해서는 실제로 자원봉사활동을 어렵게 하는 요소들을 정확히 파악하여 그에 맞는 방법들을 강구할 필요가 있다.

미국은퇴자협회는 노인들이 자원봉사를 하는 데 있어 꼭 지켜야 할 상식을 다음과 같이 제시하고 있다(이인수, 2001).

① 자원봉사를 하는 데 있어서 꼭 자신이 옳다고 믿는 것, 그리고 자신이 중간에 싫증을 내지 않고 끝까지 해낼 수 있는 일을 선택한다.

② 자원봉사를 함으로써 상황에 변화가 오는 것이 뚜렷이 느껴지는 일, 즉 하든 안 하든 별 차이가 없는 일이 아닌, 실제적으로 자원봉사가 꼭 필요한 일을 한다.

③ 여러 가지 일을 조금씩 맡아서 하지 말고 한두 가지 일에 자신의 신념과 능력을 최대한 발휘할 일에 자원봉사를 한다.

④ 능력 이상의 일을 벌려 주위 사람에게 부담을 주거나, 특히 자녀의 일상생활에 지장을 주지 않는 범위에서 자원봉사를 하도록 한다.

우선은 자원봉사를 시작하기 전에 지금까지 해 온 직업, 특기, 취미 등을 적어 보고 어떤 일이 꼭 맞을지를 잘 생각해 보아야 한다. 그러고 나서 다음의 사항을 점검하는 것이 올바른 자원봉사활동 선택의 과정이다.

① 자원봉사 하는 데 있어서 혼자 하는 것과 여러 명이 함께 하는 것 중 어느 것이 자신에게 좋은가?

② 어린이를 좋아하고 그들과 유대관계를 가지며 무엇인가 가르쳐 줄 수 있고 체계적으로(규칙적인 시간을 짜서) 놀아 줄 수 있는가?

③ 성인들과 함께 있기를 좋아하는가? 자신보다 젊은 사람과 있기를 좋아하는가? 아니면 더 나이 든 사람과 있기를 좋아하는가?

④ 신체적 혹은 정신적 결함이 있는 사람과 함께 있기를 좋아하며 그들을 위해 일할 자신이 있는가?

⑤ 사무직을 좋아하는가, 아니면 좀 더 창조적인 일을 원하는가?

⑥ 안 보이는 곳에서 일하기를 원하는가, 아니면 자신이 일하는 모습이 여러 사람에게 보이는 곳에서 일하고 싶은가?

⑦ 한 곳에서 일하고 싶은가, 아니면 장소를 옮겨가며 일하고 싶은가?

⑧ 육체적인 힘을 발휘할 수 있는가?

⑨ 자신이 하는 일에 대해 남들이 인정해 주는 일을 하고 싶은가, 아니면 남의 인정이 전혀 중요하지 않은가?

⑩ 자신이 가장 흥미를 가지고 있는 일은 무엇인가? 같은 또래 사람들의 어려움? 10대 청소년의 갈등? 어린이의 고민? 노인문제? 집 없는 사람의 문제? 여성 인권?

04 노인자원봉사활동의 영역

노인이 할 수 있는 자원봉사 영역은 기본적으로는 일반인이 할 수 있는 분야와 동일하게 광범위하나 노인들이 갖고 있는 지식이나 경험, 지혜, 기술 등을 충분히 활용하고 즐거움과 보람을 느낄 수 있는 영역이 바람직하다.

자원봉사활동의 영역을 크게 나누면 개인과 가정을 중심으로 한 영역과 지역사회에서의 자원봉사로 나누어 볼 수 있다.

1) 개인, 가정을 중심으로 한 자원봉사

도움을 필요로 하는 개인이나 가정을 대상으로 하는 봉사로, 특히 거동이 불편한 노인을 대상으로 하는 자원봉사활동은 노인 상호 간에 있어 도움이 되는 활동이다. 활동내용에는 ① 가사보조(청소, 세탁, 생필품 구입, 급식, 난방관리 등), ② 의료 및 재활서비스(재활기구사용 보조, 병원 안내, 간병, 물리치료, 운동마사지, 임종간호 등), ③ 사회적 보호(맞벌이 가정 어린이 돌보기, 장난감 수집 및 공급, 장난감 수리, 아동놀이, 놀이터 청소, 한문교육, 예절교육, 청소년 선도, 학원폭력 예방, 장애인 말벗) 등이 있다.

2) 지역사회에서의 봉사

노후에 적극적인 여가활동으로서의 자원봉사는 지역사회를 대상으로 보다 광범위하게 이루어질 수 있다.

① 사회복지시설(노인시설 장애인시설 아동시설에서 봉사, 예능 지도, 취미 지도, 신앙상담 및 생활상담, 이미용서비스, 일상생활에 대한 케어 등)

② 복지관(복지관 업무보조, 안내, 후원회원 모집, 운전기사, 자문위원 등)

③ 근린공원의 환경 정화(쓰레기 줍기, 쓰레기 분류 및 관리, 나무 심기, 환경오염 조사, 산불 감시 등)

④ 농촌 살리기 및 국산품 애용 캠페인

⑤ 문화예술(판소리 지도, 미술교육, 서예 지도, 도자기, 연극 및 춤 지도, 각종 문화행사, 노인합창단, 병원위문 등)

⑥ 보건 및 의료(병원업무보조, 간병서비스, 임종간호, 환자위문 등)

⑦ 범죄예방 및 법률문제(상담, 유해환경 조사 및 퇴치 캠페인, 지역사회 안전보호, 학교폭력 예방, 지역방범, 무료 법률상담, 유언상속상담 등)

⑧ 교통 및 안전관리(건널목 교통정리, 교통단속 감시원, 교통안전 지도, 학생 등·하교 교통지도)

⑨ 정치 및 사회활동(부정선거 감시, 선거사무소 사무보조, 불우이웃 돕기)

노인봉사단의 활동사례

★ 시니어들의 자원봉사가 고령사회를 움직인다 ★

65세 이상 인구가 전체의 28%인 초고령사회 일본에는 시니어들이 참여하는 자원봉사 프로그램이 곳곳에 깔려 있다. 독거 노인에게 도시락을 배달하는 봉사, 거동이 불편한 사람을 위해 대신 쇼핑을 해 주는 일, 안부를 확인하기 위해 정기적으로 전화를 돌리는 프로그램, 병원이나 보건시설에서 휠체어 환자를 밀어 주는 봉사도 시니어들이 한다. 우울증 노인들의 이야기를 들어 주고 공감을 표시하는 '경청 봉사'는 노인 심리와 대화법 교육을 받은 시니어들이 한다. 집에만 있는 노인을 각종 취미 행사에 이송시켜 주는 '사람 다리' 봉사도 시니어 몫이다. 이들은 급발진 · 급제동 안 하는 노인 탑승 차량 공인 운전교육을 받아야 한다. 어떤 이는 손을 쓰지 못하는 노인이 부르면 편지나 문서를 대신 써 주는 봉사를 하고, 어떤 이는 시력을 잃은 사람이 읽고 싶은 책을 알려오면 도서 낭독 녹음실에 들어간다. 일본 노인의 80%는 병원이나 요양원에 들어가 있지 않고 집에서 독립적으로 살아간다. 이들이 노인을 노인이 돕는 노 · 노(老老) 케어의 주역이다.

▷ 도쿄 도립 건강·장수 연구소에 의하면 자원봉사에 참여한 시니어들이 그렇지 않은 동년배보다 나중에 근육이 더 튼실했고, 친구 수도 더 많았고, 노쇠가 지연됐다. 남을 돕는 게 나를 도운 셈이다. 어린이에게 그림책을 읽어 주는 자원봉사에 6년간 참여한 시니어들을 대상으로 MRI를 찍어 보니, 기억력을 담당하는 뇌 속의 해마가 같은 나이대보다 덜 위축돼 있었다. 그림책 구연이 아이들에게는 상상력을, 어르신에게는 기억력을 가져다준 것이다.

출처: 조선일보(2018. 4. 18).

05 노인자원봉사활동의 현황

2021년 통계청의 조사결과에 의하면, 65세 이상의 자원봉사활동 참여율은 5.2%로 2년 전보다 1.3% 감소하였다. 분야별 참여실태를 보면, '아동, 청소년, 노인, 장애인, 재소자 등'을 위한 자원봉사 활동에 참여하고 있는 비율은 44.7%로 가장 높게 나타났다. 다음으로 '환경보전, 범죄 예방 등(38.5%)', '기타 일반인을 위한 봉사(14.3%)' 순으로 참여율이 높았다(표 6-16).

〈표 6-16〉 자원봉사활동 참여율 및 자원봉사 내용 (단위: %)

연도	참여율	활동 분야(복수응답)					
		아동, 청소년, 노인, 장애인, 재소자 등	환경보전, 범죄예방 등	자녀교육 등	국가 및 지역행사 등	재해지역 주민돕기 및 시설복구 등	기타 일반인을 위한 봉사
2015	6.6	48.4	37.2	0.4	7.9	4.8	9.7
2017	6.3	51.4	31.3	3.2	5.6	6.0	11.5
2019	6.5	54.0	31.7	4.0	8.3	5.3	10.0
2021	5.2	44.7	38.5	1.4	5.3	7.2	14.3

자료: 통계청, 「2022 고령자통계」

향후 노후생활에서 자원봉사활동의 희망정도를 보면, 별로 할 생각이 없다고 응답한 노인이 30.4%로 가장 높으며, 전혀 할 생각이 없음 23.9%, 기회가 되면 할 생각이 있음 25.3%, 될 수 있으면 하고 싶음 18.0%, 반드시 하고 싶음 2.3%의 순으로 나타났다.

전반적으로 자원봉사활동을 하고 싶다고 응답한 비율은(반드시 하고 싶음~기회가 되면 할 생각이 있음) 46.6%이다(표 6-17).

〈표 6-17〉 노후의 자원봉사활동 희망 정도[1]

(단위: %)

특성		반드시 하고 싶다.	될수있으면 하고 싶음	기회가 되면 할 생각이 있음	별로 할 생각이 없음	전혀 할 생각이 없음	계
전체		2.3	18.0	26.3	30.4	23.9	100.0(9,930명)
	남자	2.5	17.9	26.6	30.5	22.5	100.0
	여자	2.1	18.1	24.3	30.4	25.0	100.0
	동부	2.5	18.7	26.3	30.5	22.0	100.0
	읍.면부	1.6	15.9	22.4	30.1	30.1	100.0

주 1) 본인응답자를 대상(9,930명)

자료: 한국보건사회연구원, 「2020년도 노인실태조사」.

한국보건사회연구원(2020)의 노인실태조사 보고서에서도 노인들의 자원봉사활동 영역은 사회복지 분야가 가장 많았고, 다음이 교통질서, 환경보호 분야로 나타났으며, 특히 여성의 경우 사회복지 분야에서 많이 활동하고 있음을 볼 수 있다.

〈표 6-18〉 자원봉사활동 참여 영역

(단위: %)

특성		사회복지	문화체육	교통질서	환경보호	보건의료	교육활동	계
전체[1]		48.8	7.9	19.9	14.4	5.8	3.1	100.0
지역	동부	48.6	4.9	21.0	14.8	7.0	3.7	100.0
	읍면부	50.0	22.9	14.6	12.5	0.0	0.0	100.0
성별	남성	31.6	14.3	34.6	14.3	2.3	3.0	100.0
	여성	63.3	2.5	7.6	14.6	8.9	3.2	100.0

주 1) 전체응답자 중 현재 자원봉사활동에 참여하고 있는 291명을 대상으로 함.

자료: 한국보건사회연구원, 「2020년도 노인실태조사」

노인의 자원봉사활동 경험률 및 시간을 보면, 2.9%가 자원봉사활동을 현재 하고 있으며, 참여자의 월평균 참여시간은 6.3시간으로 83.2%가 월 10시간 이하로 자원봉사에 참여하고 있다(표 6-19). 자원봉사활동의 내용은 83.7%가 단순노력봉사이다(표 6-20).

〈표 6-19〉 자원봉사활동 참여시간

(단위: %, 시간)

특성	자원봉사활동 참여율[1]	월평균 참여시간[2]	월 참여시간					
			0시간~5시간	6시간~10시간	11시간~15시간	16시간~20시간	21시간 이상	계
전체	2.9	6.3	59.5	23.7	6.9	4.5	5.5	100.0
동부	3.2	5.9	62.8	19.0	8.3	4.1	5.8	100.0
읍면부	2.0	8.1	42.9	46.9	0.0	6.1	4.1	100.0
남성	3.0	7.8	48.9	30.5	6.9	5.3	8.4	100.0
여성	2.8	5.0	67.9	18.2	6.9	3.8	3.1	100.0

주 1) 전체응답자 10,097명을 대상으로 하였으며, 지난 1년간 자원봉사활동 경험률임

2) 전체응답자중 현재 자원봉사활동에 참여하고 있는 291명 대상

자료: 한국보건사회연구원. 「2020년도 노인실태조사」.

〈표 6-20〉 노인들의 자원봉사활동의 성격

(단위: %)

특성	단순노력봉사	취미 등으로 습득한 지식/기술활용	직업경력, 자격증 등 전문성 활용	기타	계
전체	83.7	8.5	7.8	100.0	100.0
동부	81.3	9.5	9.1	100.0	100.0
읍면부	95.9	2.0	2.0	100.0	100.0
남성	84.8	8.3	6.8	100.0	100.0
여성	82.9	8.2	8.9	100.0	100.0

자료: 한국보건사회연구원. 「2020년도 노인실태조사」.

06 노인자원봉사활동의 활성화 방안

앞의 조사에서도 알 수 있듯이 우리나라 노인들의 자원봉사활동의 경험은 상당히 적으며 희망사항도 저조한 편이다. 이는 우리나라 노인들의 자원봉사활동에 대한 사회화가 상당히 부족함에 기인하는데, 이는 노인들의 권위주의적 성격, 강한 가족주의 의식, 수동적 성향, 건강과 경제수준의 열악성에 기인한다고도 할 수 있다. 따라서 노인기의 삶에 유용한 자원봉사활동의 참여를 높이기 위해서는 자원봉사활동에 대한 인식과 관심을 높여야 하며 이를 위한 방안을 다음과 같이 제시할 수 있다.

첫째, 자원봉사활동의 동기를 갖도록 조성하고 참여를 유도할 수 있는 프로그램 개발이 필요하다.

아직도 많은 노인이 자원봉사활동에는 관심 없이 온종일 텔레비전을 보면서 소일하는 경우가 많다. 노인의 신체적·정신적 건강에도 도움이 되며 소외감과 외로움을 극복할 수 있고 삶에 보람을 주는 자원봉사에 대한 긍정적 인식의 전환을 위한 노력이 필요하다. 이를 위해 대중매체의 이용, 행정기관이나 봉사단체의 광고, 사회복지관의 홍보, 노인교실, 노인단체 등을 통한 홍보를 통해 자원봉사활동에 대한 관심과 참여도를 높여 나가야 한다.

특히, 노인들은 스스로 할 수 없다고 생각하고 자신감이 없는 경우가 많다. 노인 스스로 할 수 있다는 자신감을 갖도록 해야 할 것이며, 주위의 가족이나 노인지도자들의 격려가 필요하다. 또한, 노인들은 자원봉사활동에 관한 정보를 잘 모를 수 있으므로 가족들과 지역사회에서 정보를 제공해 주는 것이 필요하다. 가족은 노인의 지식, 기술, 능력을 누구보다 잘 알고 있기 때문에 더 자원봉사활동을 격려하며 지지하고 자원봉사 기관이나 프로그램의 정보를 제공해 줄 필요가 있다.

둘째, 노인자원봉사자를 위한 법적, 사회적 지원체계의 구축이 필요하다. 노인의 자원봉사활동이 자발적으로 활성화될 수 있도록 정부의 지원책이 필요한데, 여기에는 노인자원봉사자 보험제도의 도입, 노인자원봉사자의 포상, 노인자원봉사 저축제도, 지역봉사지도원 제도의 활성화, 봉사자 정기검진 등이 필요하다(박차상 외, 2005).

셋째, 노인들의 자원봉사활동을 보다 충실하게 하기 위해서는 다양한 자원봉사 활동 내용과 영역의 개발이 필요하다. 단순 자원봉사활동뿐만 아니라 강사활동, 외국어 통역, 번역, 상담 등 전문 봉사활동을 할 수 있는 노인이 증가하고 있다. 앞으로 고학력의 노인들이 증가하는 것과 관련하여 지역사회와 연계망을 구축하여 전문적인 봉사영역을 개발해 나가야 할 것이다.

참고문헌

강연희 역(2001). 노인들의 사회 그 불안한 미래(피터 G 피터슨, Gray Down). 에코라브르.

고양곤·김동배(2003). 고령화사회에 있어서의 노인문제 어떻게 풀 것인가. 사회복지 157.

고양곤·모선희·원영희·이금룡(2003). 노인과 자원봉사활동. 학지사.

고양곤(1999). 노인자원봉사활동의 활성화방안. 노인복지연구 제6호. 한국노인복지학회.

고양곤(2004). 실버산업의 현황과 과제. 실버산업의 활성화 정책에 관한 연구. 한국노인문제연구소.

고정자(2001). 노인복지학개론. 형설출판사.

국회사무처 법제예산실(1997). 치매노인에 대한 정책현황 및 향후 개선방안.

권중돈·고효진 외(2002). 치매와 가족. 학지사.

권중돈(1994). 치매노인의 부양 실태와 대응전략. 한국보건사회연구원.

권중돈(1994). 한국치매노인가족의 부양부담 사정에 관한 연구. 연세대학교 박사논문.

권중돈(1996). 치매가족의 부양부담 측정도구 개발. 연세사회복지연구 제3권.

권중돈(2004). 노인복지론. 학지사.

김광희 역(1992). 노인심리학(D. B. Bromley. The psychology of Human Aging). 성원사.

김동배(2000). 노인과 자원봉사. 한국노년학회 편. 노년학의 이해. 도서출판 대영문화사.

김미혜·정진경(2002). 노인자원봉사자의 봉사활동 헌신과 생활만족에 관한 연구. 한국사회복지학 20(2).

김수봉 외(2009). 고령친화용품 소비실태 및 만족도에 관한 연구. 한국보건사회연구원.

김수봉 외(2010). 신노년층의 소비실태와 고령친화산업적 함의. 한국보건사회연구원.

김애순(1987). 성인기의 연령증가와 상황평가에 따른 대처행동 양식의 차이. 연세대학교 석사학위논문.

김애순·윤진(1995). 은퇴 이후의 심리·사회적 영향. 한국노년학 15(1).

김애순 역(1996). 남자가 겪는 인생의 사계절(D. Levinson, The seasons of a man's life). 이화여자대학교 출판부.

김애순(2004). 성인발달과 생애설계. 시그마프레스.

김영호(1995). 자원봉사의 이론과 실제. 홍익제.

김영호(1997). 노인여가활동과 노인자원복지프로그램. 노인여가의 현황과 과제. 한국노인문제연구소.

김옥희(1998). 치매노인 부양가족의 문제와 사회복지서비스 정책 전망. 노인복지연구 겨울호.

김용년(2005). 우리나라 재가복지사업의 현황과 과제. 건강보험포럼(가을호). 건강보험관리공단.

김전(1977). 노화의 특성(Ⅱ); 기능적 변화. 의학교수연수원 편. 노인의학. 서울대학교출판부.

김종서 · 남정걸 · 정지웅 · 이용한(1982). 평생교육의 체제와 사회교육의 실태. 연구논총. 한국정신문화연구원.

남정자(1994). 정신보건의 현황과 정책과제. 한국보건사회연구원.

노동부(2005). 노동백서.

모선희 · 김형수 외(2005). 현대노인복지론. 학지사.

민성길(1993). 최신정신의학. 일조각.

박숙자(1990). 노인의 소득활동. 여성한국사회연구회 편. 노인과 한국사회. 사회문화연구소.

박재간(1997). 노년기 여가생활의 실태와 정책과제. 노인여가의 현황과 과제. 한국노인문제연구소.

박차상 · 김옥희 외(2003, 2005). 한국노인복지론. 학지사.

보건복지부 고령화 및 미래사회위원회. 고령친화산업활성화전략(2005).

보건복지부 공적노인요양보장추진기획단. 공적노인요양보장체계 최종보고(2004. 2).

보건복지부 인터넷 자료. www.mohw.go.kr.

보건복지부(2000). 고령화 관련 국제행동계획과 노인을 위한 유엔원칙.

__________(2004). 노인요양보장체계 시안에 관한 공청회자료.

__________(2004). 노인의 자원봉사활동 참여실태 조사와 개선방안.

__________(2004). 노인일자리사업기본계획.

__________(2004). 노인일자리사업기본계획.

__________(2004). 저출산 · 고령사회 대응을 위한 국가실천전략. 인구고령사회대책팀.

__________(2004). 치매/상담매뉴얼.

__________(2022). 대한민국치매현황 2021 보고서

__________(2022). 2021 노인학대현황보고서.

__________(2022). 2022년 노인보건복지사업안내.

__________(2022). 2022년 노인일자리사업안내.

__________(2022). 2022년 노인맞춤돌봄서비스 사업안내

__________(2022). 2022년도 국민기초생활보장사업 안내.

__________(2022). 2022 노인복지시설현황.

__________(2022). 2022 자살예방백서.

__________(2022). 2021 보건복지통계연보

서울시 북부노인종합복지관(1994). 치매노인 이해와 간호수기.

서윤(2000). 노인학대 사례연구. 노인복지연구(9). 한국노인복지학회.

____(2000). 노인학대에 대한 사회복지사의 인지와 목격실태에 관한 연구. 노인복지연구(7). 한국노인복지학회.

____(2004). 가정에서의 노인학대와 사회복지적 개입방안. 노인학대의 현황과 대책에 관한 연구. 한국노인문제연구소.

선우덕(2003). 고령사회 노인인력의 효율적 활용방안. 보건복지포럼. 한국보건사회연구원.

선우덕 외(2001). 노인장기요양보호 욕구실태 및 정책방안. 한국보건사회연구원.

송성진 · 이연숙 · 최성재(1995). 노인복지시설을 위한 기초연구. 현대건설주식회사 기술연구소.

심응철 감수(2001). 성인발달과 노화. 시그마프레스.

안명옥(2005). 고령화시대 새로운 노인복지정책 방향과 연령차별해소방안. 국정감사정책자료집.

안명옥(2005). 효과적인 치매관리를 위한 정책과제. 국정감사정책자료집.

오진주(1995). 치매노인 건강관리에 관한 연구. 서울대학교 박사학위논문.

유성호 외(2000). 노인복지론. 아시아미디어리서치.

윤주현 · 강미나(2004). 고령화사회 노인주거실태와 정책과제. 실버산업의 활성화 정책에 관한 연구. 한국노인문제연구소.

윤진(1991). 성인 · 노인심리학. 중앙적성출판사.

이근홍(2001). 노인의 사회참여와 자원봉사. 노인복지연구 여름호. 한국노인복시학회.

이근후(1998). 최신임상정신의학. 하나의학사.

이금룡(2003). 노인자원봉사활성화를 위한 모집전략방안. 한국노년학 23(3).

이성희 외(1993). 치매노인과 가족의 생활 실태 및 복지 욕구. 서울시 북부노인종합복지관 연구보고서.

이연숙 · 한전임(1995). 노인을 위한 주거환경.

박재간 외. 고령화사회의 위기와 도전. 나남출판.

이연호(2002). 노인학대 위험요인과 피해에 관한 연구. 이화여자대학교 박사학위논문.

이영진(2000). 신체적 노화. 한국노년학회 편, 노년학의 이해. 대영문화사.

이윤로(1995). 치매노인 부양부담에 영향을 주는 요인에 관한 연구. 연세사회복지연구(2).

이은희(1998). 치매노인 부양가족원의 부양부담에 관한 연구. 노인복지연구(2). 한국노인복지학회.

이인수(2000). 21세기 실버산업과 노후생활. 도서출판 양지.

이인수(2001). 한국 노인자원봉사의 의미와 실태. 노인복지연구 여름호. 한국노인복지학회.

이인수(2003). 실버타운의 개발전략. 21세기사.

이인수(2004). 21세기 노인복지론. 대왕사.

이인수 · 김미주 · 신은영(2004). 국내외 노인복지와 실버산업. 대왕사.

이태수(2004). 재정분권과 사회복지, 이대로 좋은가. 참여연대 사회복지위원회.

이해영(1996). 새로운 복지문제로서의 노인학대에 대한 고찰. 노인복지정책연구 3호. 한국노인문제연구소.

이해영(2003). 케어복지개론. 양서원.

임춘식(1998). 재가노인복지서비스의 현황과 과제. 노인복지연구 제1호. 한국노인복지학회.

장경남(1997). 치매노인의 보호관리 실태와 사회적 부양. 고려대학교 경영정보대학원 석사학위논문.

전만복(2004). 한국 실버산업의 전망과 추진과제. 실버산업의 활성화 정책에 관한 연구. 한국노인문제연구소.

정경아(2000). 치매노인가족의 부양부담과 부양 후 변화에 관한 연구. 한양대학교 행정대학교 석사학위논문.

정순둘 · 이은주(2005). 자원봉사활동 특성이 노인의 삶의 만족도에 미치는 영향. 한국노년학 25(4). 한국노년학회.

조명기 · 손성동(2004). 고령자대상의 산업의 현황과 개발전략. 실버산업의 활성화 정책에 관한 연구. 한국노인문제연구소.

조휘일(1995). 사회복지의 선택. 나남출판.

최성재 · 장인협(2003). 노인복지학. 서울대학교출판부.

최순남(1999). 현대노인복지론. 한신대학교출판부.

최순남(2000). 노년기 교육의 이론과 실제. 고령화사회와 노인교육의 실천방안. 한국노인문제연구소. 노인복지정책연구총서 18권.

최일섭 · 최성재 편(1996). 사회문제와 사회복지. 나남출판.

최지원(2001). 노인의 자원봉사활동의 삶의 만족도에 미치는 영향에 관한 연구. 이화여대 석사학위논문.

최혜경 · 권유경 공역(2001). 성공적인 노화(Robert Kahn. J. R. Successful Aging). 학지사.

통계청 인터넷 자료. www.nso.go.kr.

______(2022). 2021년 사회조사보고서.

______(2022). 장래가구추계.

______(2022). 2021 한국의 사회지표.

______(2022). 2022 고령자통계

______(2022). 장래인구추계.

______. 경제활동인구연보. 각 연도.

______. 경제활동인구조사보고서. 각 연도.

______. 사회통계조사보고서. 각 연도

______. 인구동태연보. 각 연도.

______. 인구주택총조사보고서. 각 연도.

______. 전국주민등록인구통계. 각 연도.

한국노인인력개발원(2018). 노인일자리 통계동향.

한국무역협회 국제무역통상연구원(2022). '주요국의 실버시장 현황과 우리기업에의 시사점' TRADE BRIEF 2022.7.5.

한국보건사회연구원(1996). 치매노인의 재가복지 서비스 현황과 정책과제.

______________(1999). 노부모학대실태에 관한 사례연구.

______________(2001). 장기요양대상 노인의 수발실태 및 복지욕구.

______________(2003). 고령화사회의 사회경제적 문제와 정책대응방안.

______________(2021). 2020년도 노인실태조사.

한국보건산업진흥원(2015). 고령친화산업시장동향.

한국사회복지협의회 편(1998). 자원봉사활동의 조직과 운영에 관한 연구. 한국사회복지협의회.

한국형사정책연구원(1995). 노인범죄 및 범죄피해에 관한 연구.

한준상 외(1999). 21세기 한국노인교육의 장기정책 발전방안 연구. 교육부정책연구과제.

한준상(2001). 신고령사회 노인중심 노인교육의 패러다임: 노인세력의 힘과 노인의 평생학습능력. 한국노인교육의 비전과 전망. 한국성인교육학회.

허정무(2000). 노인교육론. 협신사.

______(2000). 현대사회의 노인문제와 노인복지. 협신사.

______(2002). 노인교육이론과 실천방법론. 학지사.

현외성 외(2000). 한국노인복지학 강론. 유풍출판사.

홍숙자(2001). 노년학개론. 도서출판 하우.

황진수(1997). 노인여가문화정책의 활성화 방안. 노인여가의 현황과 과제. 한국노인문제연구소.

加藤博史外(2003). 高齡者福祉總論. 晃洋書房.

岡村重夫, 三浦文夫(1977). 老人の福祉と社會保障. 垣內出版株式會社.

金子善彦(1986). 老人虐待. 星和書店.

多田道太郎(1980). 遊びと日本人. 角川文庫.

白澤政和, 東條光雅, 中谷陽明編(2002). 高齡者福祉とソーシャルワーク. 有斐閣.

福祉士養成講座編輯委員會(2003). 老人·障碍者の心理. 中央法規.

小笠原祐次 編(1995). 老人福祉論. ミネウア書房.

Ackerman, D.(1990). *A Natural History of the senses*. New York: Vintage.

American Association Retired Person(1996). *Guidebook of Planning for the Retirement*.

Arenberg, D.(1968). Input modality in short-term retention. *Journal of Gerontology, 23*.

Atchley, R. C(1977). Retirement and Leisure Participation; Continuity or Crisis? *The Gerontologist, 11(1)*.

Atchley, R. C.(1980). *Social Forces in later Life(2nd ed)*. Belmont, CA: Wadsworth Publishing Co.

Beaver, M. L.(1983). *Human Service Practice with the Elderly*: Englewood Cliffs, NJ: Prentice- Hall.

Birren, J. E.(1959). Principles of Research on Aging. In J. E. Birren(Ed.). *Handbook of Aging and the Individual*. University of Chicago Press.

Bolton, C.(1985). Review Essay: Adult Education. *The Gerontologist, Vol.25 No.4*.

Breen, L. B.(1960). The Aging Individual. In C. Tibbitts (Ed.). *Handbook of Social Gerontology*. University of Chicago Press.

Brody, E. M.(1977). Long-Term Care of Older People: A Practical Gide. New York: Human Service Press.

Butler, R. N.(1975). Why Survive?; Being Old in America. New York: Harper & Row.

Christine L. & McDaniel, J. D.(1997). *Elder Abuse in Domestic Setting internet*.

Cross, Peterson and Associates(Eds). *Lifelong learning in America*, Sanfrancisco: Jossey- Bass.

Cohn. R. M.(1979). Age and the satisfactions from work. *Journal of Gerontology, 34*.

Collopy, J. B.(1992). Autonomy in long Term Care: Some Crucial Distinctions, In Rose, S. M.(Ed.). *Case Management and Social Work Practice,* Longman.

Corso, J. F.(1977). Auditory perception and communication. In J. E. Birren & K. W. Schaie(Eds.). *Handbook of the psychology of aging*. New York: Van Nostrand Reinholt.

Costa, P. T. Jr., & McCrae, R. R.(1992). Four ways five factors are basic. *Personality and Individual Differences, 13*.

Cumming, E. & Henry, W. E.(1961). *Growing Old; The Process of Disengagement*. New York: Basic Books.

Douglass, R. L., Hickey, T. & Noel, C.(1980). A Study of Maltreatment of The Elderly and Other Vulnerable Adults. *The Institute of Gerontology*, University of Michigan.

Dowd, J. J.(1975). Aging as Exchange: A preface to Theory. *Journal of Gerontology, 30*(5).

Eastman, M.(1984). *Old Age Abuse*. Age Concern England.

Ekerdt, D. H., & DeViney. S.(1993). Evidence for a preretirement process among older male workers. *Journal of Gerontology, 40*.

Erikson, E. H.(1963). *Childhood and Society*(2nd ed), New York: W. W. Norton & Co.

Folkman, S., & Lazarus, R. S.(1980). Analysis of coping in a middle aged community sample. *Journal of health and Social Behavior, 21*.

Gaylord, S. A., & Zung, W. W. K.(1987). Affective disorders among the aging. In L. L. Carstensen(Eds). *Handbook of clinical gerontology*.

Gerner, R. H., & Jarvik, L. F.(1984). Antidepressant drug treatment in the elderly. In E.Friedman, F. Mann, & S. Gerson(Eds), *Depression and anti-depressants: Implications for consideration and treatment*. New York: Raven.

Gorden, C., Gaitz, C. M., & Scott, J. Leisure and Lives. in Binstock, R. H., & Shanas, E.(Eds). *Handbook of Aging and the social Sciences*.

Gutierrez, L. M.(1995). Understanding the Empowerment Process: Does Consciousness Make a Difference?, *Social Work Research, 19*.

Gutmann, D. L.(1964). An exploration of ego configurations in middle and latter life. In B. L. Neugarten & Associates, *Personality in middle and later life*. New York: Atherton.

Harris, L. & Associates.(1975). *The Myth and Reality of Aging in America*, Washington D.C.: national Council on the Aging.

Havighurst, R. & Albrecht, R.(1953). *Older People*. New York: Longmans, Green & Co.

Havighurst, R. J.(1973). Social Role, work, leisure, and education. InC. Eisdorfer. & M. P.(Eds.) *The psychology of adult development and socialization*. Washington, D. C: American Psychological Association.

Hayflick, L.(1994). *Theories of Aging*. New York: Raven Press.

Hicks, L. H., & Birren, J. E.(1970). Aging, brain, damage, and psychomotor slowing. *Psychological Bulletin, 74*.

Homans, G. C.(1961). *Social Behavior: Its Elementary Forms*(1st ed). New York: Harcourt brace Javanovich.₩

Horn, J. L., & Cattell, R. B.(1966). Refinement and test of the theory of fluid and crystallized intelligence. *Journal of Educational Psychology, 57*.

Horn, J. L., & Cattell, R. B.(1967). Age differences in fluid and crystallized intelligence. *Acta Psychologica, 26*.

Johnstone. J. W. C., & Rivera, R. J.(1965). *Volunteers for Learning*. Chicago: Aldine.

Kaplan, M.(1960). The Uses of Leisure. in Tibbits, C.(ed). *Handbook of Social Gerontology*. Chicago University Press.

Kaplan, M.(1961). Toward a theory of leisure for social gerontology, in Robert W. Kl-eemeier(Ed). *Aging and Leisure*. Oxford University Press.

King, N. R.(1983). Exploitation and abuse of older family members. *Abuse of the Elderly*: A Guide to Resources and Services.

Knowles, M. S.(1982). Motivation in Voluntarism: Synopsis of a Theory, in *Voluntary Action news, Vol 31*. New York: Voluntary Action Center.

Konvacs, P. J., & Black, B.(1999). Volunteerism and older adults: Implications for social work practice. *Journal of Gerontological Social Work, 32*.

Kovacs, P. J. & Black, B.(1999). Volunteerism and older adults; Implications for social work practice. *Journal of Gerontological Social Work, 32*(4).

Kuypers, J A. & Bengtson, V. L.(1973). Social Breakdown and Competence: A Model of Normal Aging. *Human Development, 16*.

Leitner, M .J., & Leitner, S. F.(1985). *Leisure in Later Life*. New York: The Haworth Press.

Lemon, B. W., Bengston, V. L., & Peterson, J. A.(1972). An Exploration of the Activity Theory of Aging: Activity Types and Life Satisfaction among In-movers to a Retirement Community. *Journal of Gerontology, 27*.

Lum, T., & Light, E.(2005). The Effects of volunteering on the physical and mental health of older people. *Research on Aging, 27*(1).

Lynn McDonald.(1966). Abuse and neglect of elders. James E. Birren. *Encyclopedia of Gerontology, Vol.1*. Academic Press.

McClusky, H.(1974). Education for Aging. in Grabowski, S. M., & Mason, W. D.(Eds). *Learning for Aging*. Washington, D.C.: Adult Education for the USA.

Monk, A.(1981). Social Work with the Aged: Principles of Practice. *Social Work, 26*.

Neugarten, B. L.(1974). Age Groups in American Society and the Rise of Young-Old. *Annals of the American Academy of Political and Social Science, 415*.

Parker, S.(1976). *Leisure: The Basis of Leisure*. London: Faber.

Penhale, B.(1993). The Abuse of Elderly People: Consideration for Practice. *British Assocoation of Social Workers*.

Pillemer, K. A., & Suitor, J. J.(1992). Violence and Violent Feelings: What Causes them among Family Caregivers?. *Journal of Gerontology, 47*.

Reichard, S., Livson, F., & Peterson, P.(1962). *Aging and personality*. New York: Wiley.

Renwick, R., Brown, I., and Raphael, D.(1994). Quality of Life: Linking a Conceptual Approach to Service Provision. *Journal on Develop- mental Disabilities, 3*.

Riley, M. W.(1980). Social gerontology and the Age Stratification of Society. In J. S Quadagno(Ed.). *Aging, the Individual and Society*. New York: St. Martin's Press.

Rosow, I.(1974). *Socialization to Old Age*. Berkeley. CA: University of California Press.

Rosow, I.(1976). Status and Role Change through the Life Span. In R. H. Binstock & E. Shanas(Eds.). *Handbook of Aging and the Social Sciences*. New York: D. Van Nostrand.

Roffwarg, H. P., Muzio, J. N., & Dement, W. C.(1966). Ontogenetic development of human sleep-dream cycle. *Science, 152*.

Salzman, C., & Shader, R. I.(1979). Clinical evaluation of depression in the elderly. In A. Raskin & L. F. Jarvik(Eds), *Psychiatric symptoms and cognitive loss in the elderly*. Washington, D.C.: Hemisphere.

Sterns, H. L., & Miklos, S.(1995). The aging worker in a changing environment: Organizational and individual issues. *Journal of Vocational Behavior, 47*.

Strehler, B. L.(1977). *Time, Cells and Aging*(2nd ed.). New York: Academic Press.

Tatara, T.(1990). *Elder Abuse in the United States*. The Department of Health and Human Services. the National Resource Center on Elder Abuse.

Thornbury, J., & Mistretta, C. M.(1981). Tactile sensitivity as a function of age. *Journal of Gerontology, 36*.

Wechsler, D.(1955). *The measurement of adult intelligent*. Baltimore: Williams & Wilkins.

Weisenberg, M.(1977). Pain and pain control. *Psychological Bulletin, 84*.

Woodruff-Park, D. S.(1997). *The neuropsychology of aging*. Malden, MA: Blackwell Publishers Inc.

찾아보기

ㅁ

ㅂ

ㅅ

ㅌ

ㅍ

ㅎ

저자약력

이해영 이화여자대학교 사회사업학과 졸업
이화여자대학교 대학원 졸업(문학석사)
일본 나고야대학 대학원 졸업(복지정책전공, 경제학박사)
현 수원과학대학 사회복지과 교수
노인복지학회 이사, 수원시정책자문위원, 수원,화성 노인장기요양보험 등급판정위원,
건강보험공단 경인지부 노인장기요양보험 평가자문위원,
한국케어교육대학협의회 회장 등 역임

[주요 저서 및 논문]

일본의 퇴직금제도 (노동연구원, 1997)
케어복지개론 (양서원, 2003)
사회복지개론 (공저, 유풍, 2003)
일본과 한국의 공적연금제도 발달과정 비교연구 / 고령화 사회와 케어복지의 구축 /
우리나라의 케어복지사 제도의 도입방안 / 재가노인을 위한 케어서비스 /
노인학대 현황과 대책에 관한 연구 / 일본의 개호보험과 케어매니지먼트 등

제6판

노인복지론

초　　판 1쇄 발행 2006년 2월 28일
초　　판 4쇄 발행 2008년 1월 15일
개 정 판 6쇄 발행 2012년 7월 20일
개정2판 2쇄 발행 2013년 8월 27일
개정3판 3쇄 발행 2016년 1월 8일
제 5 판 2쇄 발행 2020년 8월 17일
제 6 판 2쇄 발행 2025년 2월 25일

지 은 이 | 이해영
펴 낸 이 | 김기섭
편 집 인 | 김민수 · 이상희
펴 낸 곳 | 창지사 www.changjisa.com
08589 서울시 금천구 가산디지털 1로 83 파트너스타워 1차 9층
전화 (02)719-2211~3
팩스 (02)701-9386
등　　록 | 1977년 4월 28일 · 제1-421호

ISBN : 978-89-426-1804-0 (93330)

값 22,000원